In der Buchreihe »Lebensbilder« werden seit 1991 autobiographische Berichte von Juden publiziert.

Der Amsterdamer Schneider Coen Rood ist 23 Jahre alt, als im Mai 1940 deutsche Truppen die Niederlande besetzen. Weil er Jude ist, wird er 1942 verhaftet und über das KZ Westerbork nach Polen deportiert. Nach einigen Umwegen wird er bei den Deutschen Gasrußwerken (DGW) Gleiwitz/Oberschlesien zur Zwangsarbeit eingesetzt. Dieses Werk gehört zum Degussa-Konzern; das angeschlossene Arbeitslager wurde zunächst von der Organisation Todt (OT) verwaltet, anschließend von der SS als Teil des riesigen Lagerkomplexes Auschwitz.

Der Autor beschreibt mit äußerstem Realismus seinen Alltag und beschönigt dabei – was sehr selten ist – nicht die gespannten Verhältnisse zwischen den Lagerinsassen und den verschiedenen Häftlingsgruppen, insbesondere zwischen den ost- und westeuropäischen Juden.

Im Januar 1945 werden die Häftlinge vor der anrückenden Roten Armee nach Westen evakuiert. Über Oranienburg, Flossenbürg und Leonberg wird Coen Rood auf einem der berüchtigten Todesmärsche nach Kaufering deportiert, einem der Außenlager von Dachau. Er überlebt einen Fliegerangriff der Amerikaner und wird im Lager Ampfing am 2. Mai 1945 von US-Truppen befreit. Er kehrt bald nach Holland zurück, wo er seine Frau wieder findet, die die Jahre der Okkupation in einem Versteck überlebt hat. – Der Bericht entstand zwischen 1945 und 1949.

Coen[raad] Rood, geboren 1917 in Amsterdam, arbeitete dort als Schneider. Er überlebt unter schwierigsten Bedingungen die Nazizeit. Nach seiner Befreiung kehrt er 1945 in seine Heimat zurück; 1960 wanderte er nach Texas aus, wo er nach wie vor in seiner Schneiderei arbeitet.

Lebensbilder

Jüdische Erinnerungen und Zeugnisse

Herausgegeben von
Wolfgang Benz

Coen Rood

»Wenn ich es nicht erzählen kann, muss ich weinen«

Als Zwangsarbeiter
in der Rüstungsindustrie

Für die Übersetzung eingerichtet
und aus dem Englischen übersetzt
von Markus Meckl

Mit einem Nachwort
von Brigitte Axster

Fischer Taschenbuch Verlag

Die Zeit des Nationalsozialismus
Eine Buchreihe
Herausgegeben von Walter H. Pehle

Die Bearbeitung des Textes und seine Übersetzung
wurden gefördert von der
Degussa AG, Frankfurt am Main

Originalausgabe
Veröffentlicht im Fischer Taschenbuch Verlag,
ein Unternehmen der S. Fischer Verlag GmbH,
Frankfurt am Main, April 2002

Satz: Fotosatz Otto Gutfreund GmbH, Darmstadt
Druck und Bindung: Clausen & Bosse, Leck
Printed in Germany
ISBN 3-596-15017-5

Inhalt

Lager Conrad

Es ist der 23. April 1942. Ich arbeite in meiner kleinen Schneiderei über dem Wohnzimmer unserer Wohnung in Amsterdam. Ich muss zu Hause arbeiten. Seit der deutschen Invasion am 10. Mai 1940 haben Juden nicht länger das Recht, außer Haus zu arbeiten. Meine Frau Elisabeth (Bep), mit der ich seit eineinhalb Jahren verheiratet bin, ruft mich: »Coen, du hast einen amtlichen Brief bekommen.« Ich lege mein Werkzeug aus der Hand und lese, dass ich zur Musterung einbestellt bin und bei Eignung in ein Arbeitslager geschickt werde.
Solche Nachrichten sind in den Tagen der Nazi-Besatzung üblich. Die Deutschen rufen jeden jungen Juden zum Arbeitsdienst ein. Zunächst nehmen sie die Arbeitslosen, dann die Unverheirateten, dann die Frischverheirateten und schließlich alle anderen. Mein jüngster Bruder Chiel, der 20 Jahre alt und ledig ist, wurde vor drei Monaten geholt. Als er zu Beginn dieses Monats für drei Tage nach Hause kam, sah er gesund aus. Obwohl er für weniger Geld als in der Stadt gearbeitet hatte, kam er zurecht. Nachdem er in das Arbeitslager zurückgekehrt war, schrieb er uns, dass die Zustände sich verschlechtert hätten. Aber er hält es dort aus, und ich werde es auch schaffen, so wie ich es auch geschafft habe, die anderen Schikanen der letzten Monate zu überleben. Gleichwohl umarme ich meine Frau in dieser Nacht ein wenig fester und bin in Sorge, wie ich ohne sie sein soll. Mit dem Gedanken, dass der Krieg bald vorüber ist und dass unsere Trennung nicht länger als ein paar Wochen dauern wird, schlafe ich ein.
Am Morgen des 24. April 1942 stehe ich in einer langen Schlange von Menschen in einem Gemeindehaus, das als Untersuchungszentrum genutzt wird. Fast jeder hier versucht, zu erklären, warum er für die Einberufung untauglich ist und nach Hause gesandt werden soll, aber – unnötig zu sagen – niemand hört auf diese Einwände. Mit allen anderen werde ich gemustert und nach Hause geschickt, um zu packen. In weniger als 24 Stunden muss ich in das Lager Conrad aufbrechen.

Hochzeitsbild von Elisabeth (Bep) und Coen Rood, 18. 9. 1940
(Archiv Rood)

Am nächsten Morgen um sieben Uhr werden wir von Angestellten des hiesigen Arbeitsamtes am Bahnhof in Reihen aufgestellt. Während die Staatspolizei Wache steht, werden unsere Frauen und Familien hinter die Absperrung geschoben. Die Nazis und die Polizei schikanieren und verspotten uns, als wir in den Zug steigen. Mehrere Stunden reisen wir ostwärts. Schließlich hält der Zug und uns wird befohlen, uns draußen in einer Reihe aufzustellen. Ich zähle ungefähr 200 Männer, die meisten sind um die 20 Jahre alt. Nach zwei Stunden Fußweg erreichen wir unser Ziel, das Lager Conrad in Staphorst/Rouveen, Overijsel. Ein jeder ist erschöpft und benommen von den letzten 36 Stunden. Ich schaue die anderen an, sie scheinen alle das Gleiche zu fühlen wie ich. Bilder von unseren weinenden Frauen, Geliebten, Müttern und Kindern suchen uns heim. Fotografen und Reportern ausgeliefert, behandelt wie Kriminelle und unter Bewachung an diesen Platz gebracht, haben wir uns in kurzer Zeit von Bürgern in »Feinde unseres Landes« verwandelt.

Am nächsten Tag wird uns gesagt, dass wir Straßen und Kanäle bauen und Land kultivieren müssen. Alle Arbeiten müssen mit der Hand ausgeführt werden, und wir haben uns selbst mit Werkzeug zu versorgen. Wir werden in kleine Arbeitsgruppen eingeteilt. Ich arbeite zusammen mit Leeman Waterman, Moses Cohen und einem Landarbeiter namens Groen, der aus der Gegend kommt. Er ist kein Jude und unser Aufseher. Unsere erste Arbeit besteht darin, Gräber zu öffnen und sie zu verlegen. Manche dieser Gräber sind noch frisch, andere hunderte von Jahren alt.

Nachdem diese Arbeit getan ist, werden wir einer größeren Gruppe zugeteilt, um Gräben für den Kanal Conrad auszuheben. Wir arbeiten von sechs Uhr morgens bis sechs Uhr abends. Keiner von uns ist schwere körperliche Arbeit gewöhnt, doch fügen wir uns schnell in unsere Situation.

Wir sind immer hungrig. Das Essen ist so knapp bemessen, dass es gerade für ein sechsjähriges Kind ausreichend wäre. Die Qualität des Essens ist schlecht, und es gibt so gut wie kein Fleisch. Eier und Käse sind unbekannt und die Milch ist so wässrig, dass sie jeden Geschmack verloren hat. Wir versuchen unsere Rationen aufzubessern, indem wir auf eigene Faust mit den Bauern in der Umgebung handeln. Manchmal bekommen wir Pakete von zu Hause.

Zwangsarbeiter, darunter Coen Rood (rechts, unten), beim Ausheben von
Gräben in Staphorst/Rouveen, Niederlande, Sommer 1942
(geheim entstandenes Foto, Archiv Rood)

Wir verdienen sehr wenig Geld. Das Geld wird unseren Frauen und Müttern geschickt, bis auf einen Gulden, den wir pro Woche behalten dürfen. Normalerweise hätte man dafür vier Brote kaufen können, aber hier bekommen wir nur einen halben Laib; die Bauern wissen, dass wir fast jeden Preis für anständiges Essen bezahlen.

Viele von uns versuchen zu fliehen, werden aber immer wieder gefangen. Wir beten, dass wir krank werden, in der Hoffnung, nach Hause geschickt zu werden. Meine Frau ist Krankenschwester und hatte mir eine giftige Salbe geschickt, die Säure enthält. Ich reibe sie in mein Gesicht, das am nächsten Tag mit hässlichen, entzündeten Wunden überzogen ist. Der Lagerkommandant ist besorgt, als ich ihm sage, dass es ansteckend ist. Er ruft einen Arzt. Ich werfe die Medikamente, die ich von ihm erhalte, in die Latrine und schaue drei Wochen später immer noch schrecklich aus. Aber mein Plan funktioniert nicht. Der Arzt sieht sich mein Gesicht erneut an, und diesmal trägt er die Salbe selber auf. Am nächsten Tag sind die meisten Wunden verschwunden.

Meine nächste Idee ist, bei einem Zahnarztbesuch zu fliehen. Manchmal bekommen wir die Erlaubnis, den zweistündigen Weg in die Stadt zu gehen, um den Zahnarzt aufzusuchen. Doch wir müssen stets zu zweit oder zu dritt sein. Der Zahnarzt, Dr. Krings, ist uns wohlgesonnen. Wir können den ganzen Tag nutzen, um Essen in der Stadt zu organisieren, da er uns schriftlich bestätigt, die ganze Zeit bei ihm in der Praxis gewesen zu sein.

Auf einer dieser Reisen biete ich meinem Begleiter an, seine Zugreise zu bezahlen, falls er mit mir flieht, aber er weigert sich.

In diesen Tagen müssen wir unseren Ausweis, der mit einem großem J markiert ist, sehr häufig vorzeigen. Außerdem muss ein großer gelber Davidstern auf unserer Kleidung angenäht sein. All das und die Sorge, was mit seiner Familie geschehen wird, falls sie ihn erwischen, macht meinem Begleiter Angst, und ich kann ihm deshalb keinen Vorwurf machen. Nach diesen misslungenen Fluchtideen gebe ich auf und hoffe, dass Deutschland bald den Krieg verlieren wird und wir in Frieden heimkehren können.

Es ist August. In diesem Monat werde ich 25 Jahre alt. Meine Frau lässt mir die Nachricht zukommen, dass sie versuchen wird, mich an meinem Geburtstag zu sehen. Das ist gefährlich für sie, da sie verbotenerweise reisen muss. Und doch, falls es ihr gelingt, wird es das beste Geburtstagsgeschenk sein, das ich bekommen könnte. Ich treffe Vorbereitungen für unsere Zusammenkunft. In der Nacht und an den Sonntagen legen wir unser Werkzeug in eine Scheune in der Nähe unseres Arbeitsplatzes und einer von uns muss zur Bewachung dort bleiben. Ich melde mich für diesen Sonntag freiwillig und lasse Bep wissen, wo sie mich finden kann. Auf halbem Weg zwischen der Stadt und der Scheune treffe ich sie. Die Nacht hatte sie in der Stadt bei Freunden aus dem Lager verbracht. Ich erkenne sie aus weiter Ferne. Bep, meine Liebe, mein Leben. Sie sieht schöner denn je aus und wir weinen vor Freude, als wir uns umarmen. Auf dem Weg zur Scheune erzählt sie mir die Neuigkeiten von zu Hause. Sobald wir unser Ziel erreichen, tischt sie mir ein Essen wie für einen König auf. Sie hat alles selbst gekocht. Während ich esse, bis ich das Gefühl habe zu platzen, stelle ich ihr eine Frage nach der anderen über die Zustände daheim. Es ist so viel zu sagen und so viel kann nicht gesagt werden. Die Zeit vergeht schnell. Wie gern würde ich die Uhr anhalten und diesen Moment ewig dauern lassen. Ich wusste nicht, dass ich sie erst im Jahre 1945 wieder sehen würde.

Die Nächte werden jetzt, wo der Herbst begonnen hat, viel kälter. Wir ernten die Kartoffeln für die Bauern der Umgebung. Wir stehlen so viel wie wir können und rösten sie am offenen Feuer, wann immer wir eine Möglichkeit dazu haben. Für eine kurze Zeit können wir nachts satt ins Bett gehen.

Es ist der 3. Oktober 1942. Um 5 Uhr morgens müssen wir zum Appell antreten; sie teilen uns mit, dass wir unter Arrest stehen und deportiert werden. Ich bin verschlafen, beunruhigt und schrecklich durcheinander. Nachdem wir gegessen haben, müssen wir uns aufstellen. Schließlich wird uns befohlen, loszumarschieren.

Wir erreichen Meppel, die Stadt, in der wir den Zahnarzt besuchten. Wie wir durch die Straßen getrieben werden, vermischen wir uns mit anderen Gruppen, die ebenfalls heute von ihren Lagern losmarschierten. Ich spreche mit Gerrie Kool, einem guten Freund aus dem Lager. Wir versuchen zusammenzubleiben und reden über das, was gerade mit uns geschieht. Wir suchen nach einem Grund für die Ereignisse.

Am Bahnhof wartet eine lange Reihe von Güterwaggons, gefüllt mit Menschen – Männer, Frauen und Kinder. Das bestätigt unsere schlimmsten Befürchtungen. Sie haben angefangen, alle Juden, die sie finden können, zusammenzutreiben. Das betrifft wahrscheinlich auch unsere Familien. Aber warum? Wohin bringen sie uns? Wir versuchen einen Grund zu finden, während wir mit dem Zug wer weiß wohin fahren. Aber es fällt nicht leicht, beim Anblick der schwer bewaffneten deutschen Polizisten einen klaren Gedanken zu fassen. Wir erreichen die Provinzhauptstadt Zwolle, wo wir umsteigen müssen. Am Nachmittag kommen wir in Hooghalen an. Wir wissen, dass nicht weit entfernt das Konzentrationslager Westerbork liegt. Auf dem Weg zu den Lagertoren liegen Berge von Gepäckstücken. Viele Menschen müssen vor uns diesen Weg gegangen sein. Wir klammern uns an unser Gepäck und marschieren durch das Lagertor. Das Lager ist voller Menschen. Jeder hält Ausschau nach einem vertrauten Gesicht. Namen werden ausgerufen. Menschen umarmen sich. Viele sehen ihre Familien wieder, nur mit dem Unterschied, dass sie nun nicht mehr in Freiheit sind. Ich kann niemanden finden, den ich kenne.

Westerbork

Männer mit »OD« (Ordnungsdienst) auf Armbinden versuchen, Ordnung in das Chaos zu bringen. Ich erfahre, dass es sich um jüdische Gefangene handelt, die als Lagerpolizei eingesetzt wurden. Sie kommandieren uns auf einen großen Platz inmitten des Lagers, den wir nicht verlassen dürfen. Erneut beginnt die Suche nach Angehörigen. Als es dunkel wird, haben die meisten jemanden gefunden. Ich bin froh – ich habe weder Bep noch andere nahe Verwandte gesehen. Aber ich habe erfahren, dass mein ältester Bruder Aaron und mein jüngerer Bruder Chiel zusammen mit meiner kleinen wunderbaren Schwester Elisabeth (Liesje) durch dieses Lager gegangen sind. Von hier wurden sie nach Deutschland oder sonst wohin deportiert. Ich hoffe, es geht ihnen gut – Chiel ist 20 und Liesje gerade mal 17 Jahre alt. Soweit ich herausbekommen kann, waren meine Frau, meine Mutter und meine anderen beiden Geschwister, ein Bruder und eine Schwester, nicht hier. Vielleicht sind sie noch immer zu Hause und konnten den Razzien entkommen.

Alle möglichen Geschichten werden erzählt. Uns wird gesagt, dass Westerbork ein Durchgangslager ist. Zwei- oder dreimal in der Woche stellen sie einen Zug mit Menschen zusammen und schicken ihn weg. Manche sagen, das Ziel sei Polen, andere meinen, dass alle Juden in extra erbaute Dörfer in Deutschland geschickt werden, wo sie bis Kriegsende bleiben und arbeiten sollen. Wenn man selbst oder jemand in der Familie eine Arbeit oder eine Stellung hat, die für die Deutschen wichtig ist, kann man bei der Ankunft im Lager eine so genannte Sperr erhalten. Das ist ein Ausweis, der es einem erlaubt, ständig im Lager Westerbork zu bleiben. Familien sitzen überall um mich herum und versuchen, die Sorgen über die ungewisse Zukunft zu vergessen. Ich entdecke meinen Onkel Levi, den jüngsten Bruder meiner Mutter. Er war mit Chiel in einem anderen Arbeitslager und kann mir Näheres über das Schicksal meiner Geschwister erzählen. Er teilt mir mit, dass Liesje den Befehl erhalten hat, sich für einen

Transport zu melden, und Chiel sie freiwillig begleitete, damit sie nicht allein gehen musste. Sie verließen Westerbork mit einem der ersten Transporte.

Ich verliere Onkel Levi aus den Augen, als sie uns zu den Baracken treiben, die um den Platz herumstehen. Wir werden getreten und mit Knüppeln geschlagen, bis jeder in der Baracke ist. Diesmal sind unsere Peiniger nicht nur Deutsche, sondern auch holländische Polizisten. In den Baracken sind Pritschen, drei Lagen übereinander, ohne Matratzen oder dergleichen, nur mit einem Gitterrost versehen. Zum Glück habe ich mein Gepäck und kann darauf liegen. Die ganze Nacht werden Menschen in die Baracken hinein- und hinausgebracht. Kleine Kinder irren herum und schreien. Eltern suchen ihre Kinder. Viele Menschen sind von den Schlägen verletzt worden und wir alle sind verzweifelt. Um 4 Uhr morgens werden wir aus unserem »Schlafquartier« hinausgeworfen und zurück auf den Platz getrieben.

Heute am 4. Oktober erfolgt die Registrierung. Gegen 9 Uhr morgens erhalten wir Tee. Dass Frauen und Kinder Vorrang haben, scheint nicht mehr zu gelten. Es gibt nicht genügend Tee und wenn man nicht darum kämpft, erhält man keinen. Also bekomme ich keinen Tee. Sie bringen Brot, aber es geht in die Küche zurück. Uns wird gesagt, dass wir lernen müssen, uns zu benehmen. Zur Strafe erhalten wir kein Brot. Was kann man den Leuten für einen Vorwurf machen. Niemand hat das Recht, Menschen in solch einen Zustand und solch eine Situation zu bringen. Jeder hier, jung oder alt, krank oder gesund, ist ohne Zuhause und ohne Essen. Alle Nerven sind angespannt und vielen sieht man an, dass sie aus Verzweiflung die Kontrolle verlieren. Nach ein paar Stunden werden wir getrennt und etwa 800 Männer in eine Baracke eines anderen Lagerabschnittes gebracht. Meine Freunde und ich sind Teil dieser Gruppe. Uns wird eine Pritsche zugeteilt, die wieder nur einen Gitterrost hat, wie in den anderen Baracken, mit 25 Zentimeter Zwischenraum, drei Lagen übereinander und ohne Bettzeug. Immerhin haben wir einen Platz, den wir unseren eigenen nennen können.

Am nächsten Morgen müssen alle aus unserer Baracke zum Appell antreten und jeder ist angewiesen, seine Habseligkeiten mitzubringen. Wir werden von der jüdischen Bankgesellschaft Lithman und Rosenthal überprüft und durchsucht. Diese von den Deutschen enteignete Firma wird von Mitgliedern der holländischen faschistischen

Vereinigung betrieben. Sie beschlagnahmen den Besitz der Lagerinsassen. Viele von uns versuchen, sie zu überlisten, und lassen ihre persönlichen Sachen in der Baracke zurück. Wir müssen zur Baracke der jüdischen Verwaltung marschieren. Dort stellen sie uns auf. Männer mit Armbinden laufen unsere Reihen ab und warnen uns davor, Wertgegenstände mit hineinzunehmen. Sie behaupten, dass wir uns drinnen nackt ausziehen müssen, nichts behalten dürfen, und wenn wir nicht kooperieren, man uns schlagen und direkt zu den Zügen schicken wird. Sie versprechen, unsere Wertsachen aufzubewahren, bis die Durchsuchung beendet sei. Viele, zu Tode erschrocken, geben ihnen große Summen Geld, Zigaretten, wertvolle Füllhalter, Juwelen und Wertpapiere, in der Hoffnung, sie später zurückzubekommen. Einige von uns sind sicher, dass diese Dinge nie zurückgegeben werden und ignorieren die Versprechungen. Schließlich sind wir an der Reihe, die Baracke zu betreten. Wir kommen in eine große Halle mit 15 Wärtern und der gleichen Anzahl von Bediensteten darin. Sie alle drangsalieren die Leute um sich herum und tun sehr wichtig. Das schützt sie selbst vor dem Transport. Ein SS-Mann tritt in die Halle und alle verstummen. Diese Angestellten, die sich uns gegenüber so groß und wichtig vorkommen, kriechen und dienern ehrfürchtig vor diesem SS-Mann. Sein Name ist Jansen, ein wichtiger Name in Westerbork.

Angestellte sitzen hinter langen Tischen und befragen uns nach unserer finanziellen Situation; sie wollen Auskunft über Versicherungen, Ersparnisse, Grundbesitz und so weiter. Sie nehmen unsere Pässe und andere Papiere und forschen nach dem Verbleib unserer Wertgegenstände. Als alles aufgenommen und registriert ist, erhalten wir unsere Pässe zurück. Anschließend gehen wir durch einen Korridor, von dem Türen abgehen. Einige dieser Türen führen aus der Baracke heraus. Am liebsten würden wir hinausgehen, um dem zu entfliehen, was uns im nächsten Raum erwarten könnte. Aber alle Türen sind bewacht. Da ich kein Geld und keine Wertgegenstände bei mir habe, nehme ich an, dass sie nichts aus mir herausprügeln können. Den einzigen mir wichtigen Wertgegenstand, meinen Ehering, habe ich schon vor langer Zeit an Bep zurückgesandt. Aber immer noch sind wir im Ungewissen, was diese Leute, die sich an den Teufel namens Hitler verkauft haben, mit uns machen werden. Die Tür öffnet sich und wir gehen hinein. Ein schwarz behemdeter Wachmann mustert uns. Er ist groß, knochig, hakennasig und hat einen stechenden hypnotisierenden Blick. Er versucht, die Schwachen und Nervösen unter uns herauszufinden. Sowie er jemanden bemerkt, ruft er den Mann vor und schickt ihn in den Nebenraum. Ein junger Wachmann, kaum älter als 19 Jahre, verhört mich. Breitbeinig dastehend, den Knüppel in der Hand, knurrt er: »Name und Brieftasche.« Er findet einen Zettel und einige unwichtige Papiere. »Nichts weiter?« Wortlos gebe ich ihm mein Portemonnaie. Es enthält ein paar Groschen. Darauf fragt er mich im gleichen Tonfall: »Ehering, Wohnungs- und Hausschlüssel, Versicherungen?« Ich sage: »Nein.« »Wir werden sie in dem kleinen Nebenraum finden«, droht er. »Unmöglich«, erwidere ich. »Ich bin direkt von einem Arbeitslager hierher gekommen, alles was ich hatte, haben sie mir dort abgenommen.« Er lässt mich passieren. Glücklicherweise hat er mich nicht nach meiner Frau gefragt. Ich möchte sie möglichst aus all dem heraushalten und ihren Namen nirgends verzeichnet wissen.

Als jeder wieder in seiner Baracke ist, gibt es etwas zu essen. Uns wird versichert, dass es diesmal eine warme Mahlzeit sein wird, die erste, seit wir hier angekommen sind. Wir stellen uns in einer Reihe auf. Einige Träger kommen mit Suppentöpfen. Viele kämpfen um die Plätze in der Reihe. Wir werden angewiesen, uns an die Tische zu setzen. Aber es gibt nicht genügend Platz, sodass wir uns still auf den Betten niederlassen, ängstlich, dass sie das Essen wieder wegschaffen. Als die Reihe an uns kommt, ist der letzte Topf bereits fast geleert. Die Suppenausteiler, vier Männer für einen Topf und ein Mann mit einer Schöpfkelle, geben uns genug für sechs Suppenlöffel, aber nicht genug, um meinen Magen zu füllen. Als wir uns darüber beschweren, sagt uns der dicke Mann, dass es noch zwei weitere Töpfe gibt, kleinere als diese, die für die nächsten 280 Männer ausreichen müssen. Wir sind unter den ersten 120 Mann und können glücklich sein, wenigstens von der Suppe gekostet zu haben. Die Qualität der Suppe ist sehr schlecht, aber wer beschwert sich, wenn er tagelang kein Essen bekommen hat. Brot ist nur mit Karten erhältlich. Das Verteilen der täglichen Ration wird auf der Karte eingetragen. Man muss sich in der so genannten Küche der Baracke anstellen, die sich in deren Mitte befindet. Die Küche trägt nur den Namen, niemand kocht hier jemals. Der Raum ist lediglich dazu da, die Essensrationen auszuteilen. Ein Laib Brot, das sind gewöhnlich 800 Gramm, soll in drei Teile geteilt werden. Ein Teil davon mit einem Teelöffel Marmelade, ein wenig Margarine und manchmal ein kleines Stück Käse bilden die Brotration für den Tag.

Der Name unseres Barackenführers ist Marks. Er erzählt uns stolz, dass er uns vor dem Transport bewahren kann, wenn wir uns entsprechend verhalten. Unsere Baracke scheint für Männer bestimmt zu sein, die schwere Arbeit verrichten können. Das ist vielleicht der Grund, warum Marks solch ein Versprechen machen kann; höchstwahrscheinlich ist es jedoch nur ein Weg, um uns ruhig zu halten. Die anderen Baracken sind, soweit ich sehen kann, anders belegt. Baracke um Baracke ist gefüllt mit jungen und alten Frauen, Kindern und älteren Männern. Als ich mit Marks darüber reden will, werde ich von jemandem hinter mir umarmt. Als ich mich umdrehe, sehe ich Hyman van Thyn, einen Freund seit meiner Kindheit. Er war wenige Monate nach mir in ein anderes Arbeitslager gebracht worden. »Weißt du etwas über deine Frau und deinen Sohn?«, frage ich ihn. »Gien und Nico sind hier in einer der Baracken. Meine Mutter, mein Vater und Jonnie (sein 9-jähriger Bruder) sind ebenfalls hier. Vater arbeitet für die Eisenbahn im Lager und wegen seiner Arbeit sind wir für den Transport gesperrt. Mein zweitältester Bruder Luis ist noch in Belgien und ich habe nichts mehr von ihm gehört.« »Bep, meine Mutter, Marie, Jo und seine Frau sind noch in Amsterdam. Chiel, Aaron und Liesje wurden abtransportiert«, erzähle ich ihm. »Marie ist mit einem Nichtjuden verheiratet, vielleicht sind sie und die anderen dadurch geschützt. Ich weiß nichts Genaues, aber da sie nicht hier sind oder waren, müssen sie noch zu Hause sein.« »Hast du denn keine Nachrichten von zu Hause bekommen?«, fragt Hyman. »Nein, ich weiß gar nichts.«

Alles, was ich in den zwei Tagen, die ich hier bin, mitbekommen habe, ist, dass jeder versucht hier zu bleiben und die Angestellten einen ausrauben. Er erzählt mir, dass ich ein Telegramm nach Hause schicken kann, und wir gehen zur Verwaltungsbaracke. Dort sage ich einer Frau meinen Namen und erhalte einen Schein. Nachdem ich zunächst an drei oder vier wichtig tuende Büroangestellte gerate, kann mir schließlich jemand Auskunft geben. Mir wird gesagt, dass ich nur ein Telegramm senden kann, um Essen und Kleidung für die große Reise anzufordern. »Aber ich will nur wissen, wo meine Frau ist.« Er wiederholt nur, dass diese Telegramme nur erlaubt sind, um Sachen für den Transport zu bekommen. Zum Glück ist Hyman bei mir. Er und sein Vater sind lange genug hier, um das Spiel hier zu kennen. Er verhandelt mit dem Mann und sagt ihm, dass ich ständig gesperrt sei, da ich im Lagerhospital als Krankenpfleger arbeiten würde. Dies muss eine so wichtige Stelle sein, dass ich plötzlich mein Telegramm absenden kann. Da ich eine Zeit lang in Amsterdam als Krankenpfleger gearbeitet habe, sagt Hyman sogar halbwegs die Wahrheit.

Ich finde auch heraus, dass es ein Postamt in Westerbork gibt. Es befindet sich in den deutschen Baracken. Diese Baracken sind in kleine Wohnungen eingeteilt, die mit deutschen Juden belegt sind. Sie sind als Erste nach Westerbork gekommen und dadurch die »Prominenten« in der Lagerhierarchie, zum Nachteil der holländischen Juden.

Hyman und ich gehen zu den Arbeitsbaracken. Nathan van Thyn, Hymans Vater, arbeitet beim Bau einer Eisenbahnstrecke für das Lager, damit die Menschen nicht länger den Weg von Hooghalen zu Fuß laufen müssen. Dies geschieht nicht aus Rücksicht auf die Tausende, die die Straße gehen müssen, sondern um den Transport zu beschleunigen und um die Bewohner in der Umgebung nicht so viel sehen zu lassen.

Als wir bei den Baracken ankommen, sind alle da. Seine Mutter, sein Vater, Jonnie, Gien und der Sohn Nico. Nathan grüßt mich freudig. Die Mutter ist sehr niedergeschlagen. Ich habe sie ganz anders in Erinnerung. Die Sperrung für den Transport hat ihr nicht die Augen vor dem verschlossen, was den anderen geschieht. In dieser Hölle ist es ein Trost, die Familie beisammenzuhaben. Nathan hat ein paar Überlebenstricks gelernt, seitdem er hier ist. Zum Beispiel kann er Briefe aus dem Lager herausbringen und sie gegen Bezahlung von einem Zivilisten aufgeben lassen.

Wir versuchen einen Weg zu finden, wie ich für den Transport gesperrt werden kann. Hyman bringt mich auf den Gedanken, meine Erfahrungen als Krankenpfleger zu nutzen. Drei Tage warte ich an der Tür des Lagerhospitals und versuche, den Aufseher davon zu überzeugen, mich zur Oberschwester vorzulassen. Als ich sie schließlich sehe, verspricht sie mir Arbeit. Sie braucht mich dringend, sagt sie, aber ich müsste für diese Arbeit wirklich qualifiziert sein. Ich schreibe umgehend einen Brief an Bep und bitte sie, mir eine Bestätigung zu beschaffen, die besagt, dass ich Krankenpfleger sei und als solcher gearbeitet habe. Während ich auf die Antwort warte, sende ich ihr täglich durch Nathan Briefe und schreibe ihr, was geschieht.

Ich bin ständig hungrig. Andere Leute erhalten Pakete von zu Hause, ich jedoch nicht und fange deshalb zu zweifeln an, ob noch jemand von meiner Familie in Amsterdam ist. Wir bekommen jeden Tag um vier Uhr eine warme Mahlzeit, nachdem wir unsere Brotration erhalten haben. Das Warten auf das Essen macht den Tag scheinbar endlos. Das Warten auf den nächsten Transport hat den gegenteiligen Effekt.

Zwei Tage in Frieden und dann der Tag und die Nacht, an dem der Transport zusammengestellt wird – das ist der Alptraum von Westerbork.

Die Nächte sind unbequem. Ohne Matratze und Decke hülle ich mich in meinen Gummiregenmantel und zittere vor Kälte. Der Hunger und die Sorgen halten uns wach. Der Mann über mir macht die Dinge noch schlimmer. Seine Beine und Schuhe hängen durch den Gitterrost und in seinem unruhigen Schlaf tritt er mich immer wieder. Viele lassen ihre Schuhe nachts an, um bereit zu sein, wenn die Pfeife ertönt. So ist es auch wärmer. Ich ziehe meine Schuhe jede Nacht aus und lege meine Krawatte ab. Viele wundern sich, dass ich mich noch darum kümmere, eine Krawatte zu tragen. Man hasst es, ein äußeres Zeichen der Zivilisation aufzugeben. Innerhalb einer Woche haben viele von uns Durchfall. Das überrascht mich nicht.

Überall sind Betten und Menschen. Ganze Familien sind auf einem Bett versammelt. Jeder Winkel ist gefüllt. Bei jedem Schritt muss man jemanden beiseite schieben. Man hört Geschrei und Weinen, sieht Leute, die Geschäfte machen, die betrügen, stehlen und hungern. Man sieht auch Zeichen von Hilfsbereitschaft, aber nicht sehr oft. Frauen achten nicht länger auf ihr Äußeres. Die Toiletten sind überschwemmt. Wasser ist so knapp, dass Waschen unmöglich ist. Wenn man die Baracken betritt, raubt der Gestank einem den Atem.

Jonas Walvisch, ein Freund, bekommt ein Paket von zu Hause. Das bedeutet, seine Frau und sein Kind sind noch dort. Ich freue mich für ihn. Sein Paket enthält alles, von der Schokolade bis zu einem warmen Mantel, von gekochtem Reis bis zu den Arbeitsschuhen. Er teilt mit uns, und wir essen so viel wir können. Mit prallen Bäuchen ruhen wir uns ein wenig aus. Ich werde wach, weil mein Name gerufen wird. Ich habe einen Brief von Bep. Gott sei Dank, endlich ein Hoffnungszeichen. Sie ist noch zu Hause. Sie hat während der Razzien im Krankenhaus gearbeitet, das schützte sie und so ist sie noch in Freiheit. Sie hat meine Nachricht bekommen und wird die Bestätigung beschaffen. Außerdem verspricht sie, mir bald ein Paket zu schicken. Ich bin so aufgeregt, dass ich nicht schlafen kann. Zum Glück ist sie in Sicherheit. Ich werde aus meiner Stumpfheit herauskommen und mir überlegen, wie ich für sie überlebe. Zu wissen, dass sie in Sicherheit ist, gibt mir die Kraft weiterzumachen. Und so schreibe ich ihr, dass sie sich bitte mit der Bestätigung beeilen soll, damit ich eine Chance habe, dieses Martyrium durchzustehen. Ich bitte sie, mir alles zu schicken, was meine Lage hier verbessern kann. – Essen, warme Kleider und Decken stehen an erster Stelle. Diese Dinge bringen einen in Westerbork voran. Aber wie, frage ich mich, kann man an einem Ort wie diesem vorankommen wollen. Wer bin ich denn, dass ich um Sachen bitte und erwarte, den Transporten zu entkommen, während Tausende weniger glücklich sind und nichts haben, was sie schützt.

Es wird ständig auf Menschen Jagd gemacht, um die Züge zu füllen. Wenn man auf die Transportliste gesetzt wird, hat man alles hinter sich und kämpft dennoch bis zum letzten Augenblick weiter, um diesem Schicksal zu entkommen. Ist man nicht auf der Liste, klammert man sich verzweifelt an das Lager. Hier zu bleiben bedeutet immer nur Sicherheit für zwei Tage und jeder zweite Tag könnte der letzte sein. Ungeachtet der Verhältnisse hier, will keiner eine Zugreise antreten, die ins Ungewisse führt. Das einzig Gute, an das ich denken kann, ist, Bep in Sicherheit zu wissen. Aber auch das kann sich jederzeit ändern. Wenn sie in eine Razzia gerät, wird sie hierher kommen. Dann würde sie in eine Frauenbaracke gesteckt werden. Gien schläft mit Nico und 500 anderen Frauen und ihren kleinen Kindern in einer dieser Baracken. Die Frauenbaracken bestehen aus zwei großen Räumen, die insgesamt mit 1000 Frauen und wer weiß wie vielen Kindern belegt sind.

Ich muss Bep sagen, dass sie diesem Ort so fern wie möglich bleiben soll. Was für ein Recht haben die Nazis, dies den Menschen anzutun, nur weil sie zufällig Juden sind? Was ist das für ein Gott, der ihnen das erlaubt? Ich nehme an, wir alle werden tot sein, ehe wir es verstehen. In dieser Welt scheint es keine Antwort zu geben.

Durch Schreie werde ich aus meinen Gedanken geschreckt. »Achtung, alle raustreten!« Zehn Polizisten treiben uns aus der Baracke. Wir fürchten, es ist an uns, auf Transport zu gehen. Das Verwirrende ist, dass sie uns nicht mit Namen aufrufen und uns befehlen, unser Gepäck mitzunehmen, wie es gewöhnlich der Fall ist. Ich ziehe meinen Regenmantel an und helfe Gerrie, seinen zu finden. Ein paar Minuten später stehen wir alle draußen im kalten Regen. Dann schicken sie uns zurück in die Baracke und geben uns zwei Minuten, unsere Sachen zu packen. Das gibt mir gerade genügend Zeit, um meinen Rucksack und Koffer zu nehmen, ehe ich wieder im Regen stehe. Innerhalb kürzester Zeit sind wir alle durchnässt. Vielleicht wird man uns alle auf Transport schicken, ohne unsere Namen aufzurufen. Häufig kommt es vor, dass Menschen in Panik geraten, wenn ihre Namen genannt werden. Kann es sein, dass sie diesmal die ganze Baracke mitnehmen? Sie sperren die Baracke und die Umgebung ab. SS-Männer stellen sicher, dass alle draußen sind. Danach räumen sie die anliegenden Baracken, die hauptsächlich von Frauen und Kindern belegt sind. Eheleute versuchen, zusammenzukommen, damit ihre Familien gemeinsam die gefürchtete Reise antreten. Das Weinen von Frauen und Kindern erfüllt die Luft. Der ständige Regen verwandelt den Boden in einen Morast, in dem wir einsinken. Es ist ein verzweifelter, hoffnungsloser Haufen, der hier im Regen steht.

»Baracke 60, abseits bleiben«, schreit Marks. Das sind wir. Wir fürchten, den Grund dafür zu erfahren. Uns wird befohlen, loszumarschieren, und wir nehmen an, dass es zur Sperrbaracke geht, wo die letzten Stunden vor dem Einsteigen in den Zug verbracht werden. Aber stattdessen marschieren wir aus der Sichtweite der Anderen um unsere Baracke herum und gehen durch eine Seitentür wieder in sie hinein.

Warum zurück in die Baracke? Wie ist es möglich, dass wir hier bleiben, während die da draußen fortgeschickt werden? Keiner von denen hält schwierige Umstände und harte Arbeit aus. Es ist uns unbegreiflich, aber eines wissen wir, diese Baracke ist jetzt in eine Arbeitsbaracke umgewandelt worden. Das könnte bedeuten, dass wir dem Transport entronnen sind. Uns fällt ein Stein vom Herzen, doch durch ein kleines Fenster sehen wir draußen die anderen. Immer noch stehen sie dort, jämmerlich, durchnässt vom kalten Regen. Wir hören ihr Weinen auf dem Weg zur Registrationsbaracke. Dort werden einem die Papiere abgenommen, man wird durch einen »letzten Kontrollpunkt« direkt in die Züge getrieben. Gestern sahen wir Karten, die am Fenster des Postschalters befestigt waren. Auf ihnen standen Sätze wie »Uns geht es gut. Wir müssen hart arbeiten, aber wir sind zusammen.« Diese Karten sollen von Menschen stammen, die auf Transport gegangen sind. Sie sind zu perfekt. Wir finden keines der verschlüsselten Worte, die wir verwenden, um unsere Angehörigen zu informieren, ohne dabei von der Zensur erwischt zu werden. Wir glauben, dass diese Nachrichten unter Zwang entstanden sind, damit die SS es mit uns in Westerbork leichter hat. Niemand weiß wirklich, wo diese Leute sind und was die Deutschen mit ihnen gemacht haben.

Mittlerweile ist es 6 Uhr. Marks und seine Helfer laufen umher und sind stolz über den Verlauf des Nachmittags. Wir erhalten jetzt auch Matratzen und Decken. Jonas, Gerrie, sein Vater Phillip und ich sitzen zusammen und sprechen über das, was vorgefallen ist. Phillip meint, dass wir Glück mit Marks haben. »Er ist zwar all die Schwächeren losgeworden, aber gleichzeitig hat er uns gerettet.« Jonas und ich denken, dass es zu schön ist, um wahr zu sein. Gerrie möchte gegenüber seinem Vater höflich sein und sagt nichts dazu. Wir müssen abwarten und sehen was kommt, aber im Moment ist es gut, eine Matratze und eine Decke zu haben.

Wir erfahren, dass nicht nur Deutsche Mitglieder der SS sind, jener Elitegruppe, die gegründet wurde, um Menschen zu terrorisieren. Auch viele Holländer sind ihr beigetreten. Sie wissen, dass ihre Aufgabe nicht darin besteht, auf dem Schlachtfeld zu kämpfen, sondern Hitlers schmutzige Befehle auszuführen. Warum Holländer sich dafür hergeben, kann ich nicht verstehen. Es gab hier keine Nazipartei und keinen Hitler, der sie hätte verführen können. Holland war niemals antisemitisch, zumindest hatte ich das immer gedacht. Die SS-Männer müssen doch wissen, dass sie auf einem Schlachthof angestellt sind. Vielleicht ist Schlachthof ein zu starker Ausdruck, denn wenn sie uns töten wollen, warum schicken sie uns erst mit den Zügen weg? Sie beherrschen alles, sie könnten uns hier töten und sich damit eine Menge Probleme ersparen. »Man tötet nicht jemand, dessen Arbeit man nutzen kann«, argumentiert Jonas. Aber was wird sein, wenn der Krieg vorbei ist? Was wird dann mit uns geschehen? Falls sie gewinnen und wir noch leben, werden sie uns auf eine Insel oder sonst wohin schicken. Wir kennen alle Hitlers Sprüche und haben viele

Fragen. Aber egal, wie sehr wir auch darüber nachdenken, wir finden keine Antwort.

Am anderen Morgen mache ich einen Spaziergang um die Baracken. Ich begegne Hyman und Gien mit Nico. Gien trägt das Kind auf dem Arm und zieht einen Kinderwagen mit Taschen und Koffern, während Hyman weiteres Gepäck trägt. Als ich sie im Spaß frage, ob sie umziehen, erzählen sie mir, dass sie die ganze Nacht in der Registration verbracht haben. Sie waren zum Transport aufgerufen und Nathan hatte die Nacht damit verbracht, sie herauszuholen. Die ganze Nacht standen sie in der Halle der Registration mit ihrem kleinen Kind. Nico hat keine Kraft mehr zu weinen und liegt bleich und schwach in den Armen seiner Mutter. Das ist das zweite Mal, dass sie zum Transport gerufen wurden und durch diesen Alptraum gingen. »Das nächste Mal werde ich nicht mehr kämpfen, ich werde einfach gehen«, sagt Gien. Ich helfe ihnen, die Sachen bis zur Baracke zu tragen. Hymans Mutter liegt auf der Pritsche. Es war zu viel für sie. Es wäre für sie einfacher, selbst in den Zug zu steigen, als ihre Kinder davongehen zu sehen. Als sie sieht, dass ihre Liebsten wieder bei ihr sind, weint sie leise. »Ist Coentje auch frei?« Coentje ist mein Spitzname seit meiner Kindheit. »Ja«, sage ich. »Coentje, auch du bist mein Kind, hörst du.« Seit ich ein kleiner Junge bin, war dies so, wie auch Hyman der fünfte Sohn meiner Mutter war. »Vergiss nicht, dass wir auch für dich kämpfen werden. Wir werden auch dich vor dem Transport bewahren.« Ich nicke, zu müde, um zu antworten, und mir wird warm ums Herz. Sie ist so eine wunderbare jiddische Mama, genauso voller Liebe und Sorge wie meine Mutter.

Als ich in meine Baracke zurückkomme, treffe ich den Briefträger. »Irgend etwas für Coen Rood dabei?« Ich habe diese Frage so häufig gestellt, dass ich schon keine Antwort mehr erwarte, doch zu meiner Überraschung gibt er mir nicht nur einen, sondern drei Briefe. Zwei Briefe sind von Bep und einer ist von meiner Mutter. Beps Brief enthält die lang ersehnte Bestätigung vom Amsterdamer Krankenhaus. Sie war so klug, zwei Fotokopien ihres Passes beizulegen, die sie als Oberschwester der Abteilung ausweisen. Das stellt nicht nur sie vom Transport frei, sondern bewahrt auch mich als ihren Ehemann davor. Ich kann aufatmen. Nun habe ich Hoffnung, die Zeit bis zum Ende des Krieges in diesem Lager zu verbringen. Aber es kommt noch besser, ich werde nochmals gerufen und erhalte diesmal ein Paket von zu

Hause. Jetzt besitze ich Kleidung, Decken und viele gute Sachen zum Essen. Woher hat Bep nur das Geld, all das zu kaufen?

Später am Tag gehe ich mit meinen Dokumenten zum Lagerhospital. Sie stellen mir ein Papier aus, das mir eine Tätigkeit als Krankenpfleger bestätigt. Damit spreche ich bei der Lagerverwaltung vor. Ich verhandle mit mehreren Angestellten, um von den Transporten freigestellt zu werden. Doch jeder schickt mich weiter. Nach Stunden begreife ich, dass ich heute nichts mehr tun kann.

Tage sind vergangen und ich warte immer noch auf meine Freistellung. Nach dreieinhalb Wochen erhalte ich sie schließlich. Sie weisen mich als ordentlichen Angestellten des Lagerhospitals von Westerbork aus. Das ist für mich eine Erleichterung. Ich lebe nicht länger in ständiger Angst, doch bin ich noch weit davon entfernt, mich sicher zu fühlen. Zu viel habe ich, seitdem ich hier bin, gesehen und gehört, als dass ich außer meinen wenigen Freunden und Angehörigen noch jemandem trauen würde. Der Wunsch, dass alles vorbei sei, schleicht sich ständig in meine Gedanken. Wäre es nicht besser, aufzugeben und zu gehen? Da ich jung und kräftig bin, würde ich drüben bessere Chancen haben als die meisten hier im Lager. Warum sollte ich verschont werden? Meine Freunde sagen zu diesen Ideen nur eins: Du bist verrückt und du wirst tot sein, wenn du nicht damit aufhörst. Nathan meint, es wäre besser, hier umzukommen als auf Transport zu gehen. Ich höre ihnen zu, aber ihre Ratschläge helfen mir nicht weiter. Ihre Bemerkungen beruhigen nicht meine verstörten Gedanken. Kann es dort schlimmer sein als hier? Wenn ich Friede mit dem Unabwendbaren schließe, vielleicht wird das Schicksal mich nicht so hart treffen. Der gesunde Menschenverstand rät mir, nicht auf Transport zu gehen. Phillip meint: »Wach auf, es ist falsch, wie du denkst. Wenn du dich nicht anstrengst und deine Chancen nicht wahrnimmst, wirst du weg sein, ehe du dich versiehst. Überleben sollte dein ständiger Gedanke sein, immer, jede Minute, jede Sekunde am Tag und in der Nacht.« Ich erwidere: »Was können sie uns antun? Wenn sie uns für die Arbeit brauchen, werden sie uns ernähren müssen.«

Die Tage vergehen, nur Gerries Leben hat sich verändert. Er hat geheiratet, als wir beide noch im Lager Conrad waren. Mijntje verließ Amsterdam, obwohl sie dort freigestellt war, um mit ihm hier zu leben. Sie zahlten einen hohen Preis für ihr Zusammensein, aber beide scheinen sehr glücklich. Phillip nennt sie Idioten. »Hierher zu kommen war dumm genug von ihr, aber dann noch die Art, wie sie sich benehmen.« Niemand hört auf ihn. Gerrie und Mijntje leben in einer eigenen Welt. Unberührt von den Dingen um sie herum, sehen sie nur sich. Verrückt oder nicht verrückt, ich denke, es geht ihnen besser als uns allen.

Leeman Waterman fährt nach Hause, da seine Frau schwer krank ist. Es ist sehr ungewöhnlich, dass so etwas vorkommt. Er nimmt eine Nachricht für Bep von mir mit: »Was immer geschieht, komme nicht an diesen Ort. Halte dich so fern wie möglich.« Niemand glaubt wirklich daran, dass Leeman es bis Amsterdam schaffen wird. Wie wir ihn ohne Gepäck durchs Tor schreiten sehen, beten wir für seine Sicherheit. Sollte er es schaffen, dann könnte er Bep erklären, dass es vor allem ihrer Arbeit im Krankenhaus zu verdanken ist, dass ich im Moment hier sicher bin. Würde sie sich entscheiden, nach Westerbork zu kommen, würden wir beide schon bald zum Transportvieh zählen. Es ist schwer für mich ohne meine Frau. Ich sehe Gerrie und seine Frau, sehe Hyman, Gien und ihr Kind, sie sind sich alle so nahe gekommen. Ich träume vor mich hin. Wie gerne würde ich meinen kleinen Bruder und die kleinere Schwester, die schon drüben angekommen sind, noch einmal sehen. Vielleicht sollte ich Bep trotz allem bitten, hierher zu kommen, dann könnten wir gemeinsam den Transport antreten und die anderen wiedertreffen. Phillip ist verärgert, er will nicht, dass ich so denke. Ich bin so müde von all diesen Gedanken. Überall sind Menschen, aber ich bin so schrecklich allein. Ich habe keinen Plan, ich finde keine Lösung und meine Sehnsucht nach Bep, nach Frieden und einem normalen Leben wird immer größer.

Plötzlich ändert sich alles. Alle, die vom Transport freigestellt sind, müssen sich melden. Das Gerücht geht um, dass wir unsere Papiere zurückerhalten und als Lagerpersonal in ein neues Lager in Südholland geschickt werden sollen. Ich versuche herauszufinden, was vor sich geht. Nach 2 1/2 Stunden weiß ich, dass es viel schlimmer kommt. Wir werden nach Deutschland geschickt. Die Freistellungen sind ungültig, nur die Lagerprominenten dürfen bleiben. Wenig später werden wir in die Sperrbaracke gebracht. Wie ich voraussah, weisen sie meine Papiere ab, und so sitze ich in einem der beiden Räume der Baracke und füge mich in mein Schicksal. Es gibt keine Betten hier, nur Bänke. Neben mir sitzt eine alte Frau. Sie erzählt mir von ihren drei Söhnen, die bereits mit ihren Frauen und Kindern die Reise nach Deutschland angetreten haben. Sie konnte bisher hier bleiben, da ihr Mann im Krankenhaus arbeitet. Sie ergriffen sie, ohne ihr die Möglichkeit zu geben, sich von ihrem Mann zu verabschieden. Über ihr Schicksal macht sie sich nichts vor. Sie weiß, dass sie nicht lange überleben wird, und sie erwartet nicht einmal, ihre Familie bei der Ankunft des Transports zu sehen. Das alles erzählt sie mir sehr nüchtern, doch am Ende bricht sie zusammen.

Es gibt auch einen jungen Mann mit zwei Kindern, die schläfrig auf seinem Schoß liegen. Er erzählt ihnen Gute-Nacht-Geschichten von Aschenbrödel, Schneewittchen und den sieben Zwergen und von dem bösen Wolf. Bald kommen andere Kinder hinzu, um ihm zuzuhören. Später, als wir durch den Schlamm zum Gebäude der Registratur laufen, höre ich noch immer seine Stimme. Vielleicht werden die Kinder dadurch nicht bemerken, was um sie herum vorgeht.

Es regnet. Über eine Stunde warten wir schon vor der Registraturbaracke. Es fängt an zu dämmern und ein neuer Tag beginnt. Wir sind alle durchfroren und durchnässt. Schließlich führen sie uns in die Baracke. Dort herrscht ein schreckliches Durcheinander. Menschen schreien, drängeln und schieben. Ein jeder versucht, am Ende der Reihe zu stehen. Der Lärm wird übertönt von Befehlen, die auf Deutsch geschrien werden. Diejenigen, die eine kleine Chance sehen, vom Transport ausgenommen zu werden, sind am lautesten. Die Angestellten schreiben ständig. Was gibt es hier zu schreiben, frage ich mich. Sind wir nicht schon für die Reise ohne Wiederkehr gekennzeichnet, ist unser Schicksal nicht schon besiegelt? Kann man denn noch etwas machen?

Das Gefühl überkommt mich, dass es zu spät ist, etwas zu tun. Nur sehr wenige Menschen sind jemals aus dieser Baracke zurückgekehrt. Die Angestellten verlängern die Prozedur nur. Sie tun geschäftig, um nicht selbst auf den Transport geschickt zu werden. So arbeiten und arbeiten sie, schreiben und schreiben, aber nichts Gutes kommt dabei heraus. All das ist eine Schande, Arbeit, nur um die eigene Haut zu retten.

Ich finde heraus, was ich bereits ahnte, mein Name steht nicht länger auf der Liste jener, die für den Transport gesperrt sind. Ein Polizeioffizier schiebt mich an den letzten Tisch. Hier wird der Name aus dem Verzeichnis der Bewohner von Westerbork gestrichen. Für sie hast du nun aufgehört zu existieren. Wie ich mein Gepäck ergreife und mit schwachen Knien zur Tür gehe, sehe ich den verantwortlichen SS-Mann für das Gebäude. Mit gespreizten Beinen steht er da, die Hände an der Hüfte und lacht. Wenn ich die Möglichkeit hätte, diesen Menschen zu töten, dann würde ich es tun, das weiß ich. Als ich an den Wärtern und den Männern vom OD vorbeikomme, höre ich jemanden meinen Namen rufen. Ich schaue auf und erkenne die Oberschwester Van Het Hof aus dem Krankenrevier. Sie kommt auf mich zu und fragt die Angestellten, was hier geschieht. »Dieser Mann ist in meinem Krankenhaus beschäftigt. Lassen sie ihn gehen, ich brauche ihn dringend.« Sie sieht mich dabei an, damit ich mitspiele. Aber ich will nicht länger. Ich bin müde. Ich werde die Reise antreten und nicht länger Teil dieses Ortes sein. Ich danke ihr für ihre Bemühungen. Mit traurigen Augen, die ich niemals vergessen werde, wünscht sie mir, dass ich wohlbehalten wiederkomme. Ich gehe durch die Tür aus der Baracke. Dieser Teil meines Lebens ist vorbei. Aber es wartet noch eine letzte Prüfung auf mich. Draußen steht Piet Kater, ein Freund seit den Tagen im Lager Conrad. Er ist in Westerbork als OD angestellt und Gerrie Kool hat ihm mitgeteilt, dass ich auf Transport geschickt werde. Piet eilt mir mit einer »OD«-Armbinde in der Hand entgegen, um sie mir zu geben und sagt dabei: »Lass dein Gepäck stehen, ich kümmere mich um alles.« Als ich mich weigere, meint er: »Aber Coen, du bist aus dem Lagerverzeichnis gestrichen, was sie betrifft, bist du weg und kannst von nun an illegal hier leben.« Erneut weigere ich mich und wir umarmen uns. Es fällt mir schwer, zu sprechen. Meine Kehle ist wie zugeschnürt. Er riskiert sein Leben für mich. Ich gebe ihm keine Möglichkeit, noch etwas zu sagen, wende mich ab und gehe zu dem Zug. Es wäre schön zurückzubleiben, aber was, wenn mein Platz von einem der Kinder eingenommen werden würde. Mein Leben im Lager wäre mir unerträglich. Beim Davongehen werfe ich noch einen Blick auf Piet. Mit Tränen in den Augen steht er da und schaut mir mit der gleichen Hilflosigkeit und Traurigkeit nach wie die Krankenschwester. Ich werde diese Augen nicht vergessen.

Ein Stück weiter, in der Nähe der Lagerumzäunung, gibt es einen Schuppen. Dort werden Pakete mit Brot, Käse und anderem Essen für die Reise ausgeteilt. Ich erhalte drei Rationen, gebe aber zwei davon an eine Frau mit zwei Kindern weiter, weil sie weniger bekam. Ich bin nicht der Einzige, der so handelt, es gibt noch andere Männer.

Wir erreichen den Zug. SS-Männer, Grüne Polizisten und viele »ODs« aus dem Lager verfrachten eilig die Menschen in die Züge. Die Waggons sind sehr alt. Wir hatten erwartet, dass wir in Güterwaggons reisen werden, wie es normalerweise der Fall ist. Aber diesmal besteht der Zug aus sehr alten Personenwaggons mit Abteilen, die jedes für sich eine Tür nach außen haben. Nachdem wir in unser Abteil gestiegen sind, schauen wir aus den verriegelten Fenstern. Fassungslos sehen wir mit an, wie diese Monster in Uniform ihre Mitmenschen behandeln. Sie schieben und stoßen sie; wären es Tiere, würden sie vom Gesetz wegen Quälerei belangt werden. Aber wen kümmert es! Schließlich sind es nur Juden. In unserem Abteil sind wir 18 Leute und haben acht Sitzplätze. In dieser Enge wird die Luft bald knapp. Unsere Pakete und Koffer stapeln sich auf der Ablage und unter den Bänken. Die keinen Sitzplatz bekommen haben, stehen so eng, dass sie sich nicht rühren können. In der Ecke ist die Toilette. Wir lassen die Tür zur Toilette offen, so gibt es etwas mehr Platz. Im Nachbarabteil herrschen die gleichen Bedingungen. Die letzten sechs Leute, die hereinkamen, haben ihr Gepäck draußen lassen müssen. Das beunruhigt sie sehr. In unserem Abteil sind vier ältere Männer, sechs jüngere, einer davon mit seiner Frau, und sieben ältere Frauen. Zum Glück sind unter uns keine Säuglinge oder Kinder. Alle Frauen und zwei Männer sitzen eng aneinander gedrängt auf den Plätzen, der Rest von uns steht so gut er kann. Jemand wirft eine Rotkreuzbinde und eine Dose Puder in das Abteil. Das soll unsere Erste-Hilfe-Ausrüstung sein. Wir ernennen Appie Truder, einen ehemaligen Berufsboxer, der groß und kräftig ist, zu unserem Sanitäter. Plötzlich bewegt sich der Zug und wir fahren los. Jeder drängelt sich an die Fenster und an die Tür, um einen letzten Blick nach draußen zu werfen. Alle sind still und haben Tränen in den Augen. Nur der Mann, der seine Frau bei sich hat, wirkt zuversichtlich und scherzt: »Wartet nur, bis wir zurückkommen. In einem Monat vertauschen wir die Rollen. Dann werden die Faschisten und die Grünen Polizisten hinter Stacheldraht sitzen.«

Der Zug fährt etwas schneller, aber nach fünf Kilometern kommt eine Steigung und der Zug kommt nicht den Hügel hinauf. Mehrmals rollen die Waggons zurück, ehe sie die Anhöhe nehmen. Ich ertappe mich dabei, wie ich im Rhythmus der Räder in Gedanken singe: »Ich komme zurück, ich komme zurück...«

Deportation

In unserem Abteil ist ein kleiner dünner Mann mit schwarzen Haaren, sein Name ist Harry Blitz, aber alle nennen ihn Hakkie. Er war dabei, als ich der Frau mit den Kindern den größten Teil meines Reiseproviants gab. Seitdem hat er mir mehrmals gesagt, dass ich meschugge sei, das jiddische Wort für verrückt. »Du wirst alles brauchen, was du dir holen kannst, und am Ende wird selbst das nicht genug sein. Das Beste, was du tun kannst, ist so viel wie möglich zu stehlen, nur so wirst du am Leben bleiben.« Ich stimme dem nicht zu und Herr Roos, einer der anderen Männer aus unserer Gruppe, gibt mir Recht. Herr Roos ist gekleidet wie ein Werftarbeiter, am Beginn eines harten Arbeitstags in der Kälte. Aber wenn man näher hinsieht, merkt man, dass er kein Arbeiter ist. Sein sorgsam gepflegter Schnurrbart und seine gewählte Ausdrucksweise weisen ihn als einen gebildeten Mann aus. Appie Truder, der wie ich in einem armen jüdischen Viertel in Amsterdam geboren und aufgewachsen ist, neckt ihn, indem er Bemerkungen über vornehme Leute in gewöhnlicher Kleidung macht, denen mit Misstrauen zu begegnen sei. Ich bin froh, dass sich die Stimmung etwas bessert. Appies Art wird uns helfen, die lange Reise zu überstehen.

Als wir Winschoten erreichen, stehen viele Menschen am Bahnübergang. Sie tragen alle am Arm den Davidstern. Es sind Juden, die noch nicht interniert sind. Sie wissen wohl, dass es nur eine Frage der Zeit ist, ehe auch sie die Züge besteigen. Sie haben sich hier versammelt, um uns zu zeigen, dass sie an uns denken. Bald verlieren wir sie aus den Augen. Ein großes Schild taucht auf und zeigt an, dass wir die Grenze zum Deutschen Reich überschreiten. Sobald wir auf der anderen Seite der Grenze sind, fällt uns auf, dass sich die Menschen uns gegenüber anders verhalten.

Allmählich bekomme ich immer größeren Hunger. Meine letzte Mahlzeit liegt lange zurück. Maxie Roselaar und seine Frau laden mich ein, ihren kargen Proviant mit ihnen zu teilen. Er besteht aus

Brot und einem Stück Käse. Auch die anderen teilen das, was sie haben. Nach dem Essen träumt jeder vor sich hin. Spürbar verändert sich die Stimmung in unserem Abteil, alle sind niedergeschlagen und im Raum ist es plötzlich sehr still. Appie Truder weint und versucht noch nicht einmal, es zu verheimlichen. Wir haben Holland verlassen und sind auf fremdem Boden, auf dem Weg ins Ungewisse. Drei Stunden später hält der Zug. Maxie meint, dass wir in der Nähe von Emden sind. Plötzlich geht die Tür auf und ein Grüner Polizist schreit: »Gibt es einen Schneider hier?« Niemand versteht, was er meint, bis es Hakkie uns übersetzt. Ich antworte mit ja, aber ehe ich mitbekomme, was geschieht, fragt mich Hakkie nach meinem Schneiderwerkzeug und verschwindet samt dem Polizisten damit. Er nahm eine Schere, einen Fingerhut, Nadeln und Faden. Ich frage mich, ob ich ihn und die Dinge jemals wieder sehen werde. Der Zug fährt wieder an und beim nächsten Halt geht die Tür erneut auf. Hakkie springt herein, nimmt seine Friseurutensilien aus seinem Koffer und ehe wir ihn etwas fragen können, ist er wieder verschwunden. In der Nacht wird Hakkie zu uns zurückgebracht. Er hat zwei Laib Brot und eine ganze Salami bei sich. »Den einen Laib Brot habe ich dafür bekommen, dass ich für die Deutschen nähte, ihnen die Haare schnitt und für sie sang, den anderen Laib Brot und die Salami habe ich gestohlen.« Ohne uns weiter darum zu kümmern, wie er die Dinge bekommen hat, teilen wir das angebotene Essen und genießen es.

Als der Zug beim nächsten Mal zum Stehen kommt, sind wir auf einem Rangierbahnhof. Scheinwerfer strahlen den Himmel über uns an. Manchmal streift das Licht ausgebrannte Häuser. Überall scheinen Ruinen zu stehen. Nachdem wir wieder anfahren, sehen wir auf einem Schild, dass wir uns in Hamburg befinden. Das ist die zweite große Stadt, durch die wir in Deutschland kommen. Wie viele noch, frage ich mich, wie viele noch. Für eine Zeit lang geben uns die Frauen ihre Sitzplätze, aber da sie Frauen sind und wir junge Männer, bleiben wir nicht lange sitzen. Ich muss eingenickt sein, denn ich wache auf, als mir jemand auf die Schulter tippt. Es ist eine der Frauen, die mir erneut ihren Platz anbietet. Stehend muss ich eingeschlafen sein, halb im Gepäcknetz hängend. Nachdem ich mich ein wenig ausgeruht habe, wechseln wir erneut die Plätze. Während der ganzen Reise wechseln wir uns mit dem Sitzen ab. Um auf andere Gedanken zu kommen, beobachten wir die Sterne. Sie sind genauso hell und schön wie in Holland. Ich frage mich, ob jenseits oder diesseits der Sterne uns jemand sieht und sich darum sorgt, was mit uns geschieht. Roos nennt uns die Namen der Sterne und erklärt uns faszinierende Dinge über ihre Entfernung und ihre Beziehung zueinander. Unaufhaltsam gelangen wir immer tiefer ins Landesinnere.

Am Morgen, als alle aufwachen, will niemand sprechen. Es gibt kein »Guten Morgen« oder einen freundlichen Blick in unserem Abteil. Aufzuwachen bedeutet zu erkennen, wo wir sind und was geschieht. Der nächste Halt ist auf freier Strecke. Wieder erklingen die Schreie und die Fluche der Grünen Polizisten. Die Tür geht auf und jemand brüllt: »Abteilführer heraustreten!« Wir haben keinen Führer für das Abteil, niemand dachte daran, einen zu wählen. Man muss wohl Deutscher sein, um so zu denken. Diese Menschen scheinen nicht fähig zu sein, auf die Toilette zu gehen oder einen Schritt zu machen, ohne einen Führer zu haben, der es ihnen befiehlt. Hakkie weiß wie immer den Grund für den unvorhergesehenen Halt. Wir sollen etwas zu essen bekommen. Wir erinnern uns daran, dass jeder Zug, der Westerbork verlässt, einen Waggon für die Verpflegung mit sich führt. Hakkie zählt laut die Insassen unseres Abteils ab, obwohl jeder von uns weiß, dass wir 18 Leute sind. Dann geht er. Er muss mit dem Essen Recht gehabt haben, denn wir sehen bald schon die ersten Menschen mit Brot, Salami und Marmelade an unserem Abteil vorbeilaufen. Maxie merkt an: »Seht, sie geben uns zu essen, alles wird gut werden.« Maxies Frau erwidert: »Was meinst du damit, dass sie uns zu essen geben? Hast du den Verstand verloren? Sie geben uns nur das, was uns eh gehört. Das Essen kommt von Westerbork, gespendet von jüdischen Organisationen in Amsterdam.« Hakkie kommt mit ein paar Laib Brot und einer halben Salami zurück. »Schnell, gebt mir alle Flaschen und Schüsseln oder was immer Wasser fassen kann.« Draußen gibt es eine Wasserpumpe und viele Menschen stehen bereits an. Hakkie eilt davon, in den Händen so viele Gefäße er tragen kann. Maxie und seine Frau folgen ihm mit einem Handtuch und einem Stück Seife. Ich nehme auch mein Handtuch, aber als ich aus dem Zug springe, hält mich jemand auf. Es ist Hyman. Er scheint sehr aufgeregt zu sein, mich zu sehen. Er sitzt in einem Abteil am anderen Ende des Zuges, das er mit Gien, Nico, Sal Polak und seiner Frau, die Freunde von uns sind, teilt. Wir sind 18 und sie sind nur fünf Menschen im Abteil. Er hat es dem Einfluss seines Vaters zu verdanken, dass er so bequem reisen kann. Hyman drängt mich, meine Gepäck zu nehmen und zu ihnen zu kommen. Ich beeile mich und packe meine Sachen. Als ich aus dem Waggon aussteige, sehe ich mich noch nach Hakkie um, da er meine Flasche hat. Das war ein Fehler, denn plötzlich werden wir alle wieder in den Zug gejagt. Roos macht mit seinem schwarzen Humor Witze, die typisch für unsere Gespräche sind: »Keine Sorge Coen, du wirst an dein Ziel gelangen, egal auf welchem Weg.«

Insgesamt haben wir fünf Brote ergattert und nachdem wir gegessen haben, bessert sich unsere Stimmung etwas auf. Hakkie scherzt darüber, dass er am Dienstagnachmittag nicht arbeiten will, denn es ist traditionell der freie Nachmittag der Friseure in Holland. Aber als Roos ihn davon überzeugt, dass es noch Dienstagvormittag ist, erklärt er sich bereit, jedem, der will, den Bart zu rasieren oder die Haare zu schneiden. Wir schauen nach draußen, sehen die wunderschöne Landschaft und können sie nicht genießen.

Appie denkt, dass wir in der Nähe von Berlin sind, Herr Roos weiß es besser. Wir sind weiter südlich und fahren in Richtung Breslau. Das ist bereits der Osten Deutschlands, in der Nähe der polnischen Grenze. Bisher sind wir eine Nacht und eineinhalb Tage unterwegs. Laut den Gerüchten in Westerbork dauert die Reise drei Tage und drei Nächte. Wir nehmen daher an, dass, wenn wir weiterhin ostwärts fahren, unser Ziel tief in Polen liegen muss.

Unser nächster Halt ist eine kleine nette Stadt. Hinter den Toren des Bahnhofs erblicken wir eine Fabrik. Die Fenster sind in einem hellen Blau bemalt. Wir sehen viele Baracken. Überall sind Frauen, die meisten schwarz gekleidet. Mehrere Zügen fahren an uns vorbei, manche stehen und warten darauf, abgefertigt zu werden. Diese Arbeit wird von Frauen gemacht. Niemals zuvor sah ich Frauen solch eine Arbeit tun. Sie müssen nicht genügend Männer haben. Kurz bevor der Zug wieder anfährt, kommt Hakkie mit Wasser zurück. Er weiß die Verantwortung zu übernehmen und stets das Beste aus einer Situation zu machen. Auf dem, wie wir annehmen, letzten Teil unserer Reise verändert sich die Landschaft. Die Bauern haben große, lange Schnurrbärte, tragen schlechte Schuhe und sehen anders aus als die Menschen, die wir kennen. Die Felder sind ärmlich und viele von ihnen sind noch nicht abgeerntet, obwohl es schon spät im Jahr ist.

Es ist Nacht. Roos erzählt uns mehr über die Sterne. Er weiß viel und wir sind sehr glücklich, ihn bei uns zu haben. Erneut halten wir. Die Grünen Polizisten schreien, dass wir in einer Stunde unser Ziel erreichen werden. Alle machen sich, so gut es geht, bereit. Wir sehen uns an. Wissen, dass wir uns vielleicht bald trennen werden. In dieser misslichen Lage zusammen zu sein hat uns einander näher gebracht und wir sind über den Abschied traurig. Maxie und seine Frau streiten über die Aufteilung des Gepäcks. Er will alles teilen, damit im Falle, dass sie getrennt werden, jeder das Notwendigste bei sich hat. Sie sagt, dass sie nicht beabsichtige, sich von ihm trennen zu lassen, und von ihm alles bekommen werde, was sie braucht. Damit endet ihr Streit. Je näher das Ende der Reise kommt, umso stiller werden alle. Der Zug fährt durch einen Bahnhof. Nachdem wir ihn passiert haben, fangen die Bremsen zu quietschen an, und der Zug hält. Erneut werden Befehle geschrien, Türen aufgerissen und darüber hinaus hören wir Schüsse. Dann vernehmen wir laut und deutlich den Befehl: »Alle jüdischen Männer zwischen 15 und 50 aussteigen, schnell, schnell!« Gott, sind wir durcheinander. Was jetzt? Was wird mit den Frauen? Wir haben keine Zeit darüber nachzudenken, denn Wachen schwärmen in die Abteile und zerren die Männer heraus. Sie sind sehr grob, schlagen und treten jeden. Das ist ihre Art. Gewehrkolben krachen auf Köpfe und Rücken. Maxie und seine Frau halten sich gegenseitig. Ein sehr großer Mann in einer blauen Uniform ergreift sie beide, stößt die Frau weg und wirft Maxie aus dem Zug. Ehe der Uniformierte zu mir gelangt, springe ich mit meinem ganzen Gepäck aus dem Abteil. Ich falle auf die Gleise, aber kann rechtzeitig wieder aufstehen, ehe ein Wärter mich erreicht. Jeder rennt, auch ich, aber ich habe keine Idee wohin. Wie Insekten laufen wir in Richtung großer, greller Lichter. Dort gibt es einen Platz, der von Zäunen umschlossen ist. Überall sind blau und grün uniformierte Männer. Sie schlagen und treten, um uns dorthin zu drängen, wo sie uns haben wollen. Ich schaffe es, das Tor zu erreichen, ohne von den Schlägen getroffen zu werden. Viele haben nicht so viel Glück. Sie laufen durch das Tor, nur um aus der Reichweite dieser Affen in Uniform zu gelangen. Sobald wir innerhalb der Umzäunung sind, wird befohlen, uns in Reihen aufzustellen. Wir sind benommen. Alles geschah so plötzlich. Zum Glück gerate ich in die Mitte der Menge und entkomme so den Prügeln. Die Luft ist angefüllt mit brüllendem Gekläffe der wütenden

Wärter und dem Schreien der Frauen und Kinder, die in dem Zug mit den alten Männern zurückbleiben. Zum Glück muss meine Frau das nicht miterleben. Als der Zug schon anfährt, werfen sie noch immer hilflose Männer heraus. Sie werden von diesen uniformierten Schweinehunden erwartet, die sie in unsere Reihen prügeln. Viele lassen ihre Koffer fallen, um sich vor den ständig auf sie niedergehenden Schlägen zu schützen. Außerhalb der Umzäunung ist es stockdunkel. Der Zug ist unserem Blick entschwunden.

Annaberg

Einer der uniformierten Affen nähert sich uns und fragt nach unseren Wertsachen. Mit unserem wenigen Deutsch erkundigen wir uns, wohin wir gebracht werden und wo wir uns jetzt befinden. Er gibt uns freundlich darüber Auskunft, dass wir in Kosel seien, in der Nähe von Oppeln. Wir würden nach einem Ort namens St. Annaberg transportiert werden, der direkt auf dem Annaberg liege. Wir fragen weiter, wo Birkenau läge, und er erklärt uns, dass sich dieses Lager etwas weiter östlich befinde und von einer anderen Naziorganisation unterhalten wird. Als wir nach dem Schicksal der Leute fragen, die im Zug geblieben sind, weicht er aus und meint, dass er nichts darüber wisse.

Nach einiger Zeit kommen Lastwagen und wir werden in aller Eile auf Wagen und Anhänger verladen. Nie werde ich die Fahrt durch jene dunkle Stadt vergessen. Die Straßen menschenleer, nirgendwo Zeugen, so scheint es. Hinter der Stadt führt die Straße direkt auf den Annaberg. Bei einigen lehmfarbenen Baracken halten wir vor einem großen Gebäude. Gleich daneben sind die Eingangstore aus rohen Balken, bei denen ein doppelter dicht gewebter Stacheldrahtzaun beginnt, der alle Gebäude einschließt. Sobald das Flutlicht aufflammt, bricht die Hölle los. Rufe und Gebrüll treiben uns von den Wagen. Wie ich herunterspringe, bekomme ich einen harten Schlag auf den Kopf. Benommen höre ich das Kommando auf Deutsch: »Los, los, schnell, schnell!« Ich wende mich um und sehe in das Gesicht eines Irren. Noch einmal holt er mit seinem Stock aus, aber ich stoße ihn weg, sodass er das Gleichgewicht verliert. Ohne mich umzusehen laufe ich so schnell ich kann durch das Tor. Ich bin im Lager Annaberg. Es ist mein drittes Lager. Das Erste, was wir tun müssen, ist, unser Gepäck auf einen großen Haufen zu werfen. Wieder will ich mich wehren, aber ein paar holländische Worte halten mich auf: »Coentje, sieh dich vor. Schlage niemanden, es wird dich dein Leben kosten. Morgen bekommst du die Sachen zurück, glaub mir.«

Die Stimmung der Wachen hat sich etwas beruhigt. Wir bekommen Befehl, uns aufzustellen. Jetzt sehe ich das Gesicht des Mannes, der mich warnte. Sein Name ist Nico Rijksman, ein alter Bekannter. Sein Kopf ist kahl rasiert, kein Wunder, dass ich ihn nicht sofort erkannte. Viele der anderen sehen ebenso schrecklich aus. Während er mir die Hand schüttelt, erzählt er mir rasch, dass er hier schon seit zwei Wochen sei. In dieser Zeit ist er zum »Schieber« aufgestiegen, einer Art Vorarbeiter. Er warnt mich nochmals, mich zu wehren und empfiehlt mir, ruhig zu bleiben.

Wir werden zu einem mit Birken bestandenen Platz gebracht. An drei Seiten grenzt er an Baracken, an der vierten steht das große Lehmgebäude. Es hat angefangen zu regnen und es wird immer kälter. Ängstlich schauen wir uns um, während der Regen immer dichter fällt. Wir sehen durch die große Tür des Lehmgebäudes eine hell erleuchtete Halle. Jeweils zu zehnt werden die Neuankömmlinge in die Halle gebracht. Drinnen, hören wir, wird man uns wieder durchsuchen und bestehlen. Während wir vor dem Eingang warten, müssen sich die anderen im »Karree« aufstellen, einer Art quadratischer Formation, wie sie in den Lagern üblich ist. Nico, der dicht bei mir steht, sagt, jemand drinnen habe versucht, etwas zu verbergen. Die ganze Gruppe wird schwer bestraft werden. Der Verrückte führt einen unheimlichen Tanz auf, schlägt jeden, der ihm in den Weg kommt, einer wahnsinnigen Marionette ähnlich. Einer von den Wachen mit blauer Uniform lacht über sein Gehabe. Nico sagt, dies sei der »Oberwachhabende« – der Lagerkommandant persönlich. Er wird hier blauer Engel genannt. Der Verrückte, selbst ein jüdischer Gefangener, heißt Rosenzweig. Seine Funktion ist die eines »Schiebers« oder »Kolonnenführers«, die deutsche Bezeichnung für Lagerpolizist. Es gibt acht in der gleichen Position. Sie sind die einzigen Überlebenden einer Gruppe von nahezu sechshundert Juden, die als Sklavenarbeiter bei der deutschen Invasion in Russland eingesetzt wurden. Sie hoben Gräben aus, fällten Bäume, bauten Munitionslager und Bunker. Die meiste Zeit taten sie das unter Beschuss. Die Nächte mussten sie in Güterwagen verbringen bei Außentemperaturen oft unter 45 Grad. Unter den schlechten Bedingungen breitete sich Typhus aus, und beinahe jeder, der nicht als Kanonenfutter umkam, starb daran. Jene, die nicht mehr arbeiten konnten, wurden von der SS getötet. Was immer ihnen zustieß, es war so schrecklich, dass sie halb wahnsinnig wurden.

Während ich Nico zuhöre, sehe ich, wie sie die hilflose Gruppe von Männern im Karree herumjagen. Jetzt müssen sie strammstehen. Da erkenne ich unter ihnen Hyman. Selbst in dieser Entfernung bemerke ich, wie er mit seinen Füßen scharrt, wie, um etwas zu vergraben. Es muss sein Ehering sein. Der Wachmann in seiner Nähe tut, als sehe er nichts, doch er wird sich die Stelle merken und den Ring später holen.

In der Halle müssen wir vor einem langen Tisch Aufstellung nehmen. Ich lege alles, was ich bei mir habe, in meine Mütze und schiebe sie herüber. Sie lassen mir nur Taschentuch und Taschenmesser. Der Rest wird zusammen mit der Mütze in eine der bereitstehenden Tonnen geworfen.

Nachdem wir noch dreieinhalb Stunden angetreten draußen stehen mussten, werden wir um das Gebäude herum zu einer Baracke geführt und hoffen, endlich in unsere Unterkunft zu kommen. Doch wir haben uns getäuscht. Hier ist die Lageradministration und wir sollen nochmals registriert werden und Auskunft geben über den Verbleib unserer Frauen, Kinder und Bekannten. Dann endlich kommen wir zu den Schlafstellen. Die große Halle wurde vom Arbeitskommando mit Stockbetten gefüllt. Auf jedem Bett, das sich zwei Männer teilen müssen, sind dünne strohgefüllte Matratzen. Zwischen den dreistöckigen Betten ist es so eng, dass man sich am besten über die oberen Betten durch die Halle bewegt. Diejenigen, deren Betten sich in der Nähe der Wände befinden, haben es mit zahllosen Wanzen zu tun. Das raubt ihnen einen großen Teil ihres knapp bemessenen Schlafs. Mein Glück ist es, dass ich in der Mitte der Halle bin. Es wird rasch warm und wir bemerken gleichzeitig, dass wir wenig Platz haben. Mein Nachbar und ich versuchen, einander nicht zu stören, aber es ist sehr eng. Nach wohl einer Stunde werden wir geweckt. Die Brotration wird ausgeteilt: für je dreißig Männer gibt es drei Kommissbrote zu ungefähr einem Kilo und etwas Marmelade. Als wir das Brot verschlungen haben, legen wir uns wieder nieder. Uns ist, als werden wir gleich wieder nach dem Einschlafen geweckt. Es ist der Morgen des 4. oder 5. November 1942.

Sobald ich draußen bin, halte ich Ausschau nach Hyman. Doch ich treffe Juda Elsas, einer meiner Lieblingscousins. Er ist seit einer Woche hier. Ihm kommt es vor, als sei er schon über ein Jahr in Annaberg. Er will mit dem erstbesten Transport von hier fort, was ein großes Risiko ist. Es gibt Berichte von vielen Lagern in dieser Gegend, die, wie man sagt, alle weitaus schlechter sein sollen. Das erfahren wir von einer Gruppe von Leuten in seiner Baracke, die bereits zu krank sind, um arbeiten zu können.

Ein Trompetensignal unterbricht uns, und wir laufen so schnell wir können zum Platz, wo bereits großer Tumult ist. Jeder wird von den Schiebern herumgestoßen und geschlagen. Zwanzig Minuten vergehen, ehe sie uns nach ihrem Willen aufgestellt haben. Der »Judenälteste«, der jüdische Lagerführer, ist ein Rohling. Er heißt Gleichman, für uns aber ist er »Der Boxer«. Ein wenig später erscheint unser Führer und beginnt mit dem Zählen. Jeder Ungeübte hätte höchstens zehn Minuten dafür gebraucht, der Blaue Engel benötigt eine volle Stunde. Nach uns werden die Kranken und zuletzt das Küchenpersonal gezählt. Wir sehen unter den vor der Küchenbaracke Angetretenen einige Frauen, die, wie man uns sagt, Gefangene wie wir sind. Nach einer kleinen Ewigkeit marschiert der Blaue Engel mit Gleichman davon. Rosenzweig befiehlt Cohen, einem Schieber, der mehrere Jahre in Holland verbracht hat und nicht zu denen gehört, die in Russland eingesetzt wurden, mit uns »Gymnastik« zu machen. Wir laufen, marschieren, springen, hüpfen, kriechen auf den Knien und machen Hocksprünge. Ständig heißt es »schneller, schneller« oder »Arme hoch, Knie gebeugt«, wieder und wieder. Nach einer Weile sollen wir uns wieder aufstellen für eine Inspektion in der großen Halle. Die Inspektion wird dazu benutzt, die Betten herauszutragen. Diesmal wollen sie unser Gepäck durchsuchen. Als wir aufgerufen werden, nehmen wir unsere Taschen, die immer noch auf dem Haufen am Lagereingang liegen, und bringen sie ins Gebäude. Drinnen stellen wir uns vor großen Tischen an. Als ich an der Reihe bin, schiebe ich meine Tasche und das große Bündel unter den Tisch und öffne nur meinen Rucksack. Ich habe ihn mir vor Jahren für meine Zwecke selbst angefertigt und er ist etwas anders als ein gewöhnlicher Rucksack. Je nachdem wie ich ihn öffne, kann ich den wichtigeren Teil vor dem Mann hinter dem Tisch verbergen. Und ich habe Glück, fast die Hälfte meiner Sachen besitze ich noch nach der Durchsuchung. Ungefähr um fünf Uhr nachmittags sind sie fertig und wir müssen uns wieder zum Appell melden. Unterwegs sehe ich plötzlich Hyman, nach dem ich den ganzen Tag Ausschau hielt. Er ist ziemlich nervös, und ich erfahre, dass er nicht in die große Halle gegangen ist. Er lädt mich für später in seine Baracke ein, um dort mit ihm von seinen Konserven zu essen.

An der Küchenausgabe wird das Essen mit äußerster Eile verteilt. Der Koch ruft uns etwas in Deutsch zu, aber wir können ihn nicht verstehen. Ich greife in die Schüssel mit heißen Kartoffeln, stopfe sie in meinen Mantel und strecke die Hand nach mehr aus. Hymans Kartoffeln nehmen ebenso schnell den gleichen Weg. Dem Koch scheint dies zu gefallen und er gibt mir noch eine Extraportion. Dann, nachdem unsere Schüsseln mit heißer Suppe gefüllt sind, beeilen wir uns, zu meinem Bett zu kommen. Wir essen wie die Wölfe, hungrig wie wir sind. Es ist schon lange her, dass wir ein warmes Essen hatten. Hyman sagt mir, dass er den Platz mit meinem Nachbarn tauschen will, um mein Bettgenosse zu sein. Dies geschieht gewöhnlich, wenn Neuankömmlinge Freunde treffen, mit denen sie zusammen sein möchten.

Wir haben solange wir konnten gegen unser körperliches Bedürfnis angekämpft, doch jetzt glauben wir, nicht länger warten zu können und machen uns auf den Weg. Die Latrinen befinden sich in einem kleinen brüchigen Gebäude, nach unten offen, mit vielen kleinen Türen. An seiner Rückseite ist ein tiefer offener Graben, in den das Abwasser fließt. Der Gestank ist so stark, dass es einen fast umwirft. Wir überwinden uns hineinzugehen, doch wie wir drinnen die Leute Seite an Seite sitzen sehen, vor jedem eine lange Reihe von Leuten, gehen wir wieder, um bis zur Nacht zu warten. Auf dem Weg zu Hymans Bett treffen wir Sal Polak, unseren Freund, der mit seiner Frau im selben Zug war. Er begleitet uns und wir teilen uns auf Hymans Bett eine Dose Leberwurst. Nach einer Weile hören wir den Ruf »Waschraum«. Wir greifen uns Handtuch und Seife und eilen dorthin. Oh, es ist so gut, sauber zu sein. Da das Signal zur Nachtruhe bereits ertönt, nehme ich mir vor, mich morgen zu rasieren und gehe zurück zu meiner Schlafstelle. Als Hyman und Sal eintreffen, habe ich es so eingerichtet, dass Hyman in meinem Bett schläft und Sal zusammen mit meinem alten Nachbarn Koster im unteren Stock. Das zweite Signal ertönt. Jeder hat jetzt still zu sein. Die Lichter an der Decke bleiben hell. Zwei aus unserer Mitte müssen uns bewachen. Sie werden alle zwei Stunden abgelöst. Im Falle eines Vorkommnisses haben die Wachen die Lagerkommandanten zu wecken. Mit dem Tod wird bestraft, wer dies nicht tut oder jemanden entkommen lässt. Ich habe noch etwas Zeit, bis ich an der Reihe bin.

Ich muss zum ersten Mal seit Tagen tief geschlafen haben. Das Bedürfnis, auf die Toilette zu gehen, lässt mich erwachen. Draußen sehe ich den Koch und die Schieber schon ihr Tagwerk beginnen. Später, während des Appells, sagt mir Hyman, dass er seinen Ring nicht wiederfinden kann, den er einen Tag zuvor im Sand verborgen hat. Ich erinnere mich noch an das Gesicht des Wachmanns. Hyman aber ist überzeugt, dass er ihn noch finden wird.

Jeder hat nach dem Appell auf dem Platz zu bleiben, um sich den Kopf scheren zu lassen. Die Deutschen fragen nach Friseuren. Viele melden sich freiwillig, denn es heißt, es gäbe eine zusätzliche Essensration dafür. Während der Wartezeit gibt man uns eine neue Lektion in Gymnastik. Zwei Stunden springen und hüpfen wir, während kleine Gruppen zum Friseur geführt werden. Als ich an der Reihe bin, sehe ich, dass Hakkie Blitz der Friseur ist. Das hätte ich mir denken können. Die ganze Zeit singt er, selbst jetzt, und bittet mich, Platz zu nehmen. Unter diesen Umständen, voller Ungewissheiten und Ängsten, singt dieser Mann. Als ich mich dem Stuhl nähere, hören wir das Signal von der Küche zur Essensverteilung. So bin ich für heute noch einmal davor bewahrt, wie ein Opfer auszusehen.

Am folgenden Tag ist die Zeit auch für mich gekommen. Ich überrede Hakkie, die Schere zu nehmen. So werde ich nicht ganz so kahl sein wie die anderen. Am Nachmittag werde ich zur Arbeit in einen Raum geschickt, der sich im ersten Stock der langen Baracke befindet. Beim Eintreten sehe ich riesige Stapel von Kleidung, Decken und Handtüchern. Wir sind hier, sie zu sortieren und zu verpacken. Einige der Frauen arbeiten auch hier. Der Schieber flirtet mit ihnen und geht nach einer Weile mit einer fort. Ein älterer Mann in unserer Gruppe, Simon Winnik, weiß gut, wie er daraus Vorteil schlagen kann. Er greift sich einige der Tücher und Kleidungsstücke, faltet sie so klein wie möglich zusammen und steckt sie in Hemd und Hose. Als ich das Gleiche tun will, kommt das Paar zurück. Simon sagt zu dem Schieber, alle seine Sachen wären konfisziert worden, und ob er nicht etwas von diesen Sachen nehmen könne? Der Schieber, der immer noch das Mädchen im Sinn hat, lässt uns alle ein paar Stücke mitnehmen. Mit einem Handtuch, langen Unterhosen und einigen Kartoffeln, die vom Küchenwaggon gefallen sind, kehre ich zu meinem Bett zurück. Hyman und ich backen die Kartoffeln auf einem großen Kachelofen in einer Ecke der großen Halle. Juda Elsas kommt, um sich zu verabschieden. Wir laden ihn ein, mit uns zu essen. Er steht auf der Liste eines Transportes für diesen Abend oder früh am nächsten Morgen. Von einem der Kapos hören wir, dass das Ziel das Lager Klein-Mannersdorf ist, das als schlechtes Lager gilt. Ich bitte ihn deshalb, noch ein wenig länger zu warten und zu versuchen, bei uns zu bleiben. Manchmal ist es möglich, einen Transport zu überspringen, sodass man später zusammen mit Freunden auf Transport gehen kann. Sehr gern würde Juda das tun, doch er hat Angst, darum zu bitten. Wir, die im Lager bleiben, dürfen diese Nacht unsere Quartiere nicht verlassen, sodass wir nur wenig von dem mitbekommen, was draußen passiert.

Am folgenden Tag werde ich einem Kartoffelkommando zugeteilt. Ich organisiere mir Kartoffeln, so wie alle anderen, doch als ich aus dem Lagerschuppen komme, wartet draußen ein Schieber. Er nimmt mir die Kartoffeln ab, bestraft mich aber nicht. Hyman und Sal nennen mich einen Dieb, als ich ihnen davon erzähle. Ich gebe zwar zu, dass ich gestohlen habe, glaube aber auch jetzt nicht, dass ich damit Unrecht tat. Mit einem Lächeln zeigen sie mir einige gebackene Kartoffeln, die sie sich selbst organisiert haben. Wie immer vor dem Einschlafen unterhalten wir uns noch etwas. Die ständigen Appelle, Schläge, Übungen und alles andere in Annaberg sind uns verhasst. Wir mussten mit ansehen, wie Häftlinge gezwungen wurden, Exkremente zu essen. Deshalb beschließen Hyman, Sal und ich am nächsten Tag, uns freiwillig zu melden, als wir hören, dass ein Transport von 200 Männern nach einem Lager Gleiwitz zusammengestellt werden soll.

Am darauf folgenden Tag trifft ein beleibter, hinkender Mann im Ledermantel in Annaberg ein, der als der »Sklavenhändler« bekannt ist. Seine Aufgabe ist, Transporte für verschiedene Lager aus dieser Gegend zusammenzustellen. Hakkie Blitz ist als sein Assistent eingesetzt. In seiner Position weiß er, wann ein Transport geht und wie schlecht die jeweiligen Lager sind. Er sollte dann auch wissen, dass einige nicht in der Verfassung sind, diese Lager zu überleben. Ich finde, dass er sie warnen müsste, aber er unternimmt nichts. Des Öfteren haben wir hier in Annaberg von einem Lager mit Namen Auschwitz gehört. Es ist ca. 5 Kilometer von Birkenau entfernt, dem Lager, aus dem die Karten kamen, die wir in der Lagerpost von Westerbork sahen. Es wird von Kammern gesprochen, in denen

Neuankömmlinge kurz nach ihrer Ankunft mit Gas getötet werden. Außerdem sollen dort Kranke aus verschiedenen Lagern vergast und ihre Körper in offenen Gräben verbrannt werden. Sie sollen vor kurzem damit begonnen haben, Öfen dafür zu bauen. All dies klingt so unglaubhaft und schrecklich, dass wir nicht weiter auf diese Geschichten achten. Aber es ist seltsam, dass die Leute mit solcher Bestimmtheit davon erzählen. Wir wissen nicht, was wir glauben sollen, doch haben wir beschlossen, auf keinen Fall dorthin zu gehen. Es heißt, dass Gleiwitz eines der besseren Lager ist, und das genügt uns. Bei der Auswahl suchen sie nach geschulten Tischlern, Maurern, Maschinenarbeitern und Bauarbeitern. Hyman eignet sich für alles und kommt schnell auf die Liste. Sal Polak bekommt Arbeit als Maler, obwohl er eigentlich Musiker ist. Ich komme auf die Liste der ungelernten Arbeiter, vor allem deswegen, weil Hyman mich als seinen Bruder angibt. Bis jetzt haben sie eine Gruppe von ungefähr 170 Männern zusammengestellt und beginnen nun mit der Auswahl von Schiebern. Es werden Nico Rijksman, Ludwig Stern, Erwin Wolff, Ruskowitz, David Kokernoot und Willem Kok dafür bestimmt. Um zwei Uhr morgens kommen wir endlich in unsere Kojen, um noch etwas zu schlafen. Um vier sind wir fertig zum Abmarsch.

Gleiwitz

In Gleiwitz werden wir entladen und müssen uns vor der Eisenbahnstation aufstellen, wo uns zwei Männer in SA-Uniform inspizieren.
Dann marschieren wir durch die Stadt Gleiwitz. Es ist der 10. November 1942. Am Stadtrand sehen wir ein Kohlenbergwerk mit
haushohen Schlackehaufen und riesigen lohenden Schornsteinen.
Dann kommen wir zur Plesserstraße 62, dem Arbeitslager Gleiwitz.
Nachdem wir durch das Haupttor marschiert sind, müssen wir noch
mehrere Zäune und Tore passieren. Dann warten wir bei einigen Baracken, bis man uns auffordert, in die nächste, nun doppelte Umzäunung zu gehen. Ein älterer Mann unter uns, Kreisberg, spricht mit
einigen, die uns von ihrer Baracke aus beobachten. Wir erfahren, dass
sie Polen sind, die zur Arbeit hierher gebracht wurden, jedoch gegen
Bezahlung. Sie sagen, dass der Teil des Lagers, in dem wir uns befinden, nicht das Konzentrationslager ist. Die Insassen hier sind nicht
eingesperrt. Das Zwangsarbeiterlager liegt die Straße weiter hinunter. Plesserstraße 62 ist der Haupteingang zu verschiedenen speziel-
len Lagern. Wir kommen in das schlechteste der Lager, in eine
schmutzige Baracke mit schlammverschmierten Fenstern, wo man
uns antreten lässt. Ein untersetzter Mann kommt aus der Baracke und
mustert uns. Seine Uniform hat die Farbe von Erdnussbutter, eine
SA-Uniform, die wir schon an den beiden Männern gesehen haben,
die uns abholten. Es regnet in Strömen. Hinter einem Fenster sehen
wir einen geschäftigen jungen Mann, der uns verstohlen beobachtet.
Nach einer Weile stehen Hyman, Sal, Simon Winnik, Isaak Blik und
ich beieinander. Was auch kommt, wir sind entschlossen, zusammenzubleiben.
Ein kleiner, schmächtiger Mann im Wintermantel und mit einer Brille
mit dicken Gläsern, die ihm ständig auf die Nase gleitet, erscheint wie
aus dem Nichts. Er lässt uns strammstehen und meldet dem SA-Mann
unsere Anwesenheit. Wir haben dem untersetzten SA-Mann bereits
den Spitznamen »Adamson« gegeben, nach einer Comicfigur einer

Amsterdamer Tageszeitung. Ihm unterstehen die Bereiche Arbeit, Unterbringung und Verpflegung. Nochmals müssen wir strammstehen, um einen weiteren Führer, der zum Appell erschienen ist, zu begrüßen. Er ist groß, blond und trägt eine blaue Uniform. Der kleine, schmächtige Mann stellt ihn uns als den Lagerkommandanten vor, dem die Wachen unterstellt sind. Er wird von dem Schmächtigen mit einem derartigen Respekt behandelt, als sei er ein Halbgott. Der Schmächtige ist der Judenälteste. Seine Aufgaben entsprechen denen Gleichmans in Annaberg. Der Unterschied zwischen ihnen ist, dass dieser Mann zu uns wie zu menschlichen Wesen spricht. Er erklärt uns, was wir in diesem Lager zu erwarten haben. So viel entnehmen wir seinen Worten, dass wir uns keine Illusionen zu machen brauchen. Dies ist ein Konzentrationslager, doch kann man überleben, wenn man hart arbeitet und den Befehlen Folge leistet. Wir werden vierhundert Gramm Brot pro Tag bekommen, eine warme Mahlzeit und darüber hinaus noch mehr für zusätzliche Arbeit. Wir müssen nicht länger kahlköpfig sein, das ist nicht nötig in diesem Lager. Wenn wir uns anständig verhalten, werden wir ebenso behandelt werden, wenn nicht, wird es die Hölle für uns sein. Wir werden Schuhe bekommen, Zigaretten, und Frauen werden unsere Wäsche besorgen. Zur Zufriedenheit der Offiziere schreit alles »Hurra«. Nochmals ein lautes »Achtung«, und Hitlers Glorie tritt ab.

Wiederum werden wir gezählt und in Gruppen zu dreißig eingeteilt. Das Lager hat zwei Baracken, in welchen sich die Schlafsäle befinden, und eine kleinere, die Waschbaracke. Ich komme in Raum 1, der dem Tor gegenüber liegt. Ein Weg führt durch das Tor zu einer anderen Baracke, wo sich die Lagerküche befindet.

Unsere Unterkunft ist ungefähr dreißig Quadratmeter groß und besteht aus sechzehn Doppelstockbetten, einem Tisch und einem Kohleofen. Es gibt eine Toilette in der Nähe der Tür und zwei Fenster, an Stirn- und Rückseite. Nachdem jeder ein Bett gefunden hat, soll der Stubenälteste gewählt werden. Die Wahl fällt auf Kreisberg, er spricht Deutsch und Polnisch. Als deutscher Jude hat er auf der Flucht vor Hitler einige Zeit in Holland gelebt. Er ist auch in der Tat der Älteste unter uns, und er kennt die beiden deutschen Schieber Wolff und Stern. Die beiden haben bereits damit begonnen, von Raum zu Raum zu gehen und Anweisungen zu erteilen. Es soll klar sein, wer ab jetzt das Sagen hat. Ich bin wieder zusammen mit Hyman, und diesmal haben wir eigene Betten. Neben uns sind Sal Polak und jemand aus Utrecht. Vom Versorgungsraum haben wir Suppenschüsseln und Löffel bekommen. Alles ist in diesem Lager schmutzig und stinkt. In einem Winkel hat der Vorstand Bett und Tisch. In besseren Zeiten war dieser Mann Rechtsanwalt in Krakau. An der Wand ist ein Foto von einer Frau und zwei Kindern – seine Familie, die er seit zwei Jahren nicht mehr gesehen hat.

Jemand von der Küche sucht vier Leute zum Wasserholen. Hyman, ich und zwei weitere werden ausgewählt. Mehrere Male passieren wir das Tor mit den vollen Schüsseln, denn Eimer gibt es nicht. Auf dem Weg sehen wir einen sehr alten Mann in einer schäbigen schwarzen Uniform, der vor einem Wächterhäuschen steht. Daneben ist ein Schild mit der folgenden Aufschrift angebracht: »Betreten des Arbeitslagers durch Unbefugte verboten. Auf Eindringlinge wird geschossen.« Wir lesen zum ersten Mal schwarz auf weiß, wo wir uns befinden. Wir sind Zwangsarbeiter, die unter Bewachung stehen. Aber wir sind lieber lebende Arbeiter als tote Juden. Mirowski, ein großer, massiger und rotgesichtiger Fleischer aus Krakau, der hier Koch ist, stimmt uns zu. Nachdem wir zurückkommen, sind alle begierig, von unserer Erfahrung beim Wasserholen zu hören. Aber es gibt wirklich nicht viel zu berichten. Später wird zur Essenausgabe gerufen. Jeder hat sich am Tor anzustellen. Die Schieber sind die ersten, die mit bis zum Rand gefüllten Suppenschüsseln zurückkommen. Das hebt unsere Stimmung, doch sind unsere Schüsseln nur halb voll. Als ich dran bin, frage ich Mirowski, ob er sich an uns erinnert. »Kommt später wieder«, sagt er. Das Tor ist geschlossen, als wir wiederkommen, aber die Wache lässt uns durch. Mirowski gibt uns eine Waschschüssel mit Suppe für uns vier. Sie schmeckt schrecklich, noch schlimmer als die Suppe in Annaberg. Dort bekamen wir wenigstens eine Hand voll Kartoffeln dazu. Zum ersten Mal finden wir Kürbis in der Suppe und Kohl, das Hauptnahrungsmittel in Polen. Wasser und diese beiden Zutaten sind alles, woraus die Suppe besteht. Nach dem Essen haben wir volle Bäuche, aber hungrig sind wir immer noch.

Ein vergnügter Mann betritt unseren Raum und schüttelt jedem die Hand. Seine offensichtlich falschen Zähne fallen ihm jedes Mal fast aus dem Mund, wenn er lacht, und er lacht viel. In Deutsch, Polnisch und Jiddisch gibt er uns zu verstehen, dass er der Lagerschuster ist. Sein Name ist Aaron Katz. Mit ihm sind vier Männer und sieben

Frauen vom letzten Transport zurückgeblieben. Diejenigen, die nicht mehr arbeitsfähig sind, werden, falls sie noch leben, in so genannte Erholungslager geschickt. Nur wenige Leute bleiben ständig als Lagerpersonal hier. In Gleiwitz sind das Oizer, der Heizer, Mirowski, der Koch, Halbreich, der Hausmeister oder Mediziner, der Judenälteste und er, Aaron, der Schuster. Die Frauen bleiben hier zum Waschen, Kochen und für »andere Zwecke«. Aaron geht und kommt kurze Zeit darauf mit Oizer, dem Heizer, zurück. Er ist der junge Mann, den wir bei unserer Ankunft hinter dem schmutzigen Fenster sahen. Sehr viel zurückhaltender als Aaron fragt er nach einem Schneider. Ich stelle mich vor und folge den beiden in die gegenüberliegende Baracke. Aaron macht mich dort mit einem schmalen, dunkelhaarigen jungen Mann mit Schnurrbart bekannt, dem Sanitäter Halbreich. Er hat Arbeit für mich. Einer der Wachmänner hat ein zu schmales Käppi. Wenn ich es ihm weiter mache, bekomme ich ein extra Essen. Ich sage, dass ich das schon tun könne, doch nicht wüsste, womit. »Das ist kein Problem«, sagt Oizer, »frag bei den Mädchen nach, sie haben alles, was du brauchst.«

Die Unterkunft der Frauen ist am anderen Ende der Baracke. In gebrochenem Deutsch und in Holländisch versuche ich einer rothaarigen Frau, die nur polnisch und jiddisch spricht, zu erklären, was ich brauche. Sie ist ein gut aussehendes, kräftiges Mädchen. Ihr Name ist Rushka. Sie gib mir zu verstehen, dass sie zurzeit ohne Freund ist. Dann fragt sie mich, ob meine Frau ebenfalls deportiert worden sei. Ich schüttele den Kopf, nein, Gott sei Dank, meine Frau ist noch zu Hause. Da bietet sie mir an, dass ich, da ich allein sei, ihr Liebhaber sein könnte. Sie würde auf mich achten, soweit es ihr möglich sei, und ich wäre nicht ohne Frau während meines Aufenthaltes hier. Ich bin sprachlos. Rushka bemerkt meine Verwirrung und erklärt mir die Vorteile, ihr fester Freund zu sein. Ein anderes Mädchen kommt dazu. Sie spricht etwas Deutsch und versucht, mir die Situation zu erklären. Alle Zurückbleibenden haben einen eigenen Freund oder eine Freundin in diesem Lager. Die meisten dieser Leute sind schon lange hier. Sie mussten mit ansehen, wie ihre Familienangehörigen, ihre Männer oder Frauen, umgebracht wurden, und sie haben keine Illusionen über ihr weiteres Schicksal. Mehr mit Gesten als Worten sage ich ihnen, dass ich von ganzem Herzen hoffe, meine Frau wieder zu sehen und deshalb, wenigstens jetzt, nicht an ihrem Angebot interessiert bin. Rushka erwidert: »Der Tag wird kommen, an dem du mich anflehen wirst, mein Freund sein zu dürfen.« Ich gebe zu, dass dies möglich sei, und sie schiebt mich sanft aus der Tür, nachdem sie mir Nadel und Faden gegeben hat.

Wieder ein Appell. Nachdem der Wachhabende einige Worte gesprochen hat, beginnt Adamson zu uns zu sprechen. Als er fertig ist, fragt er uns, ob wir verstanden hätten. »Nein«, wird laut erwidert. Die Uniformierten sind unzufrieden und die Schieber werden nach vorn gerufen. Stern wird bestimmt, für uns zu übersetzen. Uns wird mitgeteilt, dass wir uns in einem Arbeitslager befinden und jetzt noch in Arbeitskommandos eingeteilt werden. Wir alle brauchen Schlaf. Auch wird es immer kälter und es ist stockfinster. Hyman kommt zu einer Gruppe von Zimmermännern, ich bin bei den Ungelernten. Ein Fabrikarbeiter zählt uns, um verschiedene Arbeitskommandos zusammenzufassen. Die Fabrik wird von den Deutschen Gasrußwerken (DGW) gebaut. Die Insassen der anderen Lager sind auch dort beschäftigt. Sie nennen sich »Fremdarbeiter« und erhalten Lohn für die Arbeit. Viele verschiedene Firmen sind daran beteiligt. Jede bekommt eine Gruppe von Gefangenen zugeteilt. Ich bin direkt bei der DGW. Hyman arbeitet als gelernter Tischler für die AHI (Allgemeine Hochkonstruktions-Ingenieure). Sal, von Beruf Maler, wird für die Firma Rollecke arbeiten, die auf manuelle Arbeit spezialisiert ist. Eine Firma für Schienenbau mit Namen Montana ist auch darunter.

Todmüde und frierend werden wir endlich in unsere Unterkünfte entlassen. Jeder bekommt eine Ration Kommissbrot von etwa 400 Gramm und dazu noch zehn Gramm Margarine. Das hebt unsere Moral etwas. Dann ertönt ein lauter Gong, das Signal, schlafen zu gehen. Es kommt uns vor, als wäre es schon eine Woche her, seit wir Annaberg verließen. Wir waren seit zweiundzwanzig Stunden auf den Beinen.

Es ist der 11. November 1942, mein erster Tag der Beschäftigung bei den Gasrußwerken in Gleiwitz-Steigern, Plesserstraße 62. Das Erste, was wir beim Erwachen bemerken, ist, dass wir voller Läuse sind. Obwohl wir in Annaberg gesehen haben, was Läuse ausrichten können, hatten wir bisher nichts damit zu tun. Missmutig kratzen wir uns, wann immer wir können, um das ständige Jucken zu bekämpfen. Mit dem Appell beginnt der offizielle Teil des Tages. Jeder findet zu der Gruppe, der er wenige Stunden vorher zugeteilt wurde. Schieber

werden den Gruppen zugewiesen, Wachen begleiten sie mit schuss-
bereitem Gewehr. Es ist bitterkalt an diesem Morgen. Mehr schlit-
ternd als marschierend kämpfen wir uns durch den Schlamm. Angekommen bei der Baustelle, lässt man uns zwischen zwei Holzhütten
antreten. Man erkennt, dass hier ein großes Gebäude entstehen soll.
Auf dem ganzen Platz sieht man Stapel von Betonpfeilern. Überall
sind Arbeiter. Die Wachen führen uns weiter zu einer große Halle,
der Werkstatt, die voller Werkbänke und Maschinen ist. Es ist angenehm hier drinnen, kein Wind, keine Kälte. Wir warten und warten,
während die Schieber immer nervöser werden. Stern fährt Isaak Blik
an, weil er einen fehlenden Knopf an seinem Mantel entdeckt hat.
Isaaks kühle Erwiderung – »ob mit oder ohne Knöpfe, ich werde doch
bald wieder nach Hause kommen« – macht Stern nur noch wütender.
Er versucht sogar, ihn zu schlagen, zum ersten Mal, dass das einer der
Schieber tut. Gott sei Dank wird die Situation durch Meister Schal
gerettet, einen hünenhaften Mann in Arbeitskleidung, der sich unserer Gruppe nähert. Mit ihm kommen verschiedene andere Meister,
Bauleiter und Vorarbeiter. Meister Kirspel, Stam, Obst und Schal haben das Sagen. Bei ihnen sind verschiedene Gruppenleiter, doch ich
höre nur den Namen von Meister Pahl. Alle umkreisen unsere
Gruppe und nehmen jeden in Augenschein. Kirspel, ein offenbar
gehässiger Mensch, gibt dabei antisemitische Kommentare ab. Schal,
der Riese, ist viel gelassener. Sein Hauptinteresse ist, wie wir ihm als
Arbeiter nützen können. Er stellt auch letztlich die Arbeitskommandos zusammen. Pahl nimmt zwanzig von uns beiseite. Unsere Wachen werden nervös und befürchten, unter diesen Bedingungen die
Kontrolle zu verlieren. Das kümmert die zivilen Meister nicht weiter.
Wir verlassen die warme Halle, laufen über Gräben und Haufen von
Material, bis wir bei einem Bahndamm, der in unseren Augen wie ein
hoher Deich aussieht, ankommen. Pahl übergibt uns einem polnischen Zivilangestellten. Iwanek, der kaum deutsch spricht, ruft uns
aufgeregt Befehle auf Polnisch zu und gestikuliert dazu mit Händen
und Füßen. Die Waggons auf dem Bahndamm sind mit großen Behäl-
tern beladen. Er will, dass wir sie von einem Gleis auf das andere
schieben. Beim Schieben der Waggon erfrieren uns fast die Hände an
dem kalten Stahl. Wir bewegen die Waggons wieder und wieder und
begreifen schließlich, dass man uns nur beschäftigen will, bis man Arbeit für uns hat.

Gegen 11 Uhr, als wir blaugefroren vom Wind und unsere Hände rot vom Rost der Tanks sind, hat man etwas anderes unterhalb des Bahndammes für uns zu tun. Unten weht der Wind nicht so schneidend wie oben auf dem Bahndamm, dafür versinken wir hier in dem gelben Schlamm. Iwanek weiß, was zu tun ist. Wir sollen ein großes Machinenteil ohne jegliches Hilfsmittel transportieren. »Dallie, dallie, los, los, auf eure Schultern!« Sicher wären dafür sechzig gesunde Männer nötig, aber wir sollen es zu zwanzig schaffen. Iwanek schreit sich die Seele aus dem Leib, bis wir das Monster auf unseren Schultern haben. Nun müssen wir uns nur noch vorwärts bewegen. Hungrig und müde schaffen wir es schließlich, die Füße aus dem Schlamm zu bekommen und einen halben Meter voranzukommen. Mit größter Anstrengung bringen wir das verdammte Ding fast dreihundert Meter voran. Wir können es selbst kaum fassen. Wir sind todmüde, und unsere zerfetzte Kleidung ist mit gelbem Schlamm bedeckt. »Ein Uhr«, sagt Wolff, »Mittagspause.« Aber womit? Unser Brot ist längst aufgebraucht. Wir sitzen im Halbdunkel der Bauhütte und sehen hungrig denjenigen zu, die sich noch etwas Brot aufgespart haben. Es kommt mir vor, als stünde ich neben mir und wäre nicht Teil des Geschehens. Alles präge ich mir ein, auf dass diese Bilder immer in meinem Gedächtnis bleiben.

Da ist das Signal, die Pause ist vorüber. Wir sollen jetzt ein anderes Maschinenteil transportieren. Wolff schreit: »Hau ruck, eins zwei!« Seine Hände stecken in Handschuhen, sein Mantel ist sauber. Alles, was er bewegt, ist sein Mund, nicht ein einziges Mal legt er Hand an. Als wir den Bestimmungsort für das Maschinenteil erreichen, ist kein Platz zum Abstellen, und so wird uns befohlen, es wieder zurückzubringen. Unterstützt durch Stöße und Flüche straucheln wir zentimeterweise den Weg zurück. Zu allem Überfluss fällt jetzt eisiger Regen, der in die Knochen kriecht, und der Weg ist voller Pfützen. Verzweifelt versuchen wir unseren Humor zu bewahren und kämpfen uns durch alle Hindernisse. Als wir es geschafft haben, versuche ich, einen kleinen Witz zu machen, nehme meine Mütze ab und frage Wolff respektvoll, ob er nicht vielleicht eine andere, weniger harte Arbeit für mich hätte. Statt es als einen Scherz zu nehmen, setzt mich Wolff auf seine schwarze Liste. Dies ist der erste Tag für ihn als Schieber, und schon glaubt er, ein mächtiger Mann zu sein.

Unsere nächste Arbeit besteht darin, die mit Kohle gefüllten Waggons zu entladen. Jeder bekommt eine Forke, und einer der Wachen führt vor, wie man damit die Kohle schaufelt. Er übergibt seine Waffe Wolff, der voller Respekt strammsteht. Unsere kleine Gruppe schaut zu, bis der Wachmann merkt, dass er der Einzige ist, der etwas tut. »Faulenzer!«, brüllt er. Er schlägt mit der Forke den ihm zunächst Stehenden. Wolff steht immer noch stramm, die Waffe in der Hand. Als der Wachmann sie ihm abnimmt, beginnt Wolff wieder mit seinem »Hau ruck, eins, zwei!«. Die Arbeit ist nicht einfach. Anfänglich stecken immer wieder Kohlestücken zwischen den Zinken, doch wir lernen schnell.

Plukker muss auf die Toilette. Wolff weist ihn ein, wie er die Wache um Erlaubnis zu fragen hat: Man muss sich auf drei Schritte der Wache nähern, die Mütze abnehmen, die Hacken zusammenschlagen und warten. Zunächst übersieht das der Wachmann einfach. Dann tut er plötzlich so, als bemerke er einen, und fragt, was man wolle. Die erforderliche Antwort ist: »Bitte, Wachtmeister, darf ich austreten?« Wenn es ihm gefällt, lässt er sich Zeit, als könne er sich nicht entscheiden, schaut einen von oben bis unten an, bis man meint, man könne es nicht mehr länger aushalten. Dann lässt er einen vielleicht gehen, oft aber auch sagt er, man solle in zehn Minuten wiederkommen. Jedes Mal ist es dasselbe Spiel. Plukker kann gehen. Er bleibt eine Viertelstunde fort. Nachdem er sich bei der Wache zurückgemeldet hat, zeigt er uns Tabak, den er von einem polnischen Zivilisten gegen deutsches Geld bekommen hat. Woher hat er es? Nun, er war lange in Annaberg. Es scheint dort wesentlich mehr vorgegangen zu sein, als wir wussten. Immer mehr wollen jetzt zur Toilette gehen. Ich bin einer von dreien, die austreten dürfen. Die Latrine ist schrecklich verschmutzt und stinkt. Später am Tag finde ich heraus, dass es noch eine andere Toilette näher beim Kohlenplatz gibt, von der der Wachmann nichts weiß. Diese Latrine ist ein Treffpunkt. Die Leute treffen sich dort, rauchen oder machen Geschäfte mit polnischen Zivilisten.

Als die Waggons leer sind, marschieren wir zu der Bauhütte, wo Mittagspause gemacht wird und warten auf die anderen Kommandos. Als wir endlich zum Lager zurückmarschieren, verlassen wir als Letzte die Baustelle.

Nachdem wir unser spärliches Essen verzehrt haben, sitzen wir um den kleinen Kanonenofen in unserem Zimmer und sprechen über den

Tag. Sal streicht in den Hallen die Stahlkonstruktion in knapp zehn Metern Höhe, ohne gesichert zu sein. Hyman ist an einem Platz, wo Beton gegossen wird. Er löst den Holzrahmen ab, reinigt das Holz und zieht die Nägel heraus, um sie wieder zu verwenden. Die Arbeit ist nicht ganz so schwer und schmutzig, wie unsere, doch leidet er auch den ganzen Tag unter der Kälte. Kreisberg ist Kalfaktor oder Hauswart in einer so genannten Meisterbude; dies sind Baracken, in denen die zivilen Meister essen. Simon Winnik, wir nennen ihn Onkel Simon, hat eine gute Arbeit. Er arbeitet für die Firma Rollecke und sitzt neben einem holländischen Zivilarbeiter auf einem großen Bagger. Alle anderen, die für Rollecke arbeiteten, hatten es ziemlich schwer. Während sie in dem lehmigen Schlamm gruben, wurden sie von »Tarzan« beaufsichtigt, einem bulligen Deutschen. Sein Vergnügen bestand darin, die Leute in den Schlamm zu stoßen, mit dem Stiefel nach ihnen zu treten und sie mit der Schaufel zu schlagen. Als der Vorstand abends seine Runde machte, sagte er uns, dass niemand, Deutscher oder Nicht-Deutscher, das Recht habe, uns KZler zu misshandeln. Man erwarte von uns, dass wir solche Vorfälle den Wachen oder am Abend dem Lagerführer oder dem Wachhabenden melden. Wir hören zu, ohne ein Wort davon zu glauben. Der Gong ertönt, und es ist Zeit für uns, zu Bett zu gehen. Wir haben uns, so gut wir konnten, gesäubert. Doch müde, wie wir waren, war das wohl nicht genug, und das Stechen scheint durch die Ofenwärme noch vermehrt zu werden. Wir beschließen also, Jagd auf die Läuse zu machen. Es ist unglaublich, wie viele wir allein an diesem Abend fangen.

Die folgenden Tage verlaufen im gleichen Rhythmus, sie beginnen und enden mit einem Gongschlag. Dazwischen gibt es Schläge, die Arbeit und das stets anwesende Hungergefühl. Aber wir sind entschlossen, durchzuhalten. Besonders schwer hat es Loutje Piller. Seine Augen sind geschwollen vom Weinen. Innerlich hat er längst aufgegeben. »Tarzan« hatte ihn so brutal geschlagen, dass ihn selbst die Wachen bremsen mussten. Nach einer Woche hatte er das Glück, als Schmiedehelfer in die Werkstatt zu kommen. Dort lehnt er an der Werkbank und weint. Wenn er sich nicht zusammennimmt, wird er sterben.

An Sonnabenden arbeiten wir nur halbtags. An unserem ersten Sonnabend hält der Wachhabende morgens eine Rede. Es ist noch nicht sechs Uhr. Der Boden ist vereist. Hungrig und durchgefroren treten wir von einem Bein auf das andere. Er sagt, er könne verstehen, dass wir noch nicht an diese Art von Leben gewöhnt seien, aber das würde schon noch kommen. »Arbeitet tüchtig und seid stolz, am Sieg Deutschlands über seine Feinde teilzuhaben. Ich erwarte von euch, dass ihr an diesem halben Tag die Arbeit eines ganzen erledigt, und wenn ihr euch benehmt und den Anweisungen folgt, werde ich sehen, was sich für euch machen lässt. Wenn es keine Klagen gibt, werdet ihr euren Familien schreiben können und sogar Tabak bekommen.« Die Losung für das Wochenende: Am Sonnabendnachmittag wird geduscht. Am Sonntag werden Betten und Zimmer gereinigt. Dann kommt das Kommando »Mützen auf« und wir marschieren los. Als wir dann nachmittags zum Waschen gehen, sehen wir, dass es nur einen Raum, kaum größer als unserer, mit zwölf Duschen gibt. Hier stehen wir, vierzig nackte Männer, die auf Wasser warten, und letztlich funktionieren nur vier Duschen. Als wir nach mehr warmem Wasser rufen, steckt Oizer seinen Kopf durch ein kleines Fenster in der Wand und sagt, dass er das Wasser ganz abstellen würde, wenn wir nicht aufhören. Wir lassen unsere Beschwerden, doch zu spät, Oizer hat bereits das Wasser abgedreht. Halb gewaschen verlassen wir den Raum. Man sagte uns, dass wir unsere Sachen auf dem Flur lassen sollten. Nun entdecken einige von uns, dass ihnen Kleidungsstücke fehlen. Außer sich, fluchen und klagen sie, denn ohne genug Kleidung wird man bei diesem Wetter draußen umkommen. Wir beschließen, künftig unsere Sachen auf unseren Zimmern zu lassen und nur im Mantel zum Duschen zu gehen.

Nach dem »Essen« versuchen wir, unsere Kleidung zu flicken. Ich helfe den anderen. Meinen Mantel habe ich etwas abgeschnitten und mir daraus ein Paar Handschuhe genäht. Die anderen machen es mir nach. Nachdem die Nachtglocke ertönt, nähe ich immer noch. Wenige von uns können jetzt schon schlafen. Wir alle versuchen, uns den Bedingungen anzupassen, und geben uns gegenseitig Ratschläge. Isaak Blik, der kommunistisch eingestellt ist, führt das Wort. Immer beherrscht er das Gespräch, obgleich er, wie alle anderen, das erste Mal in einem Konzentrationslager ist. Immer wieder macht er seine politischen Ansichten geltend. Hyman spricht kaum mit Isaak, da er, wie ich auch, gegen Kommunisten ist. Alle sind der Meinung, dass wir Kontakt zu den Zivilisten aufnehmen müssen, um Informationen und vielleicht zusätzliches Essen zu bekommen.

Um acht Uhr morgens sind wir zur Inspektion angetreten. Unsere Kleidung muss blitzsauber und der gelbe Stern ordentlich aufgenäht sein. Unser Haar darf nicht zu lang sein. Der Kommandant läuft zwanglos die Reihen ab, den Gummiknüppel in seiner Hand. Mit einem hinterhältigem Lächeln folgt sein Stellvertreter. Ihre Uniformen sehen aus wie geleckt. Wenn bei jemandem Schmutz an der Kleidung gefunden wird, muss er einen Schritt vortreten und erhält zur Strafe einen Schlag mit dem Knüppel. Wenn einer von uns jemals etwas wie eine Bürste besessen hat, ist sie ihm schon längst in Annaberg gestohlen worden. Wie sollen wir so unsere Sachen sauber halten, wie es von uns verlangt wird? Muis wird mit so einer Wucht geschlagen, dass ihm Gesicht und Nacken anschwellen und seine Ohren wie kleine rote Äpfel aussehen. Der Kommandant geht nach dem Appell, ohne seine übliche Rede gehalten zu haben, und wir können uns für den Rest des Tages in unserem Zimmer ausruhen. Leendert Engelander hat ein paar Kartoffeln organisiert und brät die Kartoffelscheiben auf dem Ofen. Er braucht fast eine Stunde dazu, wir werden von dem Geruch noch hungriger. Er isst alle Kartoffeln allein, ohne etwas abzugeben, selbst nicht seinem Bettgenossen Loutje Piller, der ganz in Tränen aufgelöst ist. Wir sind aufgebracht und verletzt. Leendert hat den Ofen eine Stunde lang benutzt und uns nichts gegeben. Als Simon Winnik an der Reihe ist, kocht auch er nur für sich selbst und nimmt den Platz auf dem Ofen in Anspruch. Dann kommt Kreisberg, unser Ältester. Er bekommt sowohl in seiner Funktion als Stubenältester als auch als Kalfaktor für die Meister mehr Essen von der Küche. Und wir haben nichts. Das ist wohl der wahre Grund, warum wir uns darüber ärgern, dass sie den Ofen benutzen – sie haben etwas zu kochen, wir haben nichts. Kreisberg hat eine Menge Brot, tauscht aber noch Suppe gegen Brot mit Louis Winnik. Wir haben es Louis gesagt, dass er Brot und Kartoffeln braucht, denn seine Beine sind voller Wasser und sehen schrecklich aus. Doch er meint, nach der Suppe fühle er sich satter, sie müsse deshalb besser sein. Außerdem bekommt er nur noch mehr Durst von Kartoffeln und Brot. Beide Männer sind alt genug, um zu wissen, was sie tun. Hyman und ich wollen für eine Weile kein Wasser trinken, die Suppe enthält genug Flüssigkeit. Wir haben gelernt, unsere Brotration in 18 dünne Scheiben zu schneiden. Vier essen wir zum Frühstück, die restlichen werden für die Arbeit aufgehoben.

Den ganzen Tag denken wir an Essen, an Mengen von Nahrung. Träume von Essen beherrschen unsere Gedanken. Die Lagerführung betrügt uns stets mit den Essensrationen und außerdem mischt sie Sägemehl ins Brot. Jeden Abend wird in den Räumen der Mädchen Kleidung gegen Suppe oder Brot getauscht. Hat man genug Sachen, ist es das Beste, was man tun kann, sie in Essen zu tauschen. Doch bis jetzt haben Hyman, Sal und ich das nicht getan. Wir versuchen, alles zu behalten. Was wir besitzen, haben uns unsere Frauen unter Opfern und Entbehrungen beschafft. Unsere Habseligkeiten erinnern uns an sie und unser geliebtes Land, sodass es uns schwer fällt, sie fortzugeben. Simon Winnik hat so viel in Annaberg zusammengerafft, dass er damit einen Laden aufmachen könnte, und vieles hat er schon gegen Geld eingetauscht. Leendert Engelander ebenso. Sie verkaufen Waren auf der Baustelle für deutsches Geld. Ich weiß nicht, wie sie die Kontakte bekommen. Einige scheinen zu Geschäftemachern geboren zu sein, andere nicht. Mit dem deutschen Geld kaufen sie von draußen Lebensmittel, schmuggeln sie ins Lager und handeln dafür wieder andere Waren ein, die sie draußen verkaufen. Aber über 95 % im Lager, die keine Geschäftsmänner sind wie sie, hungern. Andere versorgen sich mit Essen, indem sie Arbeiten außerhalb der regulären Arbeitszeit verrichten. Sie werden mit Suppe aus der Küche bezahlt. Rudi Simons und Hugo Benima füllen täglich den Kohlenkasten in der Küche auf, hacken Holz und machen sauber. Maxy Roselaar, den ich von der Zugfahrt kenne, hilft Oizer im Badehaus; er kümmert sich um das Feuer und hält Duschen und Waschraum sauber. Der Schuster hat ebenfalls zwei Männer, die ihm aber nur an den Wochenenden helfen. Aaron Katz ist anständiger als Oizer und behandelt seine Männer freundlich. Oizer, Katz und Mirowski tauschen das Dicke ihrer Suppe gegen Kleidung ein. Es ist für sie nicht schwer, so viel Suppe zu bekommen, wie sie wollen. Ihre Suppe, die sie von der Küche erhalten, ist voller Kartoffeln. Mit dem warmen Wasser, das sie übrig lassen, bezahlen sie ihre Helfer. Glücklich, wer etwas zu essen bekommen hat, alle anderen liegen apathisch auf ihren Betten.

Ich muss eingeschlafen sein. Hyman weckt mich mit der Nachricht, dass ich mich bei Oizer im Schieber-Raum melden soll. Oizer hat davon gehört, dass ich mir aus einem Stück Mantel Handschuhe gemacht habe. Wenn ich ihm welche aus einem Stück Decke mache, wird er mich mit etwas Suppe bezahlen. Froh komme ich zurück aufs Zimmer und liefere nach zwei Stunden zusammen mit Hyman die Handschuhe ab. Als Lohn erhalte ich lediglich das Wasser aus der Suppe. Enttäuscht beklage ich mich und Oizer verspricht mir daraufhin mehr und bessere Suppe, wenn ich bereit bin, regelmäßig für ihn zu arbeiten. Auf dem Rückweg kommen wir bei der so genannten Revierstube, der Krankenstation des Lagers, vorbei. Der Sanitäter Halbreich ist sehr beschäftigt, denn es gibt viele Patienten und er hat wenig zur Verfügung, um ihnen zu helfen. Es gibt lediglich Kohle gegen Diarrhö, schwarze Ichthyol-Salbe gegen Ausschlag, Aspirin und einige Papierverbände. Er tut, was er kann für seine Patienten, aber es ist nicht viel. Hyman kann bei ihm arbeiten. Von nun an verbringt er jede freie Minute damit, das Krankenzimmer zu reinigen, warmes Wasser zu bereiten sowie Feuerholz und Kohle heranzuschaffen. Er ist froh, diese Arbeit bekommen zu haben. Halbreich verspricht, ihm von seinem Essen abzugeben. Auch wenn heute nichts übrig ist, beginnt Hyman gleich mit der Arbeit.

Am nächsten Tag fangen wir als Kohlenkommando an. Wir entladen die Züge, auf denen meist Kohle ist, aber auf einigen Waggons sind schwere Stahlträger und sehr große Kupferzylinder, knapp ein Meter im Durchmesser und sechs Meter lang. Sie sind riesig. Wir können sie nicht mit der Hand anheben und versuchen es mit Eisenstangen als Hebel. Aber selbst mit ihrer Hilfe ist die Arbeit für die meisten zu schwer. Dabei schreit Blik nicht weniger als Iwanek auf uns ein. Als wir ihn einen Kollaborateur nennen, erwidert er, er würde Wolff davon berichten, wenn wir nicht aufhörten. Wir verstummen, denn ein Schieber könnte uns leicht eine Arbeit zuteilen, die uns umbrächte. Es ist gefährlich, in klirrender Kälte auf den Gleisen zu arbeiten, auf denen sich die Waggons und Lokomotiven bewegen, von Menschen die uns hassen, gesteuert. Wir begreifen, dass Isaak Blik, der es nicht erträgt, von jemandem Befehle anzunehmen, und selbst Schieber werden möchte, leicht unseren Tod verursachen könnte. Schieber zu sein, bedeutet neben anderen Vorteilen eine volle Suppenschüssel. Jeder hier würde gern auf die eine oder andere Weise seine Situation verbessern. Vielleicht ist auch dies ein Grund, warum wir Blik nicht weiter angegriffen haben. Auch ich hätte gern eine Näharbeit, um mir etwas Essen zu verschaffen. Wir verstehen seine Motive, aber wir hassen seine Methoden.

Der Regen hat in den letzten Tagen etwas nachgelassen, aber es ist immer noch sehr windig. Immerhin scheint die Sonne. Wenn man sich vor dem Wind schützen kann, ist es angenehm warm. Doch oben auf den Kohlebergen ist man dem eisigen Wind vollkommen ausgesetzt. Und jetzt ist es erst November. Neben uns arbeitet eine andere Gruppe. Es sind polnische Zivilisten, mehr oder weniger zur Arbeit gezwungen. Der Name ihres Vorarbeiters ist Klowatzky. Er ist ein großer, kräftiger Kerl, der anscheinend kein Wort Deutsch versteht. Wenn einer der Deutschen ihm eine Anweisung gibt, starrt er den Mann nur an, mit den Händen in den Taschen und den Kragen hochgeschlagen. Alles muss ihm übersetzt werden. Dennoch ist Pahl, der deutsche Verantwortliche für Transport, mit ihm zufrieden. Klowatzky versteht es, das Letzte aus seinen Leuten herauszuholen. Pahl sagt, wir sollen uns ein Beispiel an ihm nehmen. Aber sobald er uns verlässt, wird bei den Polen nicht mehr gearbeitet. Einer von ihnen hält Ausschau, die anderen ruhen sich aus. Man befiehlt uns, große Zylinder zu einer Halle auf der Baustelle zu bringen. Die Arbeit sollen wir zusammen mit der polnischen Gruppe machen. Sie benutzen dafür kleine Schienenwagen auf einem extra Gleis. Der Schienenstrang hat scharfe Kurven, wofür man eine so genannte Kreuzweiche braucht. Dieses Werkzeug ist so schwer, dass vier Männer schwer daran zu tragen hätten. Iwanek jedoch meint, dass dafür zwei genug sind. Blik stimmt ihm zu. Als wir protestieren, geht Blik zu Wolff. So müssen zwei das schwere Werkzeug tragen. Wir schlittern und stolpern durch den Schlamm, bis eine der Wachen auf die Idee kommt, uns mit dem Knüppel anzutreiben, was die Sache noch schwieriger macht.

Während der Abwesenheit von Iwanek und Pahl fährt Klowatzky plötzlich Blik an und droht ihn zu verprügeln, wenn er sich weiter so verhält und sich nicht wie ein Mensch benimmt. Auch unsere Schieber, besonders Wolff und Stern, beschimpft er. Auf ein Mal spricht Klowatzky perfekt deutsch. »Seht euch an, wie wir es machen«, sagt er, »wir arbeiten nur, wenn ein Chef in der Nähe ist. So hat er einen guten Eindruck von uns. Es wird euch das Leben etwas erleichtern, wenn ihr es genauso macht.« Doch zu unserem Erstaunen geht Wolff nicht darauf ein. Er sagt zu Klowatzky, er solle seinen Mund halten, oder er wird es den Wachen melden. Mit den Insassen zu sprechen, ist für Zivilisten verboten. Als er darüber hinaus droht, den Verantwortlichen zu erzählen, was während ihrer Abwesenheit bei den Polen passiert, ist Klowatzky außer sich und ein paar seiner Leute müssen ihn zurückhalten. Wolff entfernt sich schnell.

Die Art, wie Deutsche und Polen miteinander reden, verblüfft mich. Schimpfwörter und Flüche tauchen in jedem Satz auf. Es ist schon eigenartig, dass dies die ersten Worte sind, die wir aus ihren Sprachen kennen lernen. Stern, unser erster Schieber, ist ein Meister der Gossensprache. Nico Rijksman, der Schieber bei Gottwalt ist, einer anderen Firma, die Erdarbeiten ausführt, verwendet wie selbstverständlich polnische Obszönitäten. Der Polier oder erster Vorarbeiter der Firma, ein kleiner Mann, verhält sich wie ein Tier zu denen, die für ihn arbeiten. Er will, dass sich Nico ebenso verhält; er soll seine Mitgefangenen beschimpfen und sie bei jeder Gelegenheit schlagen. Nico hat das Verbale schnell gelernt, aber er weigert sich, Gewalt anzuwenden. Oftmals unterläuft er die Rohheit des Poliers und sagt zu ihm: »Lass mich das machen, sie verstehen mich besser.« Während er so tut, als fluche er, bittet er uns auf Holländisch, unser Bestes zu tun, damit sich die Umstände nicht verschlechtern. Er ist ein sehr guter und rücksichtsvoller Mensch, der von seinen Untergebenen gemocht wird. Mit seinem vorgeblich gemeinen Verhalten sichert er nicht nur seinen Job, sondern macht auch seinen Mithäftlingen das Leben leichter. So lange, bis er zwei Wochen später von jemandem verraten wird und der Polier sein Spiel durchschaut. Da unsere Gruppe mehr oder weniger als Strafkommando angesehen wird, kommt er in unsere Gruppe. Das lockert alles etwas auf. Er singt gerne, erzählt Witze, ist immer optimistisch. Da das Essen und die Schlafstellen im Schieberraum besser sind, wohnt er weiterhin dort.

Einige Zeit später wird unsere Gruppe aufgeteilt. Nico wird wieder zum Schieber bestimmt, diesmal für ein Kohlenkommando, dem auch ich zugeteilt werde. Das verbessert meinen Status im Lager. David Kokernoot, ein riesenhafter Mann aus Amsterdam, ersetzt Nico bei Gottwalt. Ich erinnere mich daran, wie in den guten alten Zeiten er und seine Brüder Saalordner bei unseren politischen Versammlungen waren. Als Sozialdemokrat ist er genauso schlecht wie Nico für den Job bei Gottwalt geeignet; er wird auch noch schneller als Nico durch Herman van de Kamp ausgetauscht. Herman hasst es, Befehle zu geben und versucht den Gefangenen zu helfen. Auch er verliert natürlich sehr bald die Stellung als Schieber. Doch nun glauben die den ständigen Beschwerden des Poliers nicht mehr und die Gruppe arbeitet jetzt ohne Schieber. Jetzt sind nur noch die Wachen über uns und der zum Schweigen gebrachte Polier.

Ich habe angefangen, etwas Lohn dafür zu nehmen, dass ich den anderen Sachen repariere. Wer auf der Baustelle Essen eingehandelt hat, gibt mir davon. Andere versprechen mir, mir später etwas zu geben, wenn sie in der Lage dazu sind. Ich bin mit Nähen meist bis tief in die Nacht beschäftigt, wobei die Arbeiten, für die bezahlt wird, Vorrang haben. Das ist nötig für mein und Hymans Überleben. Die Arbeit in der Revierstube bringt ihm nicht sehr viel ein, aber er ist stolz, sie zu haben und steht morgens dafür schon vor allen anderen auf.

Hyman benimmt sich in letzter Zeit seltsam. Er kommt mit den anderen in unserem Zimmer nicht mehr aus. An einem Tag nennt er Blik einen verdammten Holländer. Eigentlich will er ihn damit einen verdammten Kommunisten nennen, aber das ist zu gefährlich. Isaak, der genau weiß, was Hyman meint, wird wütend. Er fühlt sich als Chef hier und greift Hyman an. Prügelei ist das Letzte, was wir brauchen können. Isaak wirft sich auf Hyman und würgt ihn. Ich versuche ihn wegzuziehen, aber er lässt erst los, als ich ihn bei der Kehle packe und zudrücke. Sal hält Hyman auf seinem Bett fest. Keiner der anderen hat eingegriffen, sie haben gleichgültig zugesehen. Ich beruhige mich ein bisschen, dann gebe ich Hyman ein paar Ohrfeigen. Er ist fassungslos. Um ehrlich zu sein, bin ich es auch, denn ich habe meinen besten Freund geschlagen. Später kommt er zu meinem Lager und fragt, warum ich ihn geschlagen habe. Ich weiß es nicht. Vielleicht ist es die Bedrückung, die wir alle fühlen.

Am nächsten Morgen essen wir unsere Brotration nicht gemeinsam. Ich teile das Brot in zwei Hälften und gebe Hyman die seine. Ich ärgere mich den ganzen Vormittag über mein Verhalten. Als die Kohlenwaggons entladen sind, bitte ich darum, zur Toilette gehen zu dürfen. Auf meinem Weg dorthin mache ich einen Umweg zu dem Arbeitsplatz Hymans bei der Firma Allgemeine Hochkonstruktions-Ingenieure. Dort finde ich ihn, wie er Zement von den Holzkästen kratzt. Wie ich näher komme, sehe ich, dass er weint. Ich berühre seine Schulter. Als er mich sieht, ist er sehr froh. »Ich habe gehofft, dass du kommst«, sagt er. Für ihn ist es unmöglich, die Arbeit zu verlassen. Kwotsjek, sein Aufseher, ist ein Idiot. Er ist »Pole mit deutschem Akzent«, ein so genannter Volksdeutscher. Hyman gibt mir ein Stück Kohlstrunk. Ich frage mich, woher er es hat, sage aber nichts. »Zieh deinen Pullover an«, sage ich stattdessen, »du wirst krank werden«. »Nein«, erwidert er, »ich werde ihn gegen Brot eintauschen.« Ich überzeuge ihn, dass es wichtiger ist, warm zu bleiben als ein Stückchen Brot zu bekommen. Gehorsam zieht er ihn wieder an. Unvermittelt fragt er mich: »Wo, meinst du, sind jetzt Gien und Nico?« Wie kann ich ihm darauf antworten? Ich stehe stumm und frage mich, was aus ihnen geworden ist. Wolff unterbricht unser Gespräch und drängt mich, wieder zum Kohlenplatz zu gehen. »Bald werdet ihr Tabak bekommen und ihr werdet euren Angehörigen schreiben können«, sagt er, als ob dies an ihm läge. Ich glaube hier an kein Versprechen mehr, aber viele rechnen mit dem angekündigten Tabak.

Zurück von meinem kleinen Ausflug sehe ich, dass ein neuer Waggon entladen wird, der bis zum Rand mit Kohle gefüllt ist. Die Kohleberge sind so hoch geworden, dass man die Kohlen weiter weg von den Schienen schippen muss. Die Haufen sind bis zu sieben Meter hoch. Einige von uns sollen sie abtragen. Dort oben ist es so kalt, dass es einem den Atem nimmt. Und es ist immer noch erst Anfang Dezember, der größte Teil des Winters kommt erst. Das Transportkommando beginnt uns dennoch allmählich zu gefallen. Wir sind nicht immer am selben Platz und manchmal kommen wir auch in die große Halle. Einige der Zivilisten haben dort selbst gemachte Öfen aufgestellt, die sie mit Holz und Kohle heizen. So haben wir manchmal die Gelegenheit uns aufzuwärmen. Wir müssen dabei nur auf die Wachen achten, die uns solchen Luxus nicht gestatten würden. Ein anderer Vorteil, den die Öfen in der Halle bieten, ist, dass wir dort ein paar der zivilen Mechaniker treffen. Das gibt uns die Möglichkeit zu handeln. Bei der Entladestation treffen wir niemals Zivilisten, hier aber sehen wir Polen, Franzosen, Italiener und Ukrainer. Eine Woche später, möglicherweise wegen unseres Nationalfeiertags, dem St. Nicolaas Tag, bekommen wir einen offenen Ofen an unserem Arbeitsplatz. Kohle haben wir genug. Raffie Montezinos, einer unserer Männer, ist am geschicktesten im Handel mit den Zivilisten. Um Zement und Mörtel schneller trocknen zu lassen, sind große Heizer rund um den großen Hallenneubau aufgestellt. Die Kohle, die man für diese Monster benötigt, muss mit Wagen herbeigeschafft werden. Peretzky, der polnische Farmer, der diese Arbeit verrichtet, wohnt bei Schönwaldt.

Bei klarem Wetter können wir von den Kohlehaufen aus diese kleine Stadt nahe der polnischen Seite der Grenze sehen. Peretzky besitzt Pferd und Wagen, doch braucht er Hilfe beim Be- und Entladen der Kohle. Raffie hat es geschafft, diese Arbeit zu bekommen, und kommt dadurch auf dem ganzen Gelände herum. Das ist sehr gut für seine Geschäfte.

Manchmal kommen Wagen gefüllt mit großen Stahlträgern statt Kohle auf dem Gleis an. Beim Entladen muss oft das Kohlenkommando dabei helfen, sie mit dem Schienenwagen zu transportieren. Wenn wir bei diesen Transporten sind, verschwinden viele nach und nach auf den Latrinen. Manche haben dort etwas zu verkaufen, und wir sehen sie mit großen Bauernbroten wiederkehren. Die meisten aber haben nichts. Unser Essen besteht nur aus den mageren Lagerrationen. Wenn ich nicht für das Nähen noch etwas bekäme, würde ich verhungern. Viele mussten ihr Gepäck auf dem Zug lassen, einige kamen nie durch Westerbork, wo sie sich noch etwas besorgen hätten können, das ihnen jetzt helfen würde. Diese Leute besitzen nichts als was sie am Körper tragen. Viele haben nicht einmal Socken und haben sich stattdessen das Papier der Zementsäcke um die Füße gewickelt. Selbst jene, die noch zwei Pullover und einen Wintermantel besitzen, zittern ständig vor Kälte. Wenn wir um sechs Uhr abends ins Lager kommen, sind immer einige dabei, die getragen werden müssen, weil sie bei der Arbeit zusammengebrochen sind. Die schlimmsten Fälle werden gleich zu Halbreich gebracht, die anderen werden von uns gepflegt, sodass sie beim Appell wieder auf ihren Füßen stehen können.

Obwohl Hyman und ich jeden Tag extra Essen bekommen, verlieren wir an Gewicht und sind ständig hungrig, und das Schwindelgefühl wird stetig schlimmer. Sal Polak teilt sich seine Brotration in drei Teile. Das letzte Stück isst er vor dem Schlafengehen. Auf diese Art schläft er besser, meint er, und der Doktor stimmt ihm zu. Sal aber hat auch nicht so eine schwere Arbeit und verbringt die meiste Zeit drinnen. Seine einzige Angst ist, das ihm beim Arbeiten schwindlig wird und er von den Stahlträgern fallen könnte.

Muis Gesundheitszustand verschlechtert sich rapide. Wenn jemand ihn fragt, wie es ihm geht, lächelt er, nimmt seine Mütze ab und dankt für die Aufmerksamkeit. Sein Gesicht hat eine blaue Färbung und seine Finger sind dünn wie Streichhölzer. Wenn er etwas zu essen versucht, gibt er es gleich wieder von sich. Bollgraaf schläft neben Hyman. Mit seinen eingefallenen Augen sieht er wie ein Skelett aus. Seine Haut ist durchscheinend wie Pergament. Beim Appell müssen wir ihn stützen. Und er ist erst fünf Wochen in Deutschland.

Pais, ein Mithäftling, schneidet am 15. Dezember nachts ein Loch in den Zaun und flüchtet. Die Wachen spielen verrückt. Der verantwortliche Wärter erhält eine schwere Verwarnung und muss mit weiterer Strafe rechnen. Er ist außer sich und schreit jeden an. Die Zimmerkameraden von Pais werden eingehend befragt. Der Stubenälteste Leo Steinweg, ein deutscher Jude, der lange Zeit in Holland gelebt hat, ist sehr loyal zu seinen Männern. Alles, was man weiß, ist, dass Pais ein Nazi-Parteiabzeichen für ein Paar Unterhosen eingetauscht hat. Der Appell dauert an diesem Tag drei Stunden, aber wir werden nicht geschlagen. Die Strafe ist, dass zehn Männer von uns in ein spezielles Straflager geschickt werden, falls der Flüchtling nicht aufgegriffen wird. Die Wache sagt, Pais wird hier im Lager öffentlich gehenkt werden. Doch macht uns das keine Angst, sondern wir freuen uns für Pais und hoffen, dass er durchkommt. Von jetzt an müssen wir aus jedem Kleidungsstück einen Davidstern ausschneiden und das Loch mit weißem Stoff ersetzen. So soll verhindert werden, dass wir unsere Kleider verkaufen oder den Davidstern entfernen können.

Spät in der Nacht kommen ungefähr dreißig neue Häftlinge an. Vier werden unserer Stube zugeteilt. Darunter ist Rimini mit Jacob, seinem fünfzehnjährigen Sohn, den wir Jaap nennen. Rimini lieferte Brot von Tür zu Tür aus in Amsterdam. Ich kenne die Familie gut. Dann ist da ein Junge mit dem Namen Brander, ebenfalls fünfzehn Jahre alt. Der vierte ist Sanders, ein früherer Angestellter im Büro der Amsterdamer Straßenbahn. Er stottert so stark, dass es schwer ist, ihn zu verstehen. Das Stottern, sagt er, begann im Lager Amersfoort, einem Straflager in Holland.

In dieser Nacht müssen wir damit beginnen, Wache zu halten. Jetzt ist jeder für jeden verantwortlich. Alle zwei Stunden ist Ablösung. Die erste Nacht haben Hyman und ich Wache von vier bis sechs Uhr morgens. Zum Glück haben wir so nur eine Stunde weniger Schlaf, da der Morgenappell um sechs Uhr stattfindet. Blik, der vor uns an der Reihe war, weckt uns auf. Er hat die zwei Stunden damit verbracht, mit Hilfe einiger Notizen zu berechnen, wie schnell die Russen kommen könnten. Ich meine zu ihm, dass es wohl zu lange für uns dauert. Hyman nennt mich einen Pessimisten.

Sanders ergeht es sehr schlecht im Lager. Er bekommt oft Schläge und läuft bald herum wie ein Halbtoter. Andere sind in der gleichen Verfassung, gehen in Lumpen und mit löchrigen Schuhen und trinken ständig die schwarze Brühe aus der Küche, die Kaffee genannt wird. So fühlen sie sich satt, aber ohne Nahrhaftes zu sich genommen zu haben. Auf der anderen Seite sind Leute unter uns, die sich bestens der Situation anpassen. Sie können sich alles besorgen.

Die Frauen haben eine Nähmaschine bekommen. Ich reinige und repariere sie ihnen, doch werde ich meine Näharbeit weiter von Hand tun. Jeden Abend bis spät in die Nacht arbeite ich, um am Leben zu bleiben. Da ich ohnehin wach bin, übernehme ich oft die Wachen der anderen. Häufig ist Blik wach und malt sich aus, wie die Russen vorankommen werden. Er meint, sie seien unschlagbar und legt alle seine Hoffnungen in sie.

Jeden Sonntag haben wir den so genannten Läuseappell. Dr. Simons inspiziert die nackt vor ihm Angetretenen. Im Voraus versuchen wir, alle Läuse loszuwerden. Denn bei wem welche gefunden werden, der muss nackt mit seiner Kleidung in der Hand durch den Schnee zum Badehaus gehen. Dort wird man mit einer Medizin namens »Läusetod« behandelt, die fürchterlich auf der Haut brennt. Die Läusebehandlung hilft ohnehin nicht. Wir werden niemals die Läuse los werden. Und außer den Läusen haben wir noch Wanzen.

Jahreswechsel 1942/1943

Es ist kurz vor Weihnachten 1942. Auf der anderen Seite des Zaunes können wir die Baracke der Zivilarbeiter sehen. Sie ist mit Tannenzweigen dekoriert, Fähnchen, Hakenkreuzen, Führerporträt. Es sieht aus, als würden sie dort eine schöne Zeit verbringen, und wir fragen uns aufgeregt, ob nicht auch für uns etwas abfällt.

Heute ist Weihnachten. Wir haben den ganzen Tag frei. Gerade den Kranken wird das gut tun. Nach dem morgendlichen Appell sollen wir eine extra Ration Brot und den lange versprochenen Tabak bekommen. Als es soweit ist und jeder sich beeilt, die Rationen zu erhalten, bekommen wir, das Kohlenkommando, nichts. Was für eine

Enttäuschung. Nervös lässt Wolff uns antreten und teilt uns mit, dass wir eine Arbeit verrichten müssten. Um unsere Laune etwas zu bessern, verspricht er uns, dass wir in zwei Stunden damit fertig sein werden. Auf dem Kohlenplatz finden wir fünf volle Waggons vor. Das heißt, drei Männer müssen einen Waggon entladen. Wir arbeiten wie rasend. Gegen zwei Uhr nachmittags sind wir fertig. Wir sind hungrig und müde, aber bereit für das Weihnachtsfest. Pahl sagt: »Wartet noch, bevor ihr losgeht.« Wir sehen die Lokomotive noch drei Waggons heranfahren. Wir haben keine Wahl und entladen auch diese noch, so schnell wir es schaffen. Selbst Sacramento, eine der Wachen, flucht und schlägt nicht. Er ruft mich zu sich und sagt mir, ich solle heute Abend nach dem Wegtreten zu ihm auf sein Zimmer kommen.

Um fünf Uhr nachmittags haben wir es endlich geschafft und marschieren ins Lager. Die meisten gehen nach dem Essen gleich ins Bett. Ich gehe zum Tor und bitte um Erlaubnis, zum Wachraum zu gehen, um Sacramento zu treffen. Die Wachen behandeln mich anständig, da ich für sie nähe. Heute, am Weihnachtsabend, gibt mir Sacramento ein Stück Kuchen und Zigaretten, von den anderen bekomme ich Brot und in Papier gewickelte warme Makkaroni. Nun können wir Weihnachten feiern. Zurück in unserer Stube erhält jeder etwas von den kleinen Kostbarkeiten. Bollgraaf liegt auf dem Bett, starrt vor sich hin, sieht und hört nichts. Wir legen etwas Essen auf seine Brust, aber er rührt nichts an. Da Hyman und ich nicht rauchen, tauschen wir den Tabak gegen Kartoffeln und Brot. Wir handeln mit Onkel Simon Winnik, der immer etwas hat und auch oft davon abgibt. Im Moment fühlen wir uns gestärkt genug, dem neuen Jahr entgegenzusehen. 1943 wird das Jahr unserer Rückkehr sein. Das Blatt hat sich gewendet seit Stalingrad. Die Deutschen müssen sich zurückziehen. Wir meinen, es kann nur eine Frage der Zeit sein, bis die Deutschen den Krieg verlieren. Die Wachen haben ein kleines Radio. Oft, wenn sie mir etwas zu essen geben, sitze ich an ihrem Tisch und kann die Nachrichten mithören.

Am Weihnachtstag serviert die Küche Pellkartoffeln. Wir haben seit Annaberg solche Kartoffeln nicht mehr gesehen. Dazu bekommen wir Spinat und ein kleines Stück Fleisch. Das Fleisch mag wenig sein und nur sechs von den zehn Kartoffeln sind essbar, doch es ist für uns ein königliches Essen. Das Essen hat auch eine psychologische Auswirkung: Wenn jemand überhaupt an uns denkt, sind wir nicht ganz verloren. Wir machen Pläne für Silvester. Die Schieber fragen Vorstand Holz, der wiederum bittet die Wachen um Erlaubnis, an diesem Tag bis 12 Uhr aufzubleiben. Sie wird erteilt. Die ganze Woche heben wir die Kartoffeln aus unserer Kohlsuppe auf und geben sie Couzijn, dem Bäcker. Onkel Simon spendet zwei Pfund Hafer oder etwas, das danach aussieht. Gasruß, die Firma, für die wir arbeiten, hat diese Woche einen Ziegelofen in unserer Stube aufgestellt, der in der Mitte zwei Öffnungen hat – ein so genannter Polnischer Ofen. Diese Öffnungen sind ideal zum Wärmen und Kochen von Speisen. Auf dem Ofen kann man ebenfalls kochen. Kohle kann unsere Gruppe sehr leicht bekommen, sodass wir den Ofen gut beheizen können.

In dieser letzten Woche des Jahres 1942 sind alle Transportarbeitstrupps an die Firma Montana ausgeliehen, die ein neues Gleis auf der Baustelle verlegt. Schienen müssen herbeigetragen werden, es ist eine sehr schwere Arbeit. Eine Gruppe Zivilisten arbeitet mit uns zusammen. Die Schienen werden mit Hilfe großer Zangen bewegt. Jeweils zwei Mann bedienen eine Zange, zwanzig von ihnen tragen eine Schiene. Der »Tiroler«, ein Montanaboss, der wegen seines Huts so genannt wird, hat mit uns anderes vor. Wir sollen ohne Zangen zu zehnt eine Schiene heben. Dabei brüllt er und schlägt hart zu. Er trägt eine schwarze Armbinde, das heißt, er trauert. Wir hoffen, dass er noch mehr dieser Binden zu tragen haben wird.

Am 31. Dezember, ungefähr eineinhalb Monate nach unserer Ankunft in Gleiwitz, stirbt der erste von uns. Am gleichen Tag hat die Farbe der Uniformen des Wachhabenden und seines Stellvertreters von blau zu grün gewechselt. Sie sind nicht mehr Angehörige der Organisation Todt, sondern heißen jetzt Grüne Polizei. Wir bekommen neue Wachen in grünen Uniformen. Einer der Neuen ist Wachmann für die Rollecke-Gruppe und heißt Kaufman. Als einer der Cohen-Jungen von Leeuwarden zu Boden fällt, weil er sich nicht mehr auf den Beinen halten kann, läuft Kaufman zu ihm und tritt ihn. Wieder und wieder schlägt und tritt er ihn, bis der Junge das Bewusstsein verliert. Von halb zehn bis fünf Uhr am Nachmittag liegt er blutend am Boden, zu schwach, um sich zu bewegen. Niemand darf sich ihm nähern.

Unsere Gruppe freut sich auf die Silvesterfeier und den freien Neujahrstag, aber als die Rollecke-Gruppe ins Lager kommt, ist die

Freude verflogen. Sie tragen den zusammengeschlagenen Jungen zwischen sich. Er wird auf die Krankenstation gebracht, aber Dr. Simons ist nicht dort. Gleich nach dem Appell laufe ich zur Revierstube und frage Halbreich nach dem Jungen. Halbreich ist damit beschäftigt, sein Essen auf dem Ofen zu kochen. Er weist in die Ecke. Der Junge ist bereits tot. Ich decke ihn mit einer Decke zu. »Hast du dich gar nicht um ihn gekümmert?«, frage ich Halbreich. Er antwortet: »Er muss eine Minute warten, bis ich mein Essen fertig habe, dann sehe ich nach ihm. Lass ihn dort liegen und sich ein bisschen ausruhen, das wird ihm helfen.« Als ich ihm sage, dass der Junge schon tot ist, zuckt er nur mit den Schultern und wirft nicht einmal einen Blick auf ihn.

Waker und Hes sind unsere religiösen Führer. Da Hes krank ist, suche ich Waker auf, der mit mir in die Krankenstube kommt, um dem Jungen die letzten Riten zu geben.

Dieser Vorfall löst großen Schrecken bei allen aus. Sie glauben, dass dieser erste Tote ein schlechtes Omen für das neue Jahr sei. Als Dr. Simons eintrifft, ordnet er an, die Leiche in den Kohlenschuppen zu tragen. Dennoch wollen wir das neue Jahr feiern. Es duftet in unserer Stube. Wir haben dreißig Tüten »Bauersuppe« besorgt, eine Art Gewürz, das selbst Wasser wie Suppe schmecken lässt. Die Margarine und Marmelade, die wir von unseren Rationen aufgespart haben, kommen auf den Kuchen. Dieser Kuchen wurde in einer Waschschüssel aus unseren Suppenkartoffeln gebacken. Obwohl wir immer noch an den Jungen denken, versuchen wir, uns der alten Zeiten zu erinnern und unterhalten uns. Gegen zehn Uhr bekommen wir Besuch vom Vorstand und von einem Wärter. Der »Grüne« deutet auf den Kuchen und fragt: »Was ist das hier?« Der Vorstand sagt ihm, dass wir ihn aus Resten unserer Rationen gebacken hätten. »Bah, das stinkt«, sagt der Deutsche, und sie verschwinden. Unsere gute Laune ist dahin. Wir essen das Restliche und um halb elf ist jeder in seinem Bett, doch keiner kann schlafen. Um zwölf sind wir immer noch wach, jeder hängt seinen Gedanken nach. Von draußen hören wir den Lärm und das Lachen der feiernden Zivilisten.

Es ist der 1. Januar 1943. Wieder sollen wir einen freien Tag bekommen, und wieder muss unser Trupp, diesmal zusammen mit anderen Transporttrupps, arbeiten. Ohne unsere Morgenration erhalten zu haben, sollen wir außerhalb des Lagers den Schnee von den Schienen schippen und die Weichen enteisen. Um vier Uhr nachmittags marschiert unsere müde und hungrige Gruppe mit Wolff an der Spitze wieder zurück ins Lager.

Sanders verkauft stets sein Brot für Tabak. Später geht er herum und sucht nach Essbarem. Eines Tags wird er beim Kaninchenstall erwischt, wie er Salatblätter stiehlt. Er wird halb tot geschlagen. Einige Tage später weckt mich Hyman früh am Morgen. Sanders macht seltsame Geräusche, als hindere ihn etwas in seiner Kehle am Atmen. Als wir uns über ihn beugen, merken wir, dass er im Sterben liegt. Wir lassen ihn liegen, denn was können wir tun, und legen nur seinen Kopf etwas höher. Nach dem Morgenappell versuche ich, dem Doktor davon zu berichten. Er ist bereits wieder im Bett, denn es ist Sonntag. Er dreht sich nur kurz um und sagt, es sei schon alles in Ordnung mit dem Mann und schläft weiter.

Unsere Gruppe muss an diesem Sonntag außerhalb des Lagers arbeiten. Als wir um zwei Uhr wieder im Lager sind, ist Sanders bereits gestorben. Auch seine Leiche wird in den Kohlenschuppen getragen. Drei Tage später verlieren wir Bollgraaf. Die Leichen werden auf einen Karren gelegt und zum jüdischen Teil des Friedhofs Gleiwitz gebracht. Oizer sagt mir, dass schon vor unserer Ankunft ein Holländer dort begraben wurde. Sein Name war Plotske. Der vierte Holländer, der stirbt, ist Cohen aus Groningen. Soweit es uns erlaubt ist, tragen wir den Sarg selbst. Auf unserem Weg begegnen wir Kaufman, der mit den Mädchen des Nachbarlagers eine Schneeballschlacht macht. Dreißig Minuten müssen wir warten, ehe wir hindurch können, ohne von den Schneebällen getroffen zu werden. »Geht weiter, ihr stinkt mir zu sehr«, ist die Bemerkung, mit der er uns durchlässt.

Eine Woche später bittet mich Hyman, mit ihm auf die Krankenstube zu kommen. Mit den Beinen von Hes ist etwas nicht in Ordnung. Er liegt in seinen Exkrementen, kann nicht sprechen und sieht uns ausdruckslos an. Ich wasche ihn und kleide ihn neu an, ohne dass er es zu bemerken scheint. Seine Beine sind stark geschwollen und schwarz. Dr. Simons schaut sich ihn an und macht einen zwanzig Zentimeter langen Schnitt, aus dem schwarze Flüssigkeit rinnt. Die Wunde wird mit Peroxyd ausgewaschen. Noch in derselben Nacht stirbt Hes.

Im Monat Januar sterben noch zwei unserer Männer. Groen und Kok kamen aus dem jüdischen Viertel in Amsterdam. Ihr einziges Verbrechen war, dass sie arme, hart arbeitende jüdische Männer waren, die für ihre Familien lebten. Sie starben an Unterernährung, Schwäche und Folter.

Die Lagerleiter kommen auf die Idee, eine Krankenkolonne für Transportarbeiten zusammenzustellen. Beim Anblick dieser Männer zieht sich mir das Herz zusammen. Abgemagert, in Lumpen und mit schwarz-blauen Gesichtern stolpern sie dahin. Dann, an einem Tag im Februar 1943, werden zweiundzwanzig Kranke in einem Lastwagen weggefahren. Aus unserer Stube sind unter ihnen Muis, der Maler Michelson, Tobi und Louis Piller, Louis Winnik und Blom. Mit Blom habe ich viel über meinen Vater geredet. Er kannte ihn schon aus der Zeit, als sie beide im Blumengeschäft tätig waren. Ich helfe Blom auf dem Weg zu dem Lastwagen. Er ist schon seit längerem nicht mehr in der Lage, allein zu laufen. Der Abschied von ihm fällt mir schwer. In dieser Nacht kommt uns unser Raum leer vor. Blom vermissen wir am meisten. Egal, wie krank er war, er hat sich stets um die anderen gekümmert und hatte für jeden ein Lächeln übrig.

Unser Kohlentrupp muss mit neuen Männern aufgefüllt werden. Zu uns kommen die Brüder Herman und Louis van de Kamp, Rudi Simons und Walter Keusch. Immer größere Mengen von Kohle werden herangefahren, neue Waggons treffen alle Stunde ein.

Selbst in einem Konzentrationslager wird das Leben Routine. Hunger und Kälte sind immer anwesend und mehr und mehr Leute werden gleichgültig und geben sich auf. Da ich kaum Kontakt mit Zivilisten habe, gebe ich Blik eines meiner Hemden und einen Pullover zum Verkaufen. Er bekommt siebzig Mark dafür, eine Menge Geld. Hyman verkauft etwas Unterwäsche, so haben wir zusammen achtzig Mark. Ein ganzes Brot kostet sechs Mark. Wenn wir nur zwei Brote die Woche kaufen, können wir eine ganze Zeit damit auskommen – vielleicht bis der Krieg zu Ende ist.

Sal Polak kann sich gut versorgen. Als Maler verkauft er ungeöffnete Farbdosen an deutsche Mechaniker, die in der Umgebung arbeiten. Sie kaufen alles, was sie bekommen können. Hämmer, Äxte, Sägen, Maschinenteile und anderes sind gefragt, selbst Bohrmaschinen, die, wenn man sie nicht im Ganzen transportieren kann, in Teile zerlegt werden. Oft werden wir mit einer Liste zum Warenlager geschickt und müssen dort für das Empfangene unterzeichnen. Sollte je die Werkzeugausgabe kontrolliert werden, würde man natürlich uns für die fehlenden Sachen verantwortlich machen. Aber um Essen zu bekommen, versucht man alles.

Peretzky, der Bauer, macht jeden Morgen seine Runden. Neben den Kohlentransporten unterhält er ein florierendes Geschäft mit den Zivilisten. Gleich morgens sieht man ihn mit seinem kleinen Wagen, voll geladen mit Kartoffeln, Schinken, Schmalz, Butter. Abends fährt er davon mit Werkzeugen, Schaufeln, Forken, Äxten, Hämmern und was er sonst noch bekommen konnte.

In letzter Zeit findet sich etwas Fleisch in unserer Kohlsuppe. Manchmal bekommen wir sogar ein paar gekochte Kartoffeln. Dann hat der Lagerführer die glänzende Idee, Essensprämien für die am härtesten Arbeitenden auszugeben. Der Stellvertretende Kommandant benutzt die Karten für Extrarationen, um seine Sklaven zu mehr und mehr Arbeit anzutreiben. Ab und zu händigt er nachts in der Küche solche Essenkarten aus. Wir sind froh, wenn die Wahl auf uns fällt, obwohl die Suppe immer schlechter wird. Mal ist sie völlig ungesalzen, dann wieder zu salzig zum Essen, oder es ist zu viel Gerste darin, die durstig macht. Der Gesundheitszustand der Männer wird täglich schlechter. Hinzu kommt, dass Krankheit künftig nicht berechtigt, der Arbeit fern zu bleiben.

Es geht das Gerücht, dass das gesamte Lager umziehen soll. Der Großteil der Häftlinge ist zu schwach, um die erforderliche Arbeit zu leisten, deswegen werden wir verschwinden. Auch habe ich gehört, dass die Wachen mit einem Ortswechsel rechnen. Als ich im Raum der Wachen bin und von dem Essen nehme, dass sie mir aufgehoben haben, geht die Tür auf, und der Kohlenmann (sein richtiger Name ist Jakob) tritt ein und ruft: »Gott hat mich erhört. Nicht länger werden wir seine Leute quälen und dafür verdammt sein. Wir werden weggehen!« Jakob gilt als leicht übergeschnappt. Wenn er mittags Dienst hat, besteht er darauf, uns vorzubeten. Auf Knien und mit lauter Stimme vergisst er nie, die Deutschen zu verfluchen, weil sie die Juden unterdrücken. Dann steht er gewöhnlich auf und beginnt, die Herumstehenden zu schlagen, und obwohl seine Schläge nicht stark sind, sind sie doch ernst gemeint. Nun überrascht er uns mit der Nachricht über die Verlegung. Ich bin besorgt, was ist, wenn alles noch schlechter wird? Die Nachricht, dass wir verlegt werden sollen, verbreitet sich schnell. Viele befürchten, dass die Wachen gehen würden, ohne noch ihre Schulden für verschiedene Handel zu begleichen.

Sie sollen Recht behalten, am nächsten Morgen ist die Hälfte der Wachen verschwunden. Auf der Baustelle erzählen uns die »Arier« (Nicht-Häftlinge werden von uns »Arier« genannt), dass die neuen Wachen im Lauf des Nachmittags ankommen sollen und dass sie grausam sein werden. Erst am nächsten Morgen bekommen wir sie zu Gesicht. Junge Soldaten, die Helme aufgesetzt und Bajonette aufgepflanzt. Sie lachen, machen sich lustig über unsere Kleidung, verspotten die Kranken. Mit Wehmut denken wir an unsere alten Wachen. Wir kannten einander, und wir wussten, was wir voneinander erwarten konnten. Diese Neuen sind vollkommen anders, und alles fängt wieder von vorne an: Brutalität, Rauheit, Disziplin. Jeder der Neuen ist im Krieg gewesen und verwundet worden. Man sieht verkrüppelte Beine, fehlende Finger, nervöse Leiden. Sie sind frontuntauglich und müssen nun ihren Dienst hier tun. Keiner will wieder zurück an die Front, aber deswegen ist ihr Hass auf uns nicht geringer. Wie die meisten Deutschen heutzutage geben sie uns die Schuld an ihrem Leiden. Alles geht an diesem Morgen sehr formal vonstatten. Zum ersten Mal müssen wir im Gleichschritt marschieren, verschiedene Kommandos befolgen. Der Kommandeur, ein junger Feldwebel, ist Militär durch und durch. Auf der Arbeit sind die neuen Wachen äußerst streng, sie bestrafen hart, doch keinem Zivilisten ist es erlaubt, uns zu schlagen. Das alles wird sicher nachlassen, so wie bei unseren alten Wachen. Wenn sie erst in der Lage sind, unsere Gesichter zu unterscheiden und uns als Individuen zu sehen, wird es besser werden. Solange sie in uns nur eine Gruppe sehen, werden sie an ihren strikten Regeln festhalten.

Eines Tags sind wir nur zu dritt auf der Arbeit und haben nicht viel zu tun. Die anderen sind mit Wolff auf der Packstation und Raffie ist mit Peretzky fort, als überraschend der Lagerführer kommt. Er fragt, wo unsere Wache ist. Wir sagen ihm, dass er mit zwei von uns etwas erledigen gegangen ist und dass sie gleich zurückkommen würden. Tatsächlich haben wir den Wachmann den ganzen Tag nicht gesehen. Es hätte keinen Sinn für uns, wenn der Mann bestraft werden würde. Einen abwesenden Wachmann zu decken, kann nützlich sein. Wie wir noch dort stehen, kommt Peretzky, wie immer betrunken. Er grüßt den Feldwebel und lallt, dass wir gute Juden seien, doch man müsse uns immer im Auge behalten, sonst würden wir nicht die verlangte Arbeit tun, denn Juden seien nun einmal faul. Der Feldwebel unterbricht ihn knapp: »Sie arbeiten nie, deswegen sind sie so fett. Aber ich werde Arbeiter aus ihnen machen, das schwöre ich.« Dann geht er fort. Um ein Uhr dreißig ist er zurück, zieht seine Uhr heraus und sagt, er sei in genau 15 Minuten zurück und erwarte, dass der Waggon entladen sei. Wie gewöhnlich ist die Arbeit in sieben Minuten getan. Als er zurückkommt, schippen wir die letzte Schaufel Kohle auf den Haufen. Das ist nach seinem Geschmack. Solange wir pünktlich sind, werden wir keine Schwierigkeiten mit ihm haben.

Diesen Abend, als ich wie üblich den Wachen einen Besuch abstatte, werde ich von dem eifrigen Feldwebel aufgehalten. Er fragt, was ich außerhalb des Lagers zu suchen habe. In möglichst militärischer Weise antworte ich ihm, dass ich Schneider bin und den Wachen bei ihren Näharbeiten helfe, für extra Essen, natürlich. Durch dieses Essen habe ich Kraft, die Kohlenwaggons in der Zeit zu beladen, die er fordert. Damit ist er zufrieden, er führt mich zu den Wachen und stellt mich sogar vor. Er kümmert sich sogar darum, dass ich für die Arbeit mein Essen bekomme.

Das Leben ist durch die Disziplin der neuen Wachen etwas leichter geworden, da ihr Verhalten berechenbarer ist. Sie sind auf jeden Fall bessere Soldaten als ihre Vorgänger. Sie mögen Juden nicht mehr als die anderen. Da sie sich jedoch an die Regeln halten, funktioniert es für beide Seiten besser. Sie würden nicht unsere Sachen stehlen oder zusehen, wie das Lagerpersonal es tut. Es ist untersagt, mit ihnen im Dienst zu sprechen, doch wir tun es trotzdem. Viele begreifen die schreckliche Lage, in der wir uns befinden. Sie sehen, dass wir weder anständige Kleidung noch genug zu essen haben und dabei schwer arbeiten müssen. Nach einer Zeit machen sie keine Witze mehr über uns, sondern fangen an, von sich zu erzählen. Sie klagen darüber, wie selten sie ihre Familien sehen. Viele ihrer Heimatstädte sind ausgebombt und sie wissen nicht einmal, ob ihre Angehörigen noch leben. Keiner der ihnen Nahestehenden weiß, dass sie in einem Konzentrationslager arbeiten. Post erhalten sie über das Krankenhaus. Einige von ihnen schmuggeln uns Brot ins Lager. Unser neuer Wärter auf der Baustelle, ein großer Tscheche, tut alles, um uns vor schwerer Arbeit zu bewahren. Oft gestattet er uns Pausen und gibt uns ein Zeichen, wenn jemand kommt. Er erzählt, dass er zur deutschen Armee gegangen ist, damit sein Vater nicht ins Gefängnis kommt.

Seit zwei Wochen arbeiten unsere Leute an einem fast vier Meter hohen Zaun um das Lager der Fremdarbeiter. Die Italiener, Ukrainer und andere osteuropäische Arbeiter, die sich dort befanden, wurden verlegt. Das heißt, ihr Lager ist frei für uns. Da es doppelt so groß ist wie das unsere, rechnen wir damit, dass neue Häftlinge ankommen werden. Wir hoffen auf Holländer. Aber es wird noch einige Tage dauern, ehe sie mit dem Zaun fertig sind. Mittlerweile haben sich die Regeln in unserem alten Lager etwas geändert. Statt die Mittagspause auf der Baustelle zu verbringen, marschieren wir ins Lager und bekommen dort unseren halben Liter Suppe. Im Winter, als es noch so grausam kalt war, hätte es uns wirklich gut getan, ins Lager zurückzukehren. Es ist zwar immer noch kalt, aber erträglicher. Wir haben unseren ersten Winter hier überstanden und es ist hoffentlich unser letzter. Die Suppe sieht neuerdings etwas anders aus, sie ist weißlich grau, doch ebenso dünn wie sonst. Niemand weiß, was wir hier essen; in diesem Lager hat Wasser viele Namen und Farben.

Als wir an einem Mittag Anfang April ins Lager marschieren, wird Nico Rijksman vom Vorstand beiseite genommen. In der Pause sucht er sich zehn Leute aus, darunter auch mich. Wir marschieren gemeinsam ins Lager der französischen Fremdarbeiter, wo uns ein Lastwagen mit Anhänger erwartet. Die Wache erklärt uns, dass wir Stroh für neue Matratzen holen müssen. Hinten, auf dem Anhänger liegend, fühlen wir uns wie in einem Luxuszug. Wie wir durch Gleiwitz fahren, sehen wir Schlangen von Leuten, die vor den Geschäften mit leeren Schaufenstern stehen, darunter viele Frauen. Wir verlassen Gleiwitz in Richtung Langedorf. Auf einer Seite der Straße reihen sich Fabriken, Baustellen und Lager aneinander. Es müssen russische Arbeitslager sein. Die Wache auf unserem Laster verteilt großzügig Zigaretten und ich bedaure, nicht zu rauchen. Nach einer Stunde erreichen wir Langedorf. Die Wachen sprechen mit mehreren Bauern, bis wir schließlich bei einem Hof anfangen, Stroh aufzuladen. Während die anderen arbeiten, gehe ich auf die Toilette. Als ich wiederkomme, ist der Laster weg. Ich werde panisch und laufe los, um ihn zu suchen. Ein paar Häuser weiter steht er vor einem anderen Bauernhof. Als ich ihn erreiche, winkt mich die Bauersfrau in die Scheune. Was hat sie vor, ich kann doch kaum gehen. In der Dunkelheit der Scheune öffnet sie mir den oberen Knopf meiner Jacke, ehe ich etwas sagen kann, steckt sie mir ein Brot in die Jacke. Wie dumm von mir, nicht einen Augenblick dachte ich daran, dass sie mir etwas zu essen geben will. Ich eile zum Lastwagen zurück und zeige stolz, was ich bekommen habe. Aber die anderen lachen nur und ich sehe, dass ich nicht der Einzige bin, der Brot erhalten hat, frisches Bauernbrot. Glücklich fahren wir auf den Strohballen liegend zurück. Es ist bereits dunkel, als wir wieder im Lager sind.

Am nächsten Tag wird eine neue Gruppe von Häftlingen in unser Lager eingewiesen. Nach dem Appell kommen sie auf uns zu und sind überrascht, dass wir Holländer sind. Die Neuankömmlinge sprechen fast alle Jiddisch und sind aus der näheren Umgebung von Gleiwitz.

Am Abend ziehen wir in das neu errichtete Lager. Unsere Stube bleibt zunächst zusammen, doch dann müssen wir erfahren, dass, bis auf 25 Mann, alle anderen verlegt werden. Am nächsten Tag kommt Pahl sehr früh zur Arbeit und verliest die Namen derjenigen, die bleiben können. Sal Polak und Hyman sind nicht darunter. Ich spreche mit Pahl und versuche ihn zu überzeugen, Hyman und Sal Polak hier zu lassen. Aber es gelingt mir nur bei Hyman. In der Nacht gibt es ein großes Abschiedsfest. Fünf Monate lang lebten wir zusammen, lernten uns kennen, halfen einander, stritten und vertrugen uns. Und es kommt uns nun vor, als würden wir unsere besten Freunde verlieren. Wir versprechen einander, dass wir uns in Holland wieder sehen werden. Als sie weg sind, müssen wir in den Raum zwölf umziehen. Die meisten der verbliebenen Holländer sind bei uns auf dem Zimmer. Es sind: W. Kok, L. Steinweg, H. van de Kamp, L. van de Kamp, H. Benima, G. Jas, M. Pach, M. Roselaar, Nico Rijksman, S. Simons (Rudi), M. Jacobs, D. Jacobs, A. Piller, C. Rood, H. van Thyn, A. Logher, S. Steinhardt, L. Pinto, Y. Kreisberg, J. Emmerick, M. Slager, L. Root, C. Nieweg, D. Vas Dias, S. Root, L. van Amerongen, J. Kreveld, B. de Hond, D. Wolf, A. Truder, M. Hartogzoon und W. Keusch.

Meister Kolb auf der Baustelle mag unsere holländische Gruppe. Seit wir nur noch wenige sind, achtet er darauf, dass wir nur bei ihm eingesetzt werden. Er möchte uns zu Facharbeitern ausbilden. Uns gefällt die Idee, denn je qualifizierter wir sind, umso größer sind unsere Chancen zu überleben. So arbeiten wir in der nächsten Zeit bei der Einrichtung der Maschinenhalle.

Nach ein paar Wochen organisieren wir an einem Sonntag ein Treffen zwischen den Baracken. So kann unsere kleine holländische

Gruppe die paar hundert Polen besser kennen lernen. Die Polen tanzen und singen – und wie sie singen. Wir stimmen holländische Hymnen an. Die Polen antworten mit Volksliedern und zionistischen Liedern. Nico und Appie Truder sind gute Solisten. Selbst die Wärter applaudieren nach jedem Lied. Das Treffen tut allen so gut, dass wir es wiederholen wollen.

Im Juni sind die Bauarbeiten abgeschlossen und die Fabrik kann mit der Produktion beginnen. In großen Tanks wird die Kohle gepresst, um Kohlenöl daraus zu gewinnen, das anschließend in riesigen Brennern verbrannt wird. Der daraus gewonnene Ruß schlägt sich an den Kupferzylindern nieder, wird abgeschabt und in Papiersäcke verpackt. Alles sollte automatisch vor sich gehen, aber zum Glück funktioniert nichts. Die Maschinen lecken. Die Frauen aus dem Nebenlager müssen lernen, die Maschinen zu bedienen. Innerhalb einer Stunde sind wir Mechaniker so schwarz wie Neger. Der fettige schwarze Staub dringt in unsere Haut und Lungen ein. Unsere Poren verstopfen. Am Abend versuchen wir, uns zu waschen, aber wir bekommen den Schmutz nicht weg. Der Ruß, den wir herstellen, wird für unterschiedliche Produkte verwendet, zum Beispiel für synthetischen Gummi, Farbe und Schuhcreme.

Mehrere Sonntage verbringen wir am Zaun des Lagers, denn gegenüber sind die weiblichen Häftlinge eingezogen. Wir singen zusammen. Seit April haben wir einen neuen Lagerführer, sein Name ist Braun. Er erlaubt den Frauen auch mehrmals bei Regen, zu uns in die Baracke zu kommen. Ein paar der Leute fangen sogar an, ein Theaterstück für die Sonntage zu schreiben.

Der Sommer 1943 geht zu Ende. Wir erhalten wenig Informationen über die Entwicklung des Krieges.

An einem Sonntagnachmittag organisiere ich ein Treffen für die verbliebenen Holländer. Wir bitten jeden, eine halbe Stunde über sein früheres Leben, seinen Beruf und seine Hobbys zu reden. David Wolf erzählt uns etwas über den Beruf des Klempners und den Unterschied zwischen den Metallen. Vas Dias »Vassie« und Max Roselaar berichten über ihre Arbeit als Schweißer und ihr Verhältnis zu den Polen, mit denen sie arbeiten. Diese Polen sind Zivilisten und keine Häftlinge. Bram de Hond ist von Beruf Böttcher und spricht über die Fassherstellung. Appie Truder erzählt von seinen Boxkämpfen und Hyman erklärt uns, wie man Möbel macht. Aaron Logher ist ein Experte für

Gemälde und Kunst. Nico Rijksman führt uns ein in die Welt der Fahrradrennen und Leo Steinweg berichtet über seine Karriere als Rennfahrer für die D. K. W., eine deutsche Automobilfirma. Willem Koks, ein holländischer Ingenieur, erzählt von der Cheopspyramide. Kreisberg spricht über die unterschiedlichen Tabaksorten, über Filme und sein Leben in Deutschland, seiner ursprünglichen Heimat. Ich spreche über meine Zeit in den verschiedenen Jugendorganisationen. Jeder kommt dran, ob er will oder nicht. Wir spielen auch Karten, Dame und Schach. In den paar Stunden, die wir für uns haben, versuchen wir, die Welt draußen zu vergessen.

Das Management der Baustelle hat herausgefunden, dass Leo Steinweg ein hervorragender Automechaniker ist. Sie haben ihn zum Verantwortlichen der Autoreparaturwerkstatt ernannt. Er ist zuständig für die Lokomotiven und mehrere Privatautos. Durch seine Arbeit hat er Kontakt mit Zivilisten in Gleiwitz, unter anderem auch mit seiner Schwiegermutter, einer Nichtjüdin, die in der Stadt lebt. Sein Los im Lager hat sich seitdem sehr verbessert. Er hat immer genug zu essen, trägt Arbeitskleidung wie die Zivilisten und kann manchmal sogar Post von draußen erhalten.

Seit einiger Zeit ist Meister Kolb krank. Er hat Typhus. Viele der Zivilisten haben sich angesteckt. Es ist sehr ruhig auf der Arbeit. Manchmal gibt es so wenig zu tun, dass uns Meister Willie in das oberste Stockwerk schickt, um zu schlafen. Wenn Stam, der Ingenieur, seine Runden macht, um uns zu überprüfen, stellen wir ein Schild auf der Treppe auf: »Nicht betreten, gefährliche Bauarbeiten!« Einmal versucht er trotzdem, zu uns hochzukommen, aber Willie erklärt ihm, wenn er uns Schwierigkeiten macht, wird er einen Unfall haben. Eines Tages hatte Willie angefangen, ein Marschlied vor sich hin zu summen. Ich stimmte mit ein, und sang den Text auf Deutsch mit, denn es war ein internationales Jugendlied, dessen Text ich gut kannte. Willie war überrascht, aber ich erklärte ihm, dass ich ein sehr aktives Mitglied der Sozialistischen Jugendorganisation in Holland war. Er war in Deutschland Mitglied gewesen. Er hatte sogar an der Olympiade der »Internationalen Arbeiter Spiele« in den frühen dreißiger Jahren in Amsterdam teilgenommen. An diese Spiele konnte ich mich gut erinnern, denn mein ältester Bruder Aaron hatte bei den Tennisturnieren mitgespielt. Das Gespräch über unsere gemeinsamen Interessen führte zu einer Beziehung zwischen uns, die einer Freundschaft ähnelte. Wenn Willie betrunken war, dann suchte er Streit mit Stam, denn Willie hasste Feiglinge und Antisemiten wie ihn.

Typhus im Lager

Der Typhus hat auch das Lager erreicht. Die Situation ist sehr ernst. Im ganzen Lager hängt eine Chlorwolke, überall wird zur Desinfektion Chlor gestreut. Vier der Männer in unserem Zimmer haben sich angesteckt. Hyman, Appie, Walter und Schwaab. Sie müssen in das Krankenrevier, das bereits überfüllt ist. Das Revier ist abgeschlossen, nur durch die Fenster können wir die Kranken sehen. Halbreich sperrt sich mit den Patienten in die Quarantäne. Lagerführer Braun will am liebsten alle Häftlinge nach Auschwitz schicken, aber Dr. Simons kann es ihm ausreden. Braun gibt Dr. Simons sechs Wochen Zeit, die Epidemie in den Griff zu bekommen. Ein Freund von Dr. Simons ist Apotheker in Gleiwitz, beide kennen sich noch aus der Zeit vor dem Krieg. Dieser Mann bewundert Dr. Simons und liefert über Leo Steinweg genügend Serum, um uns zu impfen.
Um die Typhusbaracke liegt ein Teppich von Chlorpulver. Durch das Fenster versuchen wir unsere Freunde zu sehen. Es ist eine Szene wie aus einem Gruselfilm. Halb nackt liegen oder schwanken sie herum. Ein Großteil ihrer Kleidung wurde nach dem Betreten der Baracke verbrannt. Sie alle sehen schrecklich dünn aus. Und diese Finger, diese langen, dünnen, schwarzen Finger, die sich wie Krallen nach Hilfe ausstrecken. Durch das Fenster wird auch ihr Essen hineingereicht. Halbreich achtet darauf, dass alle Nahrung zu sich nehmen, denn die meisten haben keinen Appetit mehr. Viele von ihnen kommen nicht durch. In diesen Tagen denke ich häufig an meine Frau, meine Mutter und meine Geschwister. Ich bin davon überzeugt, der Einzige meiner Familie zu sein, der noch am Leben ist. Warum soll ich leben, wenn sie tot sind?
In unserem Zimmer verbringen wir die meiste Zeit damit, Wanzen und Läuse zu töten. Die Ratten sind auch zu einem Problem geworden. Das Ungeziefer zu töten wird für uns zu einer Besessenheit.
Endlich ist der Tag gekommen, an dem Dr. Simons dem Lagerführer mitteilen kann, dass die Gefahr der Ansteckung vorüber ist. Er hat es innerhalb der sechs Wochen geschafft. Die Fenster des Kranken-

reviers werden wieder geöffnet. Die verbliebenen Patienten sehen schrecklich aus und reden verwirrt, aber wir haben wieder Hoffnung. Nach ein paar Tagen erkennt mich Hyman wieder, doch wie die meisten Patienten ist er taub. Mit unsicherer Stimme stammelt er davon, dass Gien und Nico ihn besuchten und ihm ein ausgezeichnetes Essen brachten. Er wolle jetzt nach Hause fahren und müsse Gien noch beim Packen helfen. Mit Tränen in den Augen sehe ich meinen alten Freund an. Aber er lebt und ich werde alles tun, damit er wieder auf die Beine kommt.

Die Sekretärin im Frauenlager hat ein Kind bekommen. Niemand von uns wusste, dass sie schwanger war. Schwangerschaft bedeutet Tod in Auschwitz. Sie hat das Kind gleich nach der Geburt erstickt, aber trotzdem hat Lagerführer Braun davon erfahren. Zur Strafe wird sie in ein anderes Arbeitslager geschickt. Dr. Simons, der ihr half, wird ebenso strafversetzt. Wohin er kommt, wissen wir nicht. Wir werden Dr. Simons niemals vergessen, was er für uns tat. Dr. Simons wird durch Dr. Bercowitz ersetzt, ein großer ruhiger Jude aus Rumänien.

Unter zwanzig Elektrikern, die vor ein paar Wochen in das Lager nach Blechhammer geschickt wurden, waren drei Holländer: Comprecht Nieweg, Gerrit Jas und Jochem Kreveld. Als sie zurückkommen, erzählen sie uns Schreckliches von dort. Nachdem wir ihre Geschichten gehört haben, sind wir fast glücklich, hier zu sein.

Die Polen haben angefangen mich »Panje Coentjek« und noch häufiger »Der verrückte Holländer» zu rufen. Diesen Titel habe ich mir durch die strengen Putzregeln in unserem Zimmer und durch unsere Art der Essensverteilung verdient. Obwohl die Polen mich einen Idioten nennen, versuchen viele von ihnen, in unser Zimmer verlegt zu werden. Bei ihnen sieht es ganz anders als bei uns aus.

Plötzlich wecken uns schreckliche Schreie. Was in der Welt geht vor? Töten sie ein Schwein? Die Schreie hören nicht auf und schmerzen in unseren Ohren. Nico erkennt Max Hartogzoons Stimme. Wir eilen auf das Revier, woher die Geräusche kommen. Überall ist Blut, gespritzt an die Wände und auf den Fußboden. Nico und ich laufen hinein. Der Arzt nimmt einen rußverschmierten Lappen von Max' Arm. Vor Schmerz schreiend muss Max gestützt werden, um sich aufzusetzen. Gebrochene Knochen ragen an drei Stellen aus seinem verstümmelten Unterarm. Max schaut immerzu seinen Arm an und schreit. Wie viel besser wäre es für ihn, wenn er ohnmächtig werden könnte. Sein Unterarm ist ein Brei aus Blut, Knochen und dickem, rußigem Öl. Die Knochen sind gesplittert, es sieht sehr schlecht aus. Das wird das Ende für Max sein. Dr. Bercowitz arbeitet wie besessen, aber wir wissen alle, dass der Ruß nicht von seiner Haut abgehen wird und das Öl alles noch schlimmer macht. Es ist für den Arzt unmöglich, den Arm zu richten und zusammenzubringen. Es ist ein grauenhaftes Durcheinander. Eine Stunde später haben wir es geschafft, Max in unserem Zimmer ins Bett zu bringen. Wir wollen ihn nicht zum Sterben auf dem Revier lassen. Er schreit, dass man ihn wegen des Arms ermorden wird, was sehr wahrscheinlich ist. Was für ein Arbeitslager will einen Mann mit einem Arm? Sie töten hier Menschen, die zwei gute Arme haben. Wir gehen nach draußen und setzen uns auf die hölzernen Stufen und warten. Dr. Bercowitz sagt uns, dass er nichts gegen Max' Schmerzen tun kann, da er kein Schmerzmittel hat. Ich gehe zurück ins Zimmer, um zu sehen, ob Max etwas Wasser trinken wird. Das ist alles, was ich im Augenblick habe. Wir können nichts tun, außer uns zu fragen, wie lange es bis zu seinem Tod dauern wird. Zwischen den Schreien versucht Max uns zu erzählen, was passiert ist. Er ölte die Motoren für den Aufzug. Zur Eile von Otto angetrieben, hatte er Angst, die Motoren abzustellen, um sie zu schmieren, und wurde von dem großen Außenrad erwischt. Sein Ärmel verfing sich in den Zähnen des sich langsam drehenden Rades und zog seinen Arm in die Maschine. Er schrie vergeblich um Hilfe. Otto war unten, nahe am Schalter, aber er kümmerte sich nicht darum zu helfen. Es gelang ihm schließlich, den Arm herauszuziehen, nachdem das Rad ihn an drei Stellen gebrochen hatte. Die Tatsache, dass erst sein Arm dreimal brechen musste, bevor er ihn herausziehen konnte, während Otto nur den Schalter hätte betätigen müssen, macht uns wütend. An Schlafen ist heute nicht mehr zu denken. Wir bleiben bei Max und versuchen ihn etwas zu trösten, aber wir haben nichts gegen die Schmerzen und keine Worte der Hoffnung. In dieser Nacht, nachdem der Appell vorüber ist, versammeln sich die Männer vor unserem Zimmer. Jeder bemitleidet den armen Mann.

Für die Nacht legen wir Max auf den Tisch in die Mitte unseres Zimmers. Ongar, der Zahnarzt, hat ein wenig Äther und hält ein damit getränktes Tuch vor Max' Nase. Der Doktor und ich versuchen den Arm so schnell wie möglich zu säubern und zu bandagieren, da die Wirkung des Äthers nicht lange anhalten wird. Aber egal wie sehr er auch schiebt und zieht, es ist unmöglich die Knochen zusammenzusetzen, sie sind zu sehr gesplittert. Es ist ein Wunder, was der Arzt mit seiner verkrüppelten Hand zu Wege bringt. Als der Doktor einmal den Verband abnimmt, treten die Männer erschrocken zurück. Es sieht schlimmer aus, als irgendwer erwartet hat. Der Lagerführer Braun und der Vorstand kommen ebenso zu Besuch, aber gehen schnell wieder weg. Alle gehen nach einer Weile wieder, bis auf unsere Zimmergenossen. Max bleibt bei uns. Wir wollen ihn lieber selber pflegen, als ihn aufs Revier zu schicken, wo sich die Typhuspatienten immer noch erholen.

Max hat schreckliche Schmerzen und schreit die ganze Nacht. Die Küche bringt ein wenig Borschtsch, aber er kann nichts hinunterbringen. Ich kann nicht einmal den Schweiß von meinem Freund abwaschen. Er ist mit Ruß und Schmiere bedeckt und es ist ein schrecklicher Anblick. Niemand schläft, wir sind alle niedergeschlagen. Seine Schreie jagen uns Schauder den Rücken hinab. Das geht ungefähr zwei Wochen so. Niemand kommt zu Ruhe. Es ist ein Wunder, dass er noch schreien kann. Es zerreißt uns, dass wir ihm nicht helfen können. Täglich legen wir ihn auf den Tisch und wechseln den Verband. Wolf, unser Klempner, macht einen Art Trichter, der dem Arm angepasst ist, sodass Max seinen Arm aufstützen und der von Eiter durchtränkte Verband in eine Rinne abtropfen kann, die in einen Eimer an seinem Bett führt.

Der Arm stinkt mittlerweile so sehr, dass es uns würgt, wenn wir ihm helfen. Als wir letztlich den Verband abnehmen, entdecken wir kleine grünliche Maden in der Wunde. Selbst in diesem Stadium weiß der Doktor noch nicht, ob er die Erlaubnis bekommt, den Arm zu amputieren, oder ob Max mit dem Lastwagen weggeschleppt wird. Es dauert ungefähr drei Wochen, ehe der Lagerführer sich entscheidet, was mit unserem Freund geschehen soll. Währenddessen isst Max sehr wenig. Zuzusehen wie er leidet raubt auch mir den Appetit. Der Koch macht für ihn Borschtsch und Bouillon, aber die Mühe ist vergeblich. Die Läuse in diesem Lager kommen überall hin, sogar in die Wunden. Neben den gewaltigen Schmerzen, die Max hat, juckt es ihn deshalb schrecklich. Ich bin praktisch der Einzige, der übrig blieb, dem armen Mann zu helfen, die andern können den Gestank nicht mehr ertragen. Mittlerweile ist Max auf das Revier zurückgebracht worden. Es ist ruhiger in unserem Zimmer, aber ich gehe Max mehrmals die Nacht besuchen.

Endlich, in der letzten Woche des Jahres 1943, an einem Samstagnachmittag, während es eisig kalt draußen ist, gehen wir ins neue Revier, um Max' Arm zu amputieren. Dieser neue Raum wurde als zusätzliches Krankenzimmer eingerichtet, da das andere noch mit Typhuspatienten überfüllt ist. Max ist der einzige Patient. Zuerst heizen wir den Herd, bis es im Raum wie in einem Ofen ist. Während der letzten drei Wochen stahlen Aaron Logher und Jaapie Emmerick alle chirurgischen Instrumente, die in ihrer Reichweite waren und brachten sie ins Lager. Sie sind in einem Malerkommando, das im SS-Krankenhaus im Gleiwitz arbeitet. Der Arzt machte eine Liste von dem, was er brauchte und zeichnete die Dinge zum Teil auf, da beide keine Erfahrung mit chirurgischen Instrumenten haben. Jaapie Emmerick, groß, dünn und unglaublich unschuldig wirkend, stiehlt die meisten Sachen, und Aaron hilft ihm, sie vom Krankenhaus ins Lager zu bringen. Wir haben Verbandszeug, Chloroform, Salbe, Tabletten und sogar Tampons. Wir haben auch Klemmen und ein Skalpell mit einem gebrochenen Griff. Was der Arzt sonst noch braucht, wird von Wolf und Steinhardt in der Werkstatt hergestellt. Jemand bringt eine neue, unbenutzte Metallsäge. Dann wird alles stundenlang auf dem Herd ausgekocht. Viele Männer haben sich draußen versammelt, um zu beobachten und zu hören, was geschieht.

Der Arzt wird von Halbreich und Chirovsky, einem Medizinstudenten, unterstützt. Ich werde auch darum gebeten zu helfen. Max, der mittlerweile seit drei Wochen unter ständigen Schmerzen leidet, ist froh, dass etwas getan wird. Die Operation ist für drei Uhr angesetzt. Bis dahin sind die Vorbereitungen abgeschlossen. Es gibt mit kochend heißem Wasser gefüllte Schüsseln, Flaschen mit Katgut, das Skalpell mit dem gebrochenen Griff, ein Besteck von Ongars Zahnarztmessern, Klemmen, die Metallsäge usw. Wir tun alles, damit Max die Säge nicht sieht. Er ist sehr aufgeregt und spricht sehr schnell mit einer erregten Stimme, die manchmal von einem Schluchzen unterbrochen wird. Bis jetzt wurde er noch nicht betäubt. Er hat seit dem Unfall so wenig gegessen, dass wir uns fragen, ob er die Operation durchstehen wird. Der Arzt gibt sich ihm gegenüber optimistisch, aber wenn er sich wegdreht, sehen wir auch in seinem Gesicht Zweifel. Unser Vorstand hält Max die Hand, um ihn zu trösten. Auch er ist wegen der Sache ganz krank. Um viertel nach drei stürmt der Lager-führer ins Zimmer. »Was ist hier los, beeilt euch!« Wir stehen alle stramm und sogar Max kommt aus seinem Bett und salutiert. Er zittert so sehr, dass ich ihn kaum halten kann. Halbreich und ich legen ihn auf den Tisch. Während ich mit Max rede, gibt mir der Arzt ein Zeichen, Max' Nase mit Vaselin einzucremen, und Chirovsky hält einen mit Chloroform durchtränkten Baumwolllappen auf sein Gesicht. Max fängt an zu zählen, er zählt und zählt ohne einzuschlafen, es ist quälend. Endlich, bei 62, fällt er in Ohnmacht.

Ich halte die Lampe. Zuerst wird der Verband abgenommen. Halbreich reicht dem Arzt ein sauberes Stück Leinen, während ich mit meiner anderen Hand die schmutzigen Fetzen in den Abfalleimer werfe. Chirovsky ist dafür verantwortlich, dem Chirurgen die Instrumente zu reichen. Plötzlich springt Max auf, murmelt und würgt. Wir drücken ihn zurück und binden ihn am Tisch fest. Aufgeschnittene Papiertüten benützen wir als Decken und Unterlagen. Der Unterarm wird mit einem sauberen Leinen bedeckt und der Arzt kann beginnen. Er macht einen Einschnitt unter dem Ellbogen und rollt die Haut auf, während Chirovsky die Klemmen anbringt. Ich vergesse die Welt um mich herum. Es ist faszinierend. Dr. Bercowitz hat Schwierigkeiten, den Handschuh über seine verkrüppelte Hand zu ziehen – ja, wir haben sogar Handschuhe organisiert –, so nimmt er ihn ab und macht ohne Handschuh weiter. Seine Schürze ist ebenso aus Papier. Alles ist blutig. Wir müssen den ständig fließenden Schweiß aus dem Gesicht des Arztes wischen. Ongar ist für die Anästhesie zuständig und hält die Baumwolle bereit, während Chirovsky den Puls zählt. Mit der Metallsäge wird der Arm oberhalb des Ellbogens abgesägt, das Geräusch ist schrecklich. Dann wird die Haut zusammengebunden und genäht. Der Arzt taumelt zu seinem Stuhl. Mein Arm ist wie gelähmt vom langen Halten der Lampe. Ich wickle den abgeschnittenen Arm in ein Stück Packpapier und schiebe ihn ins Feuer. Das Blut wird mit ein paar Schüsseln Wasser abgewaschen und dann legen wir Max ins Bett zurück. Wir haben das Gefühl, dass die Operation nur eine halbe Stunde gedauert hat, aber es ist tatsächlich schon sieben Uhr abends.

Jaapie kommt und bringt mir ein wenig Suppe. Ich werde die Nacht über hier bleiben, lege mich jedoch auf ein Feldbett, um mich ein wenig auszuruhen. Alle Stunde kommt ein anderer Freund, um mir

Gesellschaft zu leisten. Sie helfen mir mit Max und unterhalten das Feuer im Ofen. Wir fühlen uns einander stark verbunden. Unsere holländische Gruppe ist so fest zusammengewachsen, dass wir wirkliche Kameraden geworden sind. Zumindest das hat Hitler für uns getan. Nach einer langen Nacht bekommt Max hohes Fieber. Er ist im Delirium und bleibt nicht mehr ruhig liegen. Er beschwert sich über Schmerzen in seinem Arm, dem Arm, den ich im Ofen verbrannt hatte. Um sechs Uhr morgens gehe ich zurück auf unser Zimmer. Zwei unserer Leute bleiben bei Max. Noch immer kann ich nicht schlafen. Die anderen sprechen über gestern. Unser Vorstand kommt ins Zimmer und dankt uns für das Beispiel, das wir Holländer den anderen gegeben haben. Vielleicht war dies alles nicht umsonst.

Es ist ein harter Winter. Wieder fängt ein neues Jahr an, 1944. Und wieder ist es eiskalt draußen. Glauben wir selbst noch daran, dass es unser letztes Jahr hier sein wird? Der Krieg scheint ewig zu gehen. Die Zivilarbeiter erzählen uns, dass die Deutschen eine Schlacht nach der anderen verlieren. Im Lager ist es so schlecht wie eh und je. Noch nie erhielten wir so kleine miserable Essensrationen wie jetzt. Das Ende des Krieges muss bald kommen, ansonsten wird es für uns zu spät sein. Mit jedem Tag wird es schwerer, zusätzliche Nahrung zu finden. Wir spüren längst den Schmerz in unseren leeren Mägen nicht mehr, nur die ständige Erschöpfung und Schwäche. Seit wir angekommen sind, haben wir bereits vier Transporte mit Kranken abfahren sehen. Hinzu kommen die Inspektionen im Krankenrevier, bei denen alle, die nicht mehr arbeitsfähig aussehen, nach Auschwitz geschickt werden. Jedes Mal, wenn eine neue Gruppe kräftiger Männer ankommt, wissen wir, dass es nur ein paar Monate dauern wird, ehe sie als Teil des Krankentransports wieder abfahren.

Wir haben uns daran gewöhnt, hoch oben auf der Baustelle zu arbeiten, doch werden wir in letzter Zeit immer häufiger geschlagen, nicht nur von den Wärtern, sondern auch von den Zivilarbeitern. Letztlich hatten wir Rußarbeiter ein wenig Glück. Eine wunderschöne deutsche Zivilarbeiterin, die als Sekretärin auf der Baustelle beschäftigt ist, sprach uns an und erkundigte sich, warum unsere Gesichter und Körper so schwarz seien. Wir erklärten ihr, dass es der Ruß ist, den wir höchstwahrscheinlich nie wieder von unserer Haut bekämen. Sie und ihr Chef, Dr. Prost, brachten uns seitdem richtige Seife. Diese beiden Menschen haben uns nie unfreundlich behandelt. Es hilft uns zwar viel, richtige Seife zu haben, aber wir sind so verdreckt, dass wir zunächst Schmierseife und Sägemehl benutzen, um den gröbsten Schmutz loszuwerden. Dadurch ist meine Haut so sehr gereizt, dass sie blutet und sich Hautstücke von ihr ablösen. Fräulein Marx, die Sekretärin, erinnert mich an einen einarmigen jungen deutschen Zivilarbeiter, den ich auf dem Kohlenplatz kennen lernte. Er beschimpfte uns immer, während er Steine und Kohlenstücke nach uns warf. Aber dann entdeckten wir, dass darunter auch in Papiertüten eingewickelt belegte Brote waren. Der junge Mann verschwand kurze Zeit später. Einer der Meister erzählte uns, dass er den anderen Arm an seinen Körper gebunden hatte, um nicht an die russische Front geschickt zu werden. Ich hoffe nur, dass Fräulein Marx nichts geschehen wird. Sie ist eine so gute, wunderschöne Frau.

Den Typhuspatienten geht es besser. Vielleicht werden sie eines Tages wieder fähig sein zu arbeiten. Schwaab kann noch nicht wieder aufstehen, aber auch er glaubt, es zu schaffen. Van Amerongen ist immer noch zuversichtlich wie eh und je, obwohl er unter Rheumatismus leidet und der Zustand seines Herzens immer schlechter wird. Wir massieren ihn jede Nacht, um ihm Linderung zu verschaffen. Trotz seiner ständigen Schmerzen wirkt er die ganze Zeit fröhlich. Zum Glück ist seine Arbeit als Verwalter in der Malerbaracke nicht so schwer. Sein Chef brennt aus Zucker und Rüben Schnaps und Van Amerongen, der ihm dabei hilft, bekommt dafür manchmal zusätzliches Essen. Jede Nacht spricht Van Amerongen ein selbst erdachtes Gebet. Es endet stets mit den Worten: »Oh Herr, du hast uns hierher gebracht, verlasse uns nicht, verlasse uns nicht!« Danach fügt er immer noch etwas Dummes hinzu, als wolle er verhindern, dass es zu sentimental wird. Er ist davon überzeugt, dass der Krieg in 60 Tagen vorüber sein wird. Wir zählen jeden Tag. Als am 60. Tag nichts geschieht, meint er, »Okay wir hatten kein Glück, fangen wir von neuem an zu zählen.« Diese kleinen Dinge helfen uns zu überleben.

Es passiert in der dritten Woche im Januar 1944. Während wir auf der Arbeit sind, verlässt ein weiterer Krankentransport das Lager. Schwaab und Max Hartogzoon sind unter ihnen. Es gab keine Zeit, um auf Wiedersehen zu sagen. Wir trauern um unsere Kameraden.

Hyman hat mittlerweile Arbeit als Möbeltischler gefunden. Er macht hauptsächlich Koffer für die deutschen Chefs. Er ist nicht mehr derselbe, seitdem er Typhus hatte, er verhält sich mir gegenüber seltsam.

Es geht das Gerücht um, dass das ganze Lager nach Blechhammer verlegt wird. Mehrere Männer, die von Polen Informationen erhalten, behaupten, die SS übernähme alle Arbeitslager. Dann wäre dieses Lager nicht länger Teil der Organisation Todt, sondern würde dem Lagerkomplex von Auschwitz zugeschlagen werden. Falls die SS das Lager übernimmt, werden wir wirklich wissen, was es heißt, in der Hölle zu sein.

Ein neuer Transport aus Annaberg erreicht das Lager. Aus den Geschichten der Neuankömmlinge erfahren wir, dass Rosenzweig und Hakkie Blitz immer noch dort sind und ihrem schlechten Ruf gerecht werden. Die neuen Männer sehen nicht gut aus, sie sind bleich, schwach und schlecht gekleidet.

Die SS kommt

Hinter dem Frauenlager wird ständig weiter gegraben. Der Elektriker in unserem Lager muss einen Zaun errichten, der unter Spannung gesetzt werden kann. Es sieht mehr und mehr wie ein Gefängnis aus. Auch um unser Lager errichten sie einen elektrischen Zaun mit Wachtürmen. Wir fragen uns, ob es bei uns ebenso wie in Auschwitz und Mauthausen werden wird. All diese Lager mit ihren beängstigenden Namen sind mit elektrischen Zäunen umgeben. Warum tun sie es hier? Seit langer Zeit gab es keinen Fluchtversuch mehr. Ist es hier nicht schon schlimm genug, mit den Läusen und Wanzen, der Typhusepidemie, dem Fehlen fast jeglicher Medizin, den Diebstählen, ist es nicht schlimm genug, eingesperrt und gezwungen zu sein, mit weniger als dem Nötigsten an Essen zu leben? Nachts im Bett kommen diese Gedanken, dann reden wir über unsere Zweifel und Ängste.

Am darauf folgenden Sonntag erhalten wir 800 Gramm mehr Brot als sonst. An diesem Tag ist die Suppe auch dicker und wir bekommen eine zusätzliche Portion Margarine. Zum ersten Mal überhaupt, seitdem wir hier angekommen sind, ist die Suppe eine vollwertige Mahlzeit. Nun sind wir sicher, dass etwas in der Luft liegt. Niemand ist zu uns Juden grundlos gut. Am nächsten Sonntag geben sie uns zwei

Laib Brot – 1600 Gramm! Das Boot muss sinken. Jeder hat auf einmal genug zu essen. Die Suppe enthält, anstatt Wasser mit einer unbestimmbaren Einlage, Nudeln, Haferflocken, Gerste und Kartoffeln. Ab und zu ist auch ein Stück Fleisch darunter. Nach ein paar Tagen berichtet uns Katz, dass soeben hohe SS-Männer das Lager inspiziert hätten. Als wir am nächsten Tag ins Lager marschieren, ist es ungewöhnlich sauber und ordentlich. Die Barackenwände sind geschrubbt, die Fenster geputzt und die Böden gefegt. Es wirkt auf uns wie ein vollkommen anderer Ort.

Als wir am Abend zum Appell antreten, stehen uns zwei SS-Offiziere gegenüber. Wir können an ihren Uniformen nicht erkennen, welchen Rang sie haben, aber ihr Verhalten und ihr entschlossener Blick wirkt, als würden sie jeden Morgen persönlich mit Hitler frühstücken. Sie behandeln uns wie kranke und schmutzige Tiere. Als das ganze Lager versammelt ist, werden wir nach den Firmen gruppiert, bei denen wir beschäftigt sind. Die Anspannung beim Appell steigt. Die Arme fest an unsere Seite gepresst, den Kopf gerade nach vorne gerichtet, stehen wir da wie Roboter. Vor uns die SS! Zwei Buchstaben, die für Terror stehen. Bald werden wir am eigenen Leib zu spüren bekommen, was es bedeutet, in einem SS-Lager zu sein. Das Ende des Krieges scheint nicht nahe zu sein, werden wir es erleben? Ich will mit aller Kraft versuchen, nach Hause zu kommen. Ich will einer von denen sein, die es schaffen, ich will!

Die altbekannte Routine des Zählens beginnt. Niemand bewegt sich. Der Vorstand erstattet die Meldung an Braun den Wachhabenden: »Belegung vollständig anwesend.« Dann meldet er die Anwesenheit der Wärter, des Lagerführers und seiner selbst. Das ist Teil des Protokolls. Auf Befehl der beiden SS-Männer müssen wir uns in Fünferreihen aufstellen. Die Schieber, die vor Anspannung und Angst zittern, stoßen und schubsen uns umher, bis wir so ordentlich wie möglich in Reih und Glied dastehen. Der Scharführer, mittlerweile kennen wir seinen Rang, zeigt uns, wie es in Zukunft zu gehen hat. Blitzschnell läuft er die Reihen entlang. Die, die nicht ordentlich dastehen, bekommen den Schlagstock zu spüren. Ehe wir uns versehen, sind alle Reihen gerade, jeder steht genau an seinem Platz. Als der Scharführer am Vorstand vorbeikommt, schlägt er ihn ebenso und befördert ihn mit einem Fußtritt in unsere Reihen. Erneut wird gezählt, während wir in Habachtstellung ausharren. Danach erstattet der

Scharführer dem Oberscharführer mit einem »Heil Hitler« Meldung. Nachdem dies erledigt ist, gehen sie ins Frauenlager. Niemand von uns bewegt sich. Die Wärter starren uns an. Dann kommt der Befehl »Zu den Baracken«. Wir marschieren los, werden aber zurückgerufen, da wir nicht militärisch genug waren. Das wiederholt sich solange, bis es ihnen schließlich passt. Erst dann werden wir entlassen.

Wir sitzen in unserem Zimmer und schauen uns an. Das war unsere erste Begegnung mit der gefürchteten SS. Bisher war es nicht so schlimm. Aber wir haben erst zwei Stunden mit ihnen verbracht und wir fürchten, dass sie noch für eine lange Zeit unsere Gastgeber sein werden. Werden sie uns leben lassen?

Am nächsten Morgen erscheinen wir umgehend zum Appell. Die Anspannung auf der Baustelle ist an diesem Tag sehr hoch. Jeder ist aufgeregt. Wir Häftlinge sind daran gewöhnt, aber auch die deutschen Zivilarbeiter sind über die Nähe der SS beängstigt. Die nicht-deutschen Zivilarbeiter sind ebenso beunruhigt. Auf dem Dach der Filterstation haben wir einen guten Blick auf das Lager.

Am Nachmittag springt eine Frau aus dem Fenster im 4. Stock der Packstation. Sie fällt auf die Eisenbahnschienen, die am Gebäude entlanglaufen. Wir haben sie gut gekannt. Einmal hatte sie erzählt, wie ihr Mann und ihre beiden Kinder vor ihren Augen von der SS ermordet worden sind. Nach dem ersten Schock über den Selbstmord versuchen wir uns zu besinnen. Gestern kam die SS in unser Lager, bis jetzt ist nichts geschehen, was unser Leben zusätzlich bedroht. Wir müssen vernünftig bleiben. Wenn wir uns selbst töten, tun wir Hitler nur einen Gefallen.

Innerlich zittert jeder, wir sind keine Helden, aber wir werden nicht aufgeben. Wie kann einer ein Held sein, wenn er gezwungen wird, so zu leben wie wir?

Beim Appell nach der Arbeit sind unsere Reihen gerade. Der Scharführer hält eine Rede. Er tut so, als sei er entsetzt, dass sich die Frau umgebracht hat. »Warum? Ihr werdet sehen, alles wird besser, jetzt, wo wir hier sind. Was für ein Essen habt ihr bekommen? Scheiße mit Ratten und Läusen. Ab sofort wird es besser. Alles wird besser, ihr werdet sehen. Ihr werdet gute Kleider bekommen. Warum? Weil die SS Menschen aus euch machen wird. Ja. Der Gestank und die Faulheit haben ein Ende! Es wird von nun an Sport und Sauberkeit geben.

Außerdem wird sich niemand mehr umbringen! Falls dies nochmals geschieht, sende ich ein paar hinterher. Habt ihr verstanden!«

Jetzt haben wir etwas zu bereden. Falls dieser Schweinehund die Wahrheit sagt und sie tun, was sie versprechen, dann können wir es schaffen. Die Polen sind nicht so zuversichtlich. Sie haben ihre Erfahrung mit der SS gemacht. Am nächsten Tag soll das Lager durchsucht werden. Meine ganzen Wertgegenstände sind in der Matratze versteckt: Meine Brieftasche mit den Fotos meiner Familie. Ich stecke sie ein und werde morgen auf der Baustelle einen Platz für sie finden. Die Bilder bedeuten mir viel.

Am nächsten Tag sehen wir von unserem Platz auf dem Dach der Filterstation, wie ein großer Lkw in das Lager fährt. Sie entladen viele Pakete. Innerhalb einer Stunde sind alle Lagerangestellten in Zebraanzüge gekleidet, ebenso die Frauen, die erst Abendschicht haben. Wir sind sprachlos. Die Spanier betrachten mit uns das Schauspiel. Mario flucht: »Sacramento, sacramento!« Wenn er das sagt, bedeutet es, dass er sehr, sehr böse ist.

Der Appell nach der Arbeit dauert nicht lange. Aber als wir in unseren Zimmern sind, bekommen wir den Befehl, wieder herauszutreten. Wir müssen alle in das Badehaus gehen und uns dort nackt ausziehen. Nur unsere Schuhe und Gürtel dürfen wir behalten. Wir bekommen Unterwäsche, Oberbekleidung und ein paar Socken. Die Socken sind aus dickem Material. Sie haben oben eine Schleife und sehen wie Schuhe aus. Die blau-weiß gestreifte Oberbekleidung ist aus einem sehr steifen Material. Die Unterwäsche besteht aus einem flanellähnlichen, dünn und schlecht gewebten Stoff. Aber alles ist neu, sauber und viel besser als das, was wir bis jetzt auf dem Leib trugen. Das Ganze wird durch eine Art Seemannskappe vervollständigt. Nachdem wir uns angezogen haben, mustern wir uns. Es fällt schwer, sich an den Anblick zu gewöhnen. Fast kommt es uns komisch vor, als wir zusammen zum Essen gehen, überall Schlafanzüge. Ehe wir zu Bett gehen, legen wir unsere Kleider ordentlich zusammen. Am nächsten Tag dürfen nur die Mechaniker ihre Arbeitskleider über den Schlafanzügen tragen, aber der gestreifte Kragen muss herausschauen. Bald nennen wir uns selbst »Zebras«.

An diesem Tag geschieht auf der Arbeit nicht viel. Oskar und die Spanier hören nicht auf, Nico und mich anzustarren. Sie wollen wissen, was im Lager mit der SS vor sich geht. Nico fängt an, Dinge zu erfinden. Er erzählt solch schreckliche Geschichten, dass Oskar uns sogar ein Stück Brot schenkt.

Die Überraschungen sind noch nicht vorbei. Am gleichen Nachmittag fährt ein Gefängniswagen in das Lager. Er ist hellgrau und hat ein vergittertes Fenster an der Hintertür. Was wird heute Nacht geschehen? Als wir am Abend zurückkehren, sehen wir die Männer, die aus Auschwitz kommen. Sie sind gut ernährt und gut angezogen. Auch sie tragen gestreifte Gefängniskleidung, aber aus synthetischer Wolle mit schönen Pullovern und sie sind sauber rasiert. Sie haben sogar gestreifte Mäntel. Auf Brusthöhe ist ein weißer Streifen genäht, auf dem sich ein grünes Dreieck mit Nummern befindet. Sie behandeln uns, als wären wir Dreck. Wir erfahren, dass das grüne Dreieck bedeutet, dass sie als »Kriminelle« interniert sind. Diese Männer sind gekommen, um uns heute Nacht offiziell zu registrieren. Es wird in alphabetischer Reihenfolge vor sich gehen. Sie bauen ihr Büro gegenüber unserer Baracke in der Nähe des Reviers auf. Obwohl sie schnell arbeiten, wird es lange dauern, ehe ich an die Reihe komme. Jaapie Emmerick und Dave Vas Dias sind schon durch. Bei ihrer Rückkehr zeigen sie uns ihren linken Arm. Eine Nummer wurde darauf tätowiert. Es ist also wahr, die Sklaven von Auschwitz bekommen ein Brandmal wie Vieh. Sie haben große Ziffern auf ihrem Arm.

Es scheint ewig zu dauern. Immer wieder sehen wir nach, wie weit die Reihe schon ist, doch es sind so viele Menschen hier. Um halb ein Uhr morgens gehen wir schlafen. Falls sie etwas von uns wollen, dann sollen sie uns rufen. Zwei Stunden später holen sie Nico Rijksman, Coen Rood, Louis Root, Sally Root, alle Namen mit R. Nun geht es schnell voran. Von Siwan, unserem Vorstand, erhalte ich einen Zettel mit einer Nummer. Meine Nummer ist 187348. Danach notieren sie unseren Namen, letzte Adresse, Geburtsdatum usw. in ein dickes Buch. Später finden wir heraus, dass es das Stammbuch von Auschwitz ist. Im Anschluss daran wird uns unsere Nummer auf den linken Arm tätowiert. Es dauert keine Minute. Zum Schluss werden wir nach Nummern in ein Registersystem eingetragen.

Mit unseren neuen Nummern gehen wir schlafen. Am nächsten Morgen können wir sie nicht abwaschen. Immer und immer wieder schauen wir sie an. Das erste, was wir auf der Arbeit tun, ist, unsere Arme den Spaniern zu zeigen. Mario weiß sofort ein Mittel, wie man die Tätowierung wieder loswird. Alles was man tun muss, ist den Arm in der Sonne unter ein Vergrößerungsglas zu halten. Und es wird wegbrennen. Das klingt nicht sehr gut. Er behauptet, das selbst mit einer Tätowierung gemacht zu haben, die er in einem spanischen Gefängnis bekommen hatte. Er zeigt uns eine verbrannte Narbe auf seinem Handgelenk. Gut, wir glauben ihm, er ist freundlich, aber ich denke, ich werde es nicht versuchen. Als wir am Abend ins Lager kommen, müssen wir uns im Büro melden. Dort erhält jeder von Siwan zwei Streifen Stoff mit dem Davidstern und unserer Nummer. Der eine Streifen muss auf die linke Seite unserer Brust angenäht werden, der zweite auf Kniehöhe. Der Scharführer persönlich wird am Morgen die Prüfung vornehmen. Ich nähe bis tief in die Nacht, um sicher zu sein, dass jeder in unserem Zimmer die Streifen am richtigen Ort hat.

Diese Woche trifft uns noch ein anderes Unglück. Halbreich bringt eine neue Häftlingsuniform zu mir und ich soll Amerongens Nummer annähen. Nachdem Amerongen für mehrere Wochen im Krankenrevier lag, wird er nun auf »Erholung« geschickt. Amerongen weiß, was auf ihn zukommen wird, aber tut so, als hätte er keine Idee, dass er an den gleichen Platz geschickt wird wie Schwaab und Hartogzoon. Wer nicht länger arbeiten kann, wird mit dem Krankentransport weggebracht. Es gibt keine Hoffnung für diese Leute und sie wissen es auch. Das passiert alle drei bis vier Monate. In dieser Zeit haben sich genügend Kranke angesammelt, um einen Transport zusammenzustellen. SS-Ärzte bestimmen immer, wer diese Reise antreten muss. Zwischen den Transporten kommt regelmäßig ein Auto aus Auschwitz und nimmt Einzelne mit. Auf diese Weise erneuert sich die Lagerbevölkerung alle paar Monate fast vollständig. Die SS schickt sie zur »Erholung« durch Ermordung in ein anderes Lager. Wir haben alle genug gehört, um zu wissen, dass das eine Tatsache ist, aber ein paar von uns weigern sich, es zu glauben. Wir sind traurig und haben Mitleid mit denen, die gehen müssen, und wenn ein Holländer darunter ist, kommt es uns immer vor, als ein würde ein Teil von uns mit ihm gehen. Es ist, als würde unser Bruder oder unser Vater uns verlassen, und uns bleibt nichts, als zu trauern. Uns zuliebe tut Amerongen so, als würde er in ein Krankenhaus verlegt werden. Wir spielen sein Spiel mit und einer nach dem anderen verabschiedet sich von ihm, wünscht ihm alles Gute, bis wir uns in Holland wieder sehen werden. Alle finden etwas Geld, das wir ihm mitgeben. Dreißig

Mark kommen zusammen, die ich ihm in seine Kleider einnähe. Es hilft ihm vielleicht, wohin er auch geht.

Luis Amerongen ist einer der besten Menschen, die ich je in meinem Leben getroffen habe. Er gab uns Kraft. Gekrümmt ging er jeden Morgen zur Arbeit, hatte stets Probleme mit seinem Herzen. Er weigerte sich aufzugeben. Jetzt, wo er nicht mehr fähig ist, sich zu bewegen und an das Krankenrevier gefesselt ist, gibt er uns immer noch Kraft. Und in zwei Tagen wird nur Asche von ihm übrig sein. Wir können nichts anderes tun als weinen.

Wir bekommen einen neuen Lagerältesten. Unser Siwan entsprach nicht dem Bild der SS von einem Lagerältesten. Der Titel Vorstand ist ebenso verschwunden. Nachdem Siwan seinen Posten verlor, müssen wir seinen Nachfolger Lagerältesten nennen. Mit dem neuen Lagerältesten trifft Peter ein, der zum Kammerkapo ernannt wird. Kapo ist von nun an der neue Name für Schieber. Peter wird verantwortlich für die Kleiderkammer sein.

Zum ersten Mal, seitdem wir in ein Konzentrationslager umgewandelt wurden, kommt eine neue Gruppe von Häftlingen an. Nitchella und Lipschitz, zwei polnische Juden in unserem Zimmer, erzählen mir, dass sich darunter ein Holländer befindet. Ein Holländer! Werden wir nach mehr als eineinhalb Jahren einen anderen Holländer sehen? Wir laufen zum Baderaum, um ihn zu finden. Der Holländer ist in Wirklichkeit ein Belgier und heißt Charles. Er erzählt uns, dass in seinem letzten Lager Monowitz sich viele Holländer befanden, er aber keinen persönlich kannte. Ich lade Charles ein, in unser Zimmer zu kommen. Jeder schneidet eine dünne Scheibe von seinem Brot für ihn ab. Mit dreißig kleinen Scheiben Brot vor ihm, erzählt er uns, dass er aus Antwerpen kommt. Die Deutschen hatten ihn zunächst in ein Arbeitslager im Norden Frankreichs geschickt. Hymans Bruder, Luis van Thyn, war in dem gleichen Lager. Wie wir von Charles erfahren, lernten sich die beiden dort kennen und wurden gemeinsam nach Deutschland deportiert. Aber irgendwo auf dem Weg hat er die Spur von Luis verloren. Charles erzählt, wie schlecht er es hatte, und hofft dabei, dass wir ihm morgen mehr Brot geben werden. Aber niemand verspricht ihm etwas, denn wir selbst wissen nicht, was am nächsten Tag sein wird.

Am späten Nachmittag des gleichen Tages gibt es noch Arbeit für uns. Wir müssen einen großen Teil des Zauns zwischen dem Männer- und dem Frauenlager verschieben. Ein paar ihrer Baracken werden dem Männerlager zugeschlagen und der Zaun muss daher umgesetzt werden.

Zwei Tage später, als wir zum Essen ins Lager kommen, erfahren wir, dass gerade 80 Ungarn aus Auschwitz angekommen sind. In Auschwitz wurden sie in alphabetische Ordnung eingeteilt und die Namen der Neuankömmlinge fangen alle mit A oder B an. Ungefähr 70 Prozent von ihnen heißen Bercowitz oder Aisikowitz. Fast alle werden bei Erdarbeiten beschäftigt und nicht bei Gasruß wie wir. Die Küche hat vor morgen Nacht keine Suppe für sie. Wir geben ihnen unsere Suppe. Man sieht an der Art, wie sie die Suppe hinunterschlingen, dass sie kurz vor dem Verhungern sind. Unser Lagerführer befiehlt ihnen, gleich zu arbeiten. Dass sie erst morgen zu essen bekommen, heißt nicht, dass sie nicht schon heute arbeiten können. Von unserem Dach der Filterstation sehen wir, wie sie einen mit Schlacke und Asche beladenen Karren ziehen und schieben. Sie holen sie aus dem Kesselhaus und bringen sie ins Lager, um die Wege damit neu zu belegen. Aus Erfahrung wissen wir, wie schwer die Arbeit ist. Sie schuften wie Maultiere, nachdem man ihnen Brot versprochen hatte. In dieser Nacht erhalten sie 200 Gramm Brot, das ihnen aber von der morgigen Ration abgezogen wird. Sie sind trotzdem glücklich, und erklären uns am Abend, dass der morgige Tag auch die Gaskammer bringen könnte und sie lieber heute zu essen hätten. Wir verstehen sie und versuchen ihnen zu erklären, dass in diesem Lager niemand vergast oder verbrannt wird. Sie zeigen auf den hohen Schornstein der Filterstation und glauben unseren Erklärungen nicht. Diese armen Menschen müssen sehr viel gesehen haben.

Die Polen verachten die Ungarn sehr. Wir hingegen finden sie gutmütig und ehrlich. Ihre offene und freundliche Art gefällt uns, aber sie werden nicht lange hier sein, das wissen wir. Die Polen nennen die Ungarn »Madjari« für Magyaren; dies ist die schlimmste Beschimpfung, die sie kennen. Sie meinen, die Neuen kämen aus den Karpaten, einer Gegend, wo die Menschen keine Erziehung und keine Kultur besäßen. Für sie haben die Ungarn keine Vorstellung, wie sich Menschen zu benehmen haben. Lustig ist, dass wir genauso über die Polen denken. Man muss nur an die Wanzen in ihren Betten denken. Die Polen behaupten auch, dass die Ungarn immer noch traditionelle Kaftans und Bärte tragen. Das sind die gleichen Geschichten, die die

Deutschen in Holland über die Juden in Polen erzählen. Vielleicht sagen die Belgier, Franzosen und Deutschen das Gleiche über die Juden in Holland. Wie beschämend, dass Juden die Nazipropaganda glauben.

Die Hierarchie in unserem Lager sieht folgendermaßen aus: Die Holländer verachten die Deutschen. Die Deutschen verachten die Holländer, die Polen und alle anderen Nicht-Deutschen. Die Polen verachten die Ungarn und die Ungarn mögen die Griechen nicht. Bis jetzt haben wir noch keine Griechen getroffen. Jeder denkt, dass seine Nation besser als die andere ist. Alle Osteuropäer mögen die Franzosen, Belgier und Holländer nicht. Sie misstrauen allen, die aus dem Westen Europas kommen. Aber bis auf ein paar Ausnahmen unter den Lagerprominenten sind wir alle Juden. Mein Gott, sollten wir es nicht besser wissen?

Die Polen sind der Meinung, dass sich die ungarische Sprache wie Geplapper anhört und dass selbst ihr Jiddisch fremd klingt. Gut, dasselbe denken wir über ihr Polnisch und ihre jiddische Aussprache. Es gibt keine Gemeinsamkeit zwischen den polnischen und ungarischen Häftlingen, wie sie in Ansätzen zwischen den deutschen und holländischen besteht. Unser Professor Simon Steinhardt erklärt uns das alles. Egal, diese Ungarn sind eben von uns sehr verschieden und verhalten sich ganz anders, als wir es gewöhnt sind.

In dieser Zeit bekommen wir erneut einen anderen Lagerältesten. Als wir zum Appell antreten, sehen wir ihn. Er wirkt wie ein »Übermensch«. Er ist groß, blond und hat ein freundliches Lächeln, solange man nicht seine Augen gesehen hat. Er fängt sofort an: »Mützen ab, Augen rechts, Augen gerade aus.« Immer und immer wieder lässt er es wiederholen. Wir haben genügend Übung und es klingt hart und präzise, wenn wir unsere Mützen an die Hüften schlagen, wie uns befohlen wird. Aber der »Übermensch« ist nicht zufrieden. Er läuft wie die SS-Männer die erste Reihe entlang und mehrere Nasen und Wangen geben Zeugnis von seiner Lehrmethode. Er schlägt schnell und genau zu.

Sein Zebrakostüm, genauso gestreift wie das unsere, ist mit viel Geschmack zusammengestellt. Er trägt Hosen im Stil eines Chauffeurs. Seine Stiefel sind schön und ohne einen Fleck. Seine Stimme ist arrogant wie seine ganze Erscheinung. Seine Augen passen nicht zu seinem Lächeln. Julek, so sein Name, kommt aus dem Buna-Werk in

Monowitz. Dort war er Lagerältester und »brachte einer Menge Menschen Disziplin bei, ehe sie starben«, wie er sagt. Stolz erzählt er uns, dass er schon sieben Jahre hinter Gittern ist. Er ist auch stolz darauf, ein Künstler zu sein, aber was für ein Künstler er ist, sagt er uns nicht. Er will, dass auch wir stolz sind. Wir sollen stolz darauf sein, in einem Konzentrationslager zu sein. Denn es bedeutet, dass wir anders als die Menschen draußen sind. Wir sollen stolz darauf sein, von den anderen getrennt zu sein. Stolz, stolz, stolz, uns ist zum Kotzen zumute. »Außerdem«, fährt er fort, »sieht dieses Lager wie ein Schweinestall aus, voller Läuse und Wanzen, schmutzig und stinkend. Wir sind stolz darauf, all dies zu ändern. Jeder beteiligt sich beim Putzen. Die nicht mitmachen, bekommen es mit mir zu tun. Und ich werde gewinnen, egal was geschieht. Das Wort ist Disziplin. Zuerst kommt Sauberkeit und Disziplin.« Damit endet seine Rede. Außer stolz zu sein, muss er hoffnungslos verrückt sein.

Die Arbeit auf dem Dach der Fabrikhalle ist beendet und nun sind wir wieder drinnen beschäftigt, hoch oben unter der Decke der Filterstation. Viel zu tun haben wir nicht, da nur wenige unserer Vorgesetzten den Mut haben, die wackelige Leiter hochzuklettern, um uns zu überprüfen. Ich zweifle, ob Menschen aus dem Zirkus ihr Leben riskieren würden, um hier zu arbeiten. Aber wir müssen. Die großen Gebläse sollen mit dem offenen Schornstein unterm Dach verbunden werden. Sie sind so schwer, dass sich die Balken unter ihrem Gewicht durchbiegen. Das Gerüst ist sehr wackelig. Wir stehen auf dünnen Holzbrettern. Die schlechten Schuhe, die wir tragen, machen alles noch schlimmer. Wir lernen uns langsam und vorsichtig zu bewegen. Von unten hören wir die Flüche der Vorarbeiter, aber wir sind hier oben außerhalb ihrer Reichweite.

Unser Freund aus dem Norden von Holland, Rudi Simons, arbeitet in einem Flügel der großen Halle. Hoch oben sitzt er auf den wackeligen Brettern und streicht. Wenn er die Leiter hinter sich hochzieht, kann man ihn von unten nicht mehr sehen. Er schläft viel, was ihm höchstwahrscheinlich das Leben rettet. Rudi ist so kräftig, dass er wie ein Pferd essen müsste, wenn er wirklich arbeiten würde. Seine Füße sind so groß, dass es im Lager keine passenden Holzschuhe für ihn gab. Der Schuster Aaron Katz machte ihm welche aus Segeltuch und Leder, das ich als ein Stück meines Rucksacks wiedererkannte, der mir bei der Ankunft im Lager gestohlen worden war. Die Sohlen sind wie die unseren aus festem Holz. Das bedeutet, dass wir unsere Füße beim Gehen nicht abrollen können. Daher haben wir beständige Schmerzen, die auch nicht nachlassen, wenn wir die Schuhe ausziehen. Wir besuchen Rudi, sooft wir können, auf seinem Arbeitsplatz, um etwas Ruhe zu finden. Manchmal versuchen wir dort auch zu schlafen, aber wir sind zu unruhig, da wir Angst haben, erwischt zu werden.

Seitdem Hyman Typhus hatte, wird es immer schwieriger mit ihm. Die Krankheit muss ihn wirklich schwer geschädigt haben. Regelmäßig habe ich mit ihm unnötige Probleme. Im Gegensatz zu uns, die wir hungern, scheint Hyman, seitdem er wieder arbeitet, immer kräftiger zu werden. Häufig behandelt er mich, als wären wir Fremde. Es ist nicht mehr so wie früher, als wir uns brüderlich umeinander kümmerten. Er stellt weiter Koffer und andere Kleinigkeiten für seine Vorgesetzten her, wofür er zusätzliches Essen bekommt. Zusammen mit dem Wenigen, das ich mit Nähen und dem Verkauf von Tabak und ein paar Werkzeugen, die ich auf der Baustelle mitnehme, verdiene, haben wir fast jede Woche zusätzliches Brot. Aber es reicht nicht, um unseren Hunger zu stillen. Hymans Schuppen scheint der sicherste Ort zu sein, um die organisierten Sachen zu verstecken. Des Öfteren behauptet Hyman, dass die Vorräte aufgebraucht seien, obwohl ich es besser weiß. Ich habe ihn sogar dabei ertappt, wie er aß, als ich unerwartet in seinen Schuppen kam. Er redete sich damit heraus, dass dies die Lagerration sei, doch weiß ich, dass er sein Brot immer sofort nach dem Erhalt verzehrt. Ich sage nichts dazu. Was würde es denn bringen? Es ist nicht seine Schuld. Unser Arzt erklärt uns, dass solch ein schwerer Fall von Typhus das Gehirn in Mitleidenschaft ziehen kann. Ich spüre deutlich, dass der Tag kommen wird, an dem unsere Freundschaft zerbricht.

An dem ersten Sonntag nach Juleks Ankunft müssen wir alle arbeiten. In seinen Augen gehört alles repariert, renoviert oder geputzt. Er lässt nichts aus. Von früh morgens an schuften wir wie die Maultiere. Julek überwacht alles. Beim Appell lehrt er uns erneut, was es heißt, Befehle zu befolgen. Stundenlang hören wir: »Achtung, Mützen ab, Mützen auf, Augen gerade, Augen links, Augen rechts.« So geht es den ganzen Nachmittag. Falls jemand die Befehle nicht so ausführt, wie er es will, schlägt er zu. Seine kräftigen Schläge zielen auf eine Stelle unterhalb des Ohres. Keiner bleibt danach stehen, und einmal am Boden, tritt er einen mit seinen Schuhen in die Seite oder in den Rücken.

In dieser Nacht steht Julek vor seiner Baracke mit einem Kessel voller Suppe, von Menschen umringt. Er verkündet, dass er die Suppe in der Küche organisiert hat. Die Köche haben Angst vor ihm. Wirkliches Organisieren ist viel schwieriger. Den Koch davon zu überzeugen, dir eine Extraportion zu geben, wenn du ein Niemand bist, das ist Organisieren. Julek hat auch Brot. Er bricht ein paar Stücke ab, wirft sie in die Luft und lacht, als sich die Menge am Boden darum rauft. Was ist nur geschehen, dass er solch ein Sadist geworden ist? Julek lässt die vortreten, die sich seines Erachtens Suppe verdient haben. Seine Auswahl bleibt uns unverständlich.

Diese elenden Menschen haben für den Rest ihres Lebens Gutes verdient, dafür, dass sie gezwungen sind, unter diesen entwürdigenden Umständen zu leben, angewiesen wie Tiere im Käfig auf die Gnade anderer, um Essen zu bekommen. Gezwungen wie Maultiere zu arbeiten, versuchen sie verzweifelt, nicht wahnsinnig zu werden. All das, während sie wissen, was ihren Familien, Kindern und Geliebten geschah. Jederzeit, an jedem Tag, kann das Leben auch für sie vorüber sein. Deshalb haben sie für immer Gutes verdient. Julek ist schon so lange hinter Gittern, dass er keine Angst mehr vor den Gaskammern haben muss. Er kann sich seinen Spaß mit den Juden machen. Sie sind sein Eigentum, sein Spielzeug. Jeder, der Suppe bekommt, muss sich in einer Reihe vor ihm aufstellen, erst erhält er ein paar Ohrfeigen, dann ein paar Beleidigungen und zum Schluss die Belohnung dafür. Und sie lassen es mit sich machen. Ich würde lieber sterben, als mich so erniedrigen zu lassen. In Staphorst-Rouveen in Holland hatte ich mir geschworen, mich niemals vor einem Deutschen lächerlich zu machen.

Aaron Logher, der wirklich ein Künstler ist, hat bereits Brot und Suppe bekommen. Julek betrachtet ihn als Kollegen. Aaron hatte es in der letzten Zeit sehr gut, da er gegen Bezahlung Porträts von den Lagerprominenten anfertigt. Jaapie Emmerick, sein bester Freund, organisiert die Farbe dafür. Auch auf der Baustelle malt Aaron Bilder für die Meister.

Im Laufe der nächsten Woche verändert sich das Aussehen des Lagers. Bald wird uns klar, was für ein Künstler unser Lagerältester in Wirklichkeit ist. Er macht Statuen von Rehen und Zwergen, die alle schön, aber sehr kindlich wirken. Das Material dafür lässt er auf der Baustelle stehlen. Ihm fällt es leicht, uns zu befehlen zu klauen, denn wenn wir erwischt werden, kann er immer abstreiten, etwas damit zu tun zu haben.

Als nächstes kündigt Julek an, dass der Zustand unserer Zimmer verbessert werden muss. Er schlägt vor, dass wir die Wände streichen und die Zimmer schöner gestalten sollen. Selbst einen Schuhrost sollen wir bauen, damit wir nicht länger den Dreck nach drinnen tragen. Aaron streicht unser Zimmer in einem warmen leuchtenden Gelb. Die Bretter im oberen Viertel der Wand sind alle in einer anderen Farbe gestrichen und es sieht aus wie ein Regenbogen. Jaapie Emmerick organisiert eine Rolle weißes Packpapier. Aaron zeichnet Bilder darauf und hängt sie überall im Zimmer auf. Sein beeindruckendstes Bild ist ein Stillleben von unserer Brotration.

David Wolf bastelt Metallrahmen für unsere Lampen. Rudi vollendet sie mit handgeschnittenem Glas. Unsere Lampen sehen wie Kunstwerke aus.

Am nächsten Tag kommt Julek in unser Zimmer, schaut sich um und geht ohne ein Wort zu sagen. Das ist das größte Kompliment, das er uns machen kann: Er ist eifersüchtig. Kurze Zeit danach wird Aaron zum Lagerarchitekten ernannt. Julek will, dass er eine drei Meter große Statue errichtet. Sie soll vor dem Badehaus stehen. Aaron arbeitet wie besessen an der Statue, die aus einem Stahlgerüst gemacht ist und mit einem Zement-Gips-Gemisch bedeckt wird. Die Statue ist nach dem Motiv einer Zeichnung von ihm, die einen Gefangenen zeigt, der an seiner Schaufel lehnt.

Der Lagerführer Backer mag das Werk, er mag auch unser Zimmer, das er mehrmals besucht. Seine Aufmerksamkeit gilt vor allem den kleinen hängenden Vasen, die mit Wildblumen gefüllt sind. Er möchte diese auch für sein Zimmer. Pachter hatte sie aus durchgebrannten Glühbirnen hergestellt. Backer ist von unserem Zimmer so beeindruckt, dass er es Schwartz, dem Lagerinspektor, bei seinem nächsten Besuch zeigt. Schwartz, ein hoher SS-Offizier, hat unser Lager schon früher besichtigt. Er sieht mit Glotzaugen in seinem dicken Gesicht und den Kinnbacken, die über seinen Kragen hängen, wie ein großer aufgeblasener Frosch aus. Trotz seiner kunstvollen Kleidung und den Ringen, die fast all seine Finger zieren, denken wir, dass Froschblut in seinen Adern fließen muss. Backer kann kaum darauf warten, ihn zu uns zu bringen. Wir hatten Anweisung erhalten, wie wir uns zu verhalten haben. Jeder steht vor seinem Bett, als er über die Schwelle tritt. Ich schreie, so laut ich kann (umso lauter, umso besser, was sie betrifft): »Achtung! Zimmer zwölf, Block vier, 32 Gefangene, 28 anwesend, vier abwesend zur Arbeit auf der Baustelle.« Es läuft mir schaurig den Rücken runter, als er mich ansieht. Dann tritt er herein und blickt umher. Ihm entgeht nichts. Die Wände, die Zeichnungen, der sauber geputzte Tisch, der dunkelrot gestrichene Fußboden und die perfekt gebauten Betten. Er befiehlt mir, die Schränke aufzumachen, alles sieht wunderbar aus. Auf dem Weg nach draußen sieht er mich nochmals an. Ich rufe erneut »Achtung«, und der König verschwindet. Nochmals schlagen wir unsere Fersen zusammen. Backer winkt mir mit einem kleinen Lächeln zu. Dann sind sie weg, begleitet von unseren schlimmsten Wünschen.

Juleks letzter Einfall besteht darin, dass wir unsere Suppe am Mittag auf die Baustelle gebracht bekommen. Sie wird in großen Thermoskannen transportiert, die jeweils 50 Liter fassen. Für eine Zeit lang ist diese Suppe auch dicker als die, die wir im Lager zu Mittag hatten. Wir bekommen auch die Suppe am Abend auf die Baustelle geliefert. Das Brot ist in letzter Zeit auch besser geworden. Es wird in Auschwitz gebacken und wir erhalten mehr denn je – 500 Gramm pro Ration. Wir bekommen sogar Salami. Sie enthält zwar kein Fleisch, aber sie schmeckt ein wenig wie Salami. Die Ration an Margarine bleibt die gleiche, aber Marmelade wird nun öfters ausgeteilt, jedoch sehen wir eine Zeit lang keinen Zucker.

An dem Sonntag nach dem Besuch des Frosches wird Vassie beauftragt, einen Frisörstuhl zu bauen. Vassie ist der Spitzname von Dave Vas Dias, einem jungen Mitgefangenen, den wir alle sehr mögen. Es gelingt ihm, ein wunderschönes Möbelstück herzustellen. Vassie und Louis Root machen die Schweißarbeit, Hyman die Arbeiten mit dem Holz. Ongar, der Zahnarzt, will daraufhin auch solch einen Stuhl. Der Stuhl ist so gebaut, dass die Rückenlehne verstellt werden kann. Ein kleines Wunder, wenn man bedenkt, was diese Männer zur Verfügung haben. Jacob Meier konstruiert eine schöne Operationslampe, um den Stuhl zu vervollständigen. Jetzt kann Ongar in einer professionell aussehenden Praxis alles Gold aus dem Mund der Gefangenen ziehen. Er hat sogar ein Namensschild an der Tür.

Aber dann verändern sich die Dinge zum Schlimmeren. Auf Juleks Befehl werden alle Wände zwischen den Zimmern eingerissen. Alle Arbeit, um unser Zimmer in der Ecke der Baracke schöner zu machen, war umsonst. Jetzt müssen wir mit all den anderen in diesem großen Raum zusammenleben. Das trifft uns sehr. Für eine lange Zeit waren wir glücklich, als Holländer in einem Zimmer zu wohnen. Wir hatten nie etwas mit dem Gestank in den anderen Zimmern zu tun, da es bei uns nicht erlaubt war, Nachttöpfe zu benutzen. Auch in der Nacht mussten alle hinausgehen. Die anderen kämpften auch nicht so vehement wie wir gegen das Ungeziefer. Die besondere Stimmung der »Stube Dwanashe«, dem Zimmer der Holländer im Lager Gleiwitz, gibt es nicht länger. Nur noch ein enormer Raum, mit einer langen Reihe Betten an beiden Wänden, ist jetzt noch zu sehen. Er wirkt wie eine schmutzige alte Scheune. Anstatt eines Zimmerältesten gibt es jetzt einen Barackenältesten. Julek wählt Apfelbaum vom nächsten Zimmer dafür aus. Apfelbaum liebt es zu schreien und mit den Leuten zu schimpfen. Julek gefällt das. Apfelbaum überlässt es weiterhin mir, das Essen zu teilen. Wir waren immer dafür bekannt, am gerechtesten das Essen unter uns aufzuteilen. Der Kapo Natteck überlässt mir auch die Suppenausgabe.

Hyman hat seine Pritsche wieder unter der meinen. In den ersten Tagen lernen wir viel von den Polen. Wir hatten häufig kleine Zänkereien in unserem Zimmer, aber nun sind Streitereien an der Tagesordnung. Nie in meinem Leben habe ich Menschen sich auf solch hässliche und erniedrigende Art beleidigen sehen. Sie beschimpfen unsere Familienmitglieder mit den schlimmsten vorstellbaren Wörtern. Wenn diese verbalen Beschimpfungen vorbei sind, dann sind sie vollkommen erschöpft. Wenn wir uns stritten, dann meist deswegen, weil wir verzweifelt über unsere Situation waren, es war fast nie eine persönliche Angelegenheit, aber jetzt wird einer, der im Schlaf hustet, von seinem Nachbarn geschlagen.

Wir Holländer teilen unsere Rationen immer noch wie früher unter uns auf, was die anderen verblüfft. So etwas haben sie vorher noch nicht gesehen. Mich nennen sie »Panje Coentjek, der Verrückte«. Sie können nicht verstehen, dass ich mir nicht zuerst meinen Teil sichere. Da ich aber die Suppe jetzt für alle ausgebe, sind sie glücklich darüber. Während ich die Suppe verteile, rühre ich sie immer wieder um, damit sie auch jeder in der gleichen Konsistenz erhält. Vorher fragten sie immer nach dem Bodensatz der Suppe. Nun ist das nicht mehr nötig. Ich versuche auch den Männern, die die schwerste körperliche Arbeit auf der Baustelle verrichten, als Erstes die übrig gebliebene Suppe zu geben. Ich bin nicht der heilige Martin, aber eines Tages muss ich für das, was ich im Leben tat, Rechenschaft geben.

In unserem Zimmer gab es stets die Regel, dass niemand vom Putzdienst ausgenommen ist. Die anderen in unserer Baracke bezahlen Leute mit etwas Margarine, Marmelade oder sonstigem, damit sie die Arbeit für sie erledigen. Die Häftlinge, die Putzdienst haben, müssen Schweres leisten. Sie machen sauber, nachdem am Morgen alle gegangen sind, und dann nochmals in der Nacht. Es sind häufig diejenigen, die am schwersten auf der Baustelle arbeiten müssen und keine Möglichkeit haben, sich zusätzliches Essen zu organisieren. Deswegen machen sie diese Sklavenarbeit, um mehr Essen zu bekommen. Diejenigen, die die richtigen Beziehungen haben, bekommen normalerweise die besten Arbeitsplätze und haben ein einfaches Leben in ihrem Zimmer. Sie haben mehr Essen und Geld, private Diener und leben gut auf Kosten der weniger Glücklichen. Wir geben unserem Putzdienst eine kleine Extraration, aber jeder kommt dran. Niemand ist von der Pflicht ausgenommen, nur weil er es sich leisten kann.

Das Frauenlager wächst weiter. Im Sommer 1944 sind ungefähr 500 Frauen und 1000 Männer im Lager Gleiwitz. Die Appelle werden von Tag zu Tag härter, die Schläge, Prügel und Bestrafungen, wie Essensentzug für mehrere Tage, nehmen zu. Insbesondere, nachdem Backer weg ist und durch Friedrich ersetzt wurde, beginnt ein neues trauriges Kapitel. Aber ehe wir Friedrich bekommen, geht es uns für kurze Zeit besser als gewöhnlich. Das haben wir unserem neuen Barackenführer Francken, einem polnischen SS-Mann, zu verdanken. Er hasst die Deutschen genauso wie wir und er behandelt uns gut. Als Barackenführer ist er für die inneren Vorgänge im Lager zuständig. Er bewies seine Freundlichkeit, als er im Krankenrevier einem Tuberkulosepatienten half. Dem Kranken ging es jeden Tag schlechter. Durch ein paar Wunder und mit Dr. Bercowitz' Hilfe gelang es, ihn vor den Augen der SS versteckt zu halten. Wir wollten alle, dass dieser Mann überlebt. Dr. Bercowitz beklagte sich verzweifelt darüber, dass er nur etwas Fett für den Mann zur Ernährung bräuchte, damit er wenigstens eine Überlebenschance habe. Als Francken dies mitbekam, handelte er. Er nahm Backers Auto und Leo Steinweg als Chauffeur und beide machten sich in Gleiwitz auf die Suche nach einem Hund, einem verwöhnten Schoßhund von Leuten, die Steinweg kennt. Das Tier war so fett, dass es sich kaum bewegen konnte. Francken stieg aus dem Auto, erschoss den Hund auf der Stelle und lud ihn in den Wagen. Keiner von uns dachte daran, dass ein fetter Hund eine Lösung für unseren hungernden Freund sein könnte, aber wir bewundern Francken für das, was er tat.

An manchen Sonntagen verlassen Backer und seine Untergebenen das Lager und Francken hat die Verantwortung. Betrunken und glücklich, öffnet der rothaarige SS-Mann das Tor zwischen dem Frauen- und Männerlager. Jeder, der eine Freundin hat, geht auf die andere Seite. Unsere Holländer gehen auch. Fast 60 Prozent, darunter Hyman, haben eine Freundin im Frauenlager. Manchmal kommt Backer früher als erwartet zurück und alle müssen sich beeilen, wieder auf ihre Seite zu kommen. Backer darf nichts wissen, ansonsten haben alle von uns, einschließlich Francken, Probleme. Nach dem Appell finden sich alle wieder an dem Zaun ein, aber diesmal steht jeder auf seiner Seite.

Im Frauenlager gibt es einen Feuerlöschteich. Eines Sonntags, während Backers Abwesenheit, bauen Luis und Vassie ein Sprungbrett für das »Schwimmbecken« und den ganzen Nachmittag toben Männer und Frauen im Wasser umher. Es war einfach, Badeanzüge herzustellen, zwei Halstücher für die Frauen und Unterhosen für die Männer. Es sah aus wie sonntags an einem holländischen Strand. Manchmal zerreißen die alten Fetzen, während sie spielen, aber der Sonntag ist zu kurz, um sich um solche Kleinigkeiten zu kümmern. Bald fangen sie an, sich aus Spaß an den Kleidern zu ziehen. Immerhin sind manche von ihnen seit Jahren hinter Gittern. Jeder war vergnügt an diesem Tag. Es ist ein Wunder, dass keiner von uns in Schwierigkeiten gerät.

Ich bin beunruhigt, denn ich verspüre keinerlei sexuelle Lust, während ich die Badenden beobachte. Woher kommt die fehlende Lust? Was fehlt mir? Ich frage den Doktor danach. Er sagt, ich solle mir keine Sorgen darum machen, sobald ich wieder in Holland bin, wird alles normal werden. Sich keine Sorgen machen, er hat gut reden, er hat zwei Freundinnen auf der anderen Seite!

Im Sommer werden wir mit dem Bau der Luftschutzbunker fertig. Sie sind alle auf der Baustelle angelegt, kein einziger ist in unserem Lager.

Einer der Bunker ist herausragend. Er ist so gut angelegt und gebaut, dass er für Hitler persönlich sein könnte. Der Betonbunker, der ausschließlich von Häftlingen errichtet wurde, hat mehrere Räume für Offiziere, ein Krankenzimmer und viele andere Räume für hohe Zivilisten. Uns ist es verboten, den Bunker zu benutzen. Wir Juden müssen bei Alarm in die offenen Gräben gehen, während sich die niedrigen Zivilisten in Erdbunker verstecken. Aber die Zivilisten beschweren sich über den Gestank und die fehlende frische Luft in den Erdbunkern. Daher müssen wir mit ihnen tauschen. Uns gefällt es in den Erdbunkern besser. Es ist dort sehr gemütlich, Männer und Frauen sitzen eng beieinander. Die Sirenen hören wir jetzt immer häufiger. Manchmal sehen wir amerikanische oder russische Flugzeuge über uns fliegen. Es wird darüber gesprochen, dass die Russen bis Krakau vorgestoßen sind. Das ist so nah. Aber niemand weiß etwas Genaues.

Etwas Wunderbares geschieht am Ende des Sommers 1944. Eines Nachmittags marschiert eine Gruppe »Zebras« in unser Lager, sie setzten sich vor unsere Baracke und packen einige Musikinstrumente aus. Ein Fest, wir werden ein Musikfest haben. Es stellt sich heraus, dass diese Männer aus dem Lager Gleiwitz I sind. Auf diese Weise finden wir heraus, dass wir im Lager Gleiwitz II sind. Im Lager Gleiwitz I haben sie ein Orchester aus 25 erfahrenen Musikern zusammengestellt. Sie spielen nahe des Zauns zum Frauenlager, aber die Frauen dürfen nicht zu uns kommen und müssen von der anderen Seite des Stacheldrahts zuhören. Das Konzert ist fabelhaft. Sie spielen wunderbar. Die Musiker bekommen Lagerkaffee, den sie aber für Suppe halten.

Der neue Lagerführer Friedrich

Dann kommt der September. Der Sommer ist vorbei und mit ihm gingen Backer und seine Untergebenen. Unser neuer Lagerführer heißt Friedrich. Der Stern an seinem Kragen weist seinen Rang in der SS als Scharführer aus. Backer, mit seiner tiefen knurrenden Stimme, stellt uns unseren neuen Führer beim Appell vor. Er sagt, wir sollen ihm keine Schande machen. »Verhaltet euch so, wie ihr euch bisher verhalten habt, und es wird euch gut gehen.« Dann erklärt er uns noch, dass Prügeln nicht die schlimmste Strafe sei. Ihr könnt auch gemeldet werden und das wäre schlimmer, als ab und zu verprügelt zu werden. Wir sind nicht sicher, was er damit sagen will, aber wir wissen, dass wir es bald herausfinden werden. Dann ist Friedrich an der Reihe. Mit einer schreienden erregten Stimme sagt er uns, dass es keine Prügel mehr geben wird. Wir müssten verstehen, was von uns erwartet wird. Immerhin sorge sich die SS um uns, gebe uns Unterkunft, Verpflegung und Kleidung. Das Mindeste, was sie daher erwarten könne, ist, dass wir die wenige Arbeit tun, die sie von uns verlangt. Das sollte nicht zu schwierig sein. Was immer er versucht uns zu erzählen, wir sind sicher, es bald zu verstehen.

Am nächsten Tag bekommen wir bereits einen ersten Vorgeschmack seines Führungsstils. Alle von uns sind vor langer Zeit registriert worden, zunächst nach Namen und Daten und, nachdem die SS das Lager übernommen hatte, nach Nummern. Aber Friedrich entscheidet sich, alles noch einmal persönlich durchzuführen. Von sechs Uhr morgens bis ein Uhr in der Nacht stehen wir da, und einer nach dem anderen wird zu ihm hereingerufen. Er hat eine Liste mit allen Informationen vor sich liegen, aber er stellt weitere Fragen. Name, Vorname, Baracke, Kommando, Nationalität, Beruf, gelernt oder ungelernt? Jeder versucht sich als gelernter Arbeiter oder Handwerker auszugeben. Am nächsten Tag bleibt Friedrich länger auf der Baustelle als wir. Er spricht mit jedem Vorgesetzten. Dann verschwinden eines Tages Julek, Peter und Ernst zusammen mit dem Küchenkapo, der gerade erst ein paar Tage zuvor angekommen war. Die Frauen, die mit diesen Lagerprominenten befreundet waren, sind ein paar Tage später auch weg. Die Appelle dauern immer länger, manchmal Stunden. Immer öfter werden Meldungen von den Vorgesetzten auf der Baustelle über ungenügende Arbeitsleistungen von Häftlingen verlesen.

Ein paar Tage später kommt der Befehl für einen besonderen Appell. Es ist schon dunkel, der Winter ist nah. Im Scheinwerferlicht stehen wir da. Wir haben Besuch von einem Arzt, ein hoher SS-Offizier aus Auschwitz. Er ist hier, um zu überprüfen, ob die Leute, die wegen zu geringer Arbeitsleistung gemeldet wurden, körperlich fähig sind, die geforderte Leistung zu erbringen. Was für eine Farce! Die betroffenen Gefangenen müssen einer nach dem anderen ihre Hosen herablassen und im Abstand von mindestens zwei Meter sieht sie der Arzt sich an. Danach hört er sich noch immer im gleichen Abstand die Atmung an. Dann kommt das Urteil, stets das gleiche: Der Mann ist für die Arbeit tauglich. Immer noch unbekleidet, die Hosen mit beiden Händen haltend, wird dem Mann befohlen, sich nach vorne zu beugen, und er erhält Schläge mit der Peitsche. Das ist die Arbeit der Kapos, aber sie schlagen in Friedrichs Augen nicht hart genug. Die Kapos verbringen den ganzen Tag mit diesen Leuten und sie wissen, dass sie nicht mehr arbeiten können. Unsere Kapos gehören immer noch zu uns. Daraufhin wird dem Lagerältesten befohlen, die Schläge auszuteilen. Das ist Siwan, der gegen seinen Willen diesen Posten wieder bekommen hat, nachdem Julek weg ist. Aber auch er ist zu freundlich und so nimmt ein SS-Wärter die Bestrafung vor. Wir wurden vorher ausgepeitscht, aber nie auf diese Art. Wir fragen uns, ob die Opfer jemals wieder gehen können. Der Appell dauert immer länger, während 30 bis 60 Männer mit ihren herabgelassenen Hosen darauf warten, bestraft zu werden.

Friedrich während der Bestrafung zu beobachten ist eine sonderbare Sache. Er ist so aufgeregt und mitgerissen, dass er schreit und zittert. Je mehr das Opfer brüllt, desto erregter ist Friedrich. Wir sind sicher, dass ihn Frauen nicht interessieren, obwohl er ins Badehaus der Frauen kommt, wenn sie sich waschen. Aber anders als die früheren Lagerführer und ein paar der Blockführer schaut Friedrich nur und berührt sie nicht. Auch nimmt er sie nicht auf sein Zimmer. Es ist die Erregung der Prügel, nach der er verlangt. Und er braucht es jede Nacht.

Nach einem Monat fangen wir an, »Sport« im Lager zu haben. Man kann sich nicht vorstellen, was Sport an solch einem Ort bedeutet. Unter dem hellen Licht der Flutscheinwerfer marschieren wir ins Lager. Die »schwarzen Arbeiter« müssen heraustreten und es wird uns befohlen, zu duschen und unsere Lagerkleidung anzuziehen. Ängstlich, was als Nächstes kommt, beeilen wir uns nicht. Die anderen Gefangenen müssen auf uns warten, bis wir wiederkommen. Als wir wieder auf dem Appellplatz eintreffen, müssen wir anfangen zu laufen, hüpfen, springen, in die Hocke gehen, laufen, hüpfen, mit den Armen nach oben, dann mit den Armen nach unten, vorwärts, zurück, flach auf dem Boden. Schneller, schneller, mit den Armen fest an unserer Seite, dann mit den Armen hoch über unserem Kopf. Schneller, schneller. All das geschieht, während uns die SS-Männer mit ihren

Peitschen und Knüppeln schlagen. Das Spektakel wiederholt sich an den folgenden Abenden. Wir vermissen Backer. Er schlug uns auch, und manchmal sehr heftig, aber er wusste, wann er aufhören musste. Backer war klar, dass wir auch schwer arbeiten müssen, Friedrich scheint sich hingegen nicht dafür zu interessieren. Bis auf ein paar Ausnahmen haben nun auch die kräftigsten Männer unter uns weiche Knie und ständig Schwindelanfälle. Jedes Mal, wenn ich etwas esse, rebelliert mein Magen. Die ganze Nacht habe ich Magenkrämpfe und Kopfschmerzen. Meine Haut ist vollkommen ausgetrocknet. Ich fange jedes Mal zu bluten an, wenn ich mich wasche. Bei der geringsten Berührung bricht meine Haut auf. Durchfall ist verbreitet. Alle von uns bluten, wenn sie sich erleichtern.

Francken, der Blockführer, stimmt nicht mit Friedrichs Sportleidenschaft überein. Vehement protestiert er dagegen. Manchmal streitet er sich sogar mit ihm wegen dieser sadistischen Übungen. Die Leiterin des Frauenlagers ist auch gegen diesen Sport. Nico Rijksman gab ihr den Spitznamen »Miep van Loon«, weil sie ihn an die Heldin in einem holländischen Gassenhauer erinnert. Eigentlich ist es eine Beleidigung, obwohl sie in Wirklichkeit gar nicht so schlecht ist. Sie ist ungefähr 20 Jahre alt, sehr dick, ungefähr doppelt so schwer, wie sie sein sollte. Seit Miep ankam, ist das Essen im Frauenlager besser. Es wird nicht mehr so viel geklaut wie vorher, da sie streng darüber wacht.

Hymans Verhalten wird immer schlimmer. Bei den seltenen Gelegenheiten, wenn es mir gelingt, bei den französischen Zivilarbeitern etwas Tabak gegen Brot zu tauschen, lasse ich das Brot immer direkt zu Hyman bringen, da es dort ungefährlicher ist. Aber immer öfter streitet Hyman ab, dass er Brot erhalten hat. An seinem Verhalten kann ich jedoch erkennen, dass er gegessen hat. Manchmal sehe ich seine Freundin Lizzie etwas unter ihren Kleidern verstecken. Sie ist für die Weichen bei der Eisenbahn zuständig. Sie sieht überhaupt nicht gut aus, aber Hyman scheint sie zu brauchen, um sich etwas zu beweisen. Er ist ständig widerwärtig und sucht wegen jeder Kleinigkeit Streit. Er macht mir Sorgen. So habe ich ihn nie gekannt. Hyman, für lange Zeit mein bester Freund, ich verliere ihn.

Am Samstag, den 21. Oktober machen Nico und ich hoch oben im obersten Stock der Filterstation zwischen den Abgasventilatoren und den Filtermotoren Überstunden. Alle anderen waren nach der Mittagspause in das Lager zurückgekehrt, nur ein paar Spezialisten sind geblieben, um ein paar Dinge zu beenden. Plötzlich steht Steinhardt vor uns. Er verlässt nie seinen Arbeitsplatz. Sein Blick ist sehr ernst, er findet kaum Worte. »Kommt bitte schnell, Hyman hat sich schwer verletzt.« Wir laufen ihm hinterher, die Stufen hinunter, durch die Filterstation. Der Weg scheint endlos zu sein. Wir springen über Maschinenteile, Balken und Werkzeug. Alles ist unordentlich, wie immer. Ich stolpere über einen dicken Gummischlauch, verstauche mir den Fuß, aber laufe weiter. Ich muss meinen Freund finden. Wo ist Hyman? Wir gehen in die neue Rußhalle. Dort, keine drei Meter von der Tür entfernt, sehen wir ein Loch in der Bodenabdeckung für die langen Gräben, in denen Kabel und Rohre verlaufen. Diese Gräben sind immer mit Brettern abgedeckt, weil sie bis zu zweieinhalb Meter tief sind. Da unten sehen wir Hyman. Seinen Kopf umgibt eine Lache von Blut. Er ist bewusstlos, aber wir hören ihn stöhnen. Nico und ich springen zu ihm hinunter. Wir dürfen ihn nicht bewegen, sein Schädel ist aufgeschlagen. Ein tiefes Loch, aus dem Blut spritzt, befindet sich auf der Seite seines Kopfes. Ein paar Häftlinge kommen vorbei und ich schreie ihnen zu, dass sie eine Trage bringen sollen. Aber sie bewegen sich nicht. Doch dann kommt Natteck und auf seinen Befehl eilen sie davon und holen die Trage. Nach fünf Minuten kommen sie zurück. Hyman muss vorsichtig aufgehoben werden. Wir haben keine Ahnung, ob er innere Blutungen hat. Er kann an seinem eigenen Blut ersticken. Solange er stöhnt, wissen wir, dass er lebt. Der Arzt auf der Baustelle ist nicht da. Wir haben keine andere Wahl, als ihn in das Lager zu tragen. Vier vollkommen schwarze Männer, Nico, zwei polnische Freunde und ich, laufen, um besser das Gleichgewicht zu halten, auf den Bahngleisen vorsichtig in Richtung des Lagers. Auf diesem endlos scheinenden Weg blutet Hyman immer weiter. Wir haben nichts, um die Blutung zu stoppen. Auf dem Krankenrevier ist Dr. Bercowitz bereits von dem Unfall informiert und erwartet uns. Der Arzt legt seinen Finger in die blutende Wunde und meint, solange keine inneren Verletzungen bestehen, könne er diese Wunde behandeln. Aber wenn innere Verletzungen vorliegen, besteht keine Hoffnung.

Immer noch bewusstlos, beginnt Hyman zu schreien. Siwan, der von Anfang an mit Hyman befreundet ist, weiß nicht, was er tun kann. Er steht mit seinen traurigen Augen da und kämpft schwer gegen die

Tränen. Er hat schon der Küche befohlen, Borschtsch und andere gute Dinge für Hyman zuzubereiten. Ein paar der Insassen versammeln sich draußen und warten darauf, was weiter geschieht. Dr. Bercowitz klammert die Wunde zusammen. Plötzlich kommt Friedrich herein, jeder ist sofort ruhig, außer Hyman, der weiterhin schreit. Der Lagerführer schaut ihn an, dreht sich um und sagt »Zum Kotzen«. Dann sagt er zum Arzt: »Keine Spielereien.« Nico und mir erklärt er, dass wir zurück auf die Arbeit gehen sollen. Doch der Doktor meint, dass er meine Hilfe braucht. So läuft Nico allein zurück, während ich bei Hyman bleibe.

Nachdem Hyman verbunden im Bett liegt, muss auch ich auf die Baustelle zurück. Doch keiner arbeitet dort. Jeder ist mit dem Unfall beschäftigt. Es sieht so aus, als wäre Hyman in eine Falle gegangen. Da war diese Öffnung bei den Brettern, die die Gräben bedecken. Was hatte Hyman hier zu suchen? Er war mit Steinhardt und einem ungarischen Elektriker unterwegs. Steinhardt, der sich gewundert hatte, dass Hyman Überstunden macht, hatte ihn gefragt, wohin er geht. Hyman meinte, er würde für etwas Brot einen Botengang für seinen Chef erledigen. Außerdem hätte er ein kleines Geschäft mit einem Polen zu erledigen, der ihm noch ein paar Brotrationen schulden würde.

Wie Steinhardt berichtet, gab es auch einen Polen, der zwischen den Maschinen in der Nähe des Loches auf Hyman gewartet hätte. Aber er konnte ihn nicht erkennen. Steinhardt lief mit dem Elektriker weiter und hörte noch einen Streit, aber da er wusste, wie leicht Hyman in Erregung geriet, gab er nicht weiter Acht. Dann hätte der Streit aufgehört und ein Stöhnen wäre zu hören gewesen. Beide sind daraufhin zurückgegangen, um zu sehen, was geschehen sei, und fanden Hyman schwer blutend. Er muss mit seinem Kopf gegen einen der schweren elektrischen Stahlschalter gestoßen sein, die an der Wand des Grabens angebracht sind. Später entdeckten wir, dass er auch ein großes Loch in der Schulter hatte.

An diesem Nachmittag wurde keine Arbeit mehr erledigt. Sogar Natteck, der Kapo, tut nichts, was normalerweise nie geschieht. Als wir ins Lager zurückkommen, schmerzt mein Fuß sehr. Er ist geschwollen, aber ich gehe trotzdem sofort auf das Revier, um zu sehen, wie es Hyman geht. Er ist unverändert. Die Schreie sind schwächer geworden. Halbreich musste ihn ans Bett binden, da er zu unruhig war. Die

Lederbänder schneiden ihm in die Arme und Beine. Nico und ich befreien ihn davon und versuchen ihn zu beruhigen. Wir reden mit ihm, aber er versucht immer wieder sich aufzusetzen. Wir werden die Nacht bei ihm bleiben. Er ist immer noch nicht bei Bewusstsein und seine Schreie werden wieder lauter. Wir haben beide Tränen in den Augen. Um halb neun in der Nacht fängt er an, große Klumpen Blut zu spucken. Um zehn Uhr nachts wird es schlimmer. Es sieht so aus, als würde sein ganzes Blut aus dem Mund kommen. Plötzlich ist er still. Hyman stirbt um halb elf Uhr nachts, am 21. Oktober 1944. Ohne wieder das Bewusstsein erlangt zu haben, verlässt er uns, um mit seiner Frau und seinem Kind zu sein. Ein Holländer weniger. Wie werde ich es Nathan, seinem Vater erzählen? Was für grausame Nachrichten werde ich haben, wenn ich nach Hause komme.

Halbreich legt einen Verband an meinen Fuß an, der mittlerweile auf seinen doppelten Umfang angeschwollen ist. Die Verstauchung ist schlimm. Als wir in unsere Baracke zurückkehren, hat Apfelbaum schon alle Dinge von Hyman an sich genommen. Um halb zwei Uhr morgens sind alle Holländer wach. Ein Lkw von Auschwitz ist gekommen und wird Hymans Leiche mitnehmen. Ich kann überhaupt nicht gehen. Appie Truder, Nico Rijksman, David Jacobs und Jaapie Emmerick tragen Hymans Leiche vom Bunker zum Lkw, der vor dem Lager wartet. Appie erzählt uns, dass der Lkw voller toter ausgemergelter Leichen war. Keiner trug irgendwelche Kleidung.

Am nächsten Tag sind wir in Gedanken alle bei Hyman. Ich bin vom Appell befreit. Wegen meines Fußes bin ich zum ersten Mal krankgeschrieben, seitdem ich im Lager bin. In der darauf folgenden Nacht fordert mich Halbreich auf, ins Krankenrevier zu kommen. Der Inspektor für medizinische Fälle aus Auschwitz ist hier. Er möchte sich meinen Fuß ansehen. Als ich den Verband abnehme, stelle ich fest, dass schwarze Salbe aufgetragen ist. Diese Salbe ist für Hautkrankheiten, nicht für verrenkte Knöchel. Der SS-Arzt beschimpft unseren Arzt. Ich bekomme einen Tag frei, den ich damit verbringe, heiße Fußbäder in der Baracke zu nehmen. Am nächsten Tag gehe ich wieder zur Arbeit.

Es gibt Gerüchte, dass wir evakuiert werden. Das ganze Lager soll westwärts ziehen. Das wäre gut. Nach Westen bedeutet näher nach Hause. Aber andere sagen, es wird keine Evakuierung geben. »Ihr werdet sehen, sie werden uns alle töten.« Aber die Polen und Ungarn wurden auch vom Osten zu uns gebracht, weg von den näher rückenden Russen. Aber wie viele sind am Leben, um uns das zu erzählen, verglichen mit den Tausenden, die ermordet wurden.

Mit einem neuen Transport kommt ein Holländer an, Jo Corper aus Amsterdam. Ich bringe ihn in unserem Zimmer unter. Er schläft in Hymans Bett. Jo ist sehr groß und schlank. Bis vor ein paar Monaten war er noch in Amsterdam. Im September 1944 wurde er verhaftet und kann viel von zu Hause erzählen. Es ist unvorstellbar, aber bis vor kurzem lebte er noch in Amsterdam. Er wurde in seinem Versteck verhaftet, wo er mit anderen untergetaucht war. Er meint, dass kaum noch Juden in Amsterdam leben, sie sind entweder tot oder deportiert. Die ganze Nacht spricht Jo. Für eine kurze Weile scheint er zu vergessen, wie schlecht seine Gesundheit ist. Er ist sehr krank, er hat eine fortgeschrittene Tuberkulose. Wir versuchen ihm Arbeit bei den Gasrußwerken zu beschaffen, damit wir ihm helfen können. Aber wir haben keinen Erfolg. Er muss beim Zementbau arbeiten. Dieser junge Mann ist zu schwach für schwere körperliche Arbeit, er wird nicht fähig sein, die schweren Zementsäcke zu tragen. Sein Husten wird ihn töten, auch ohne die schwere Arbeit.

Bevor er nach Auschwitz kam, war er in Theresienstadt. Wir haben über das Ghetto in der Tschechoslowakei gehört. Es klingt wie ein Traum für uns. Sie sagen sogar, dass dort das Essen gut sei.

Erneut wechselt der Lagerälteste. Der Neue, ein Jude aus der Tschechoslowakei namens Bruno, war früher Lagerprominenter in Monowitz. Er ist vielen von uns bekannt. Er ist ein Sadist, der es liebt zu schreien und zu schlagen. Kurz nach seiner Ankunft, beim ersten Appell, beschimpft und verflucht er uns und unsere Mütter. Er ist an der Spitze der Gefangenenhierarchie angekommen, wo man nicht nur am Leben bleiben kann und eine machtvolle Position innehat, sondern auch reich werden kann. Um dorthin zu gelangen, muss sich ein jüdischer Häftling uns gegenüber schlimmer als die SS verhalten. In der gleichen Nacht wird Jo Corper beim Appell bestraft. Bruno übernimmt es, die Schläge auszuteilen. Corpers Vergehen war es, sich auf dem Nachhauseweg von der Häftlingsgruppe entfernt zu haben, um sich am Wegrand zu erleichtern. Wir verstehen, dass er keine andere Wahl hatte, denn es ist ein langer Fußmarsch und er hat, wie viele von uns, Durchfall. Seine Bestrafung ist besonders streng, da Bruno sich beweisen muss. Jos Tage sind gezählt, das können wir bereits sagen. Obwohl er bis vor kurzem noch in Holland war, sieht er bereits wie einer der Männer für den Krankentransport aus. Wir nennen sie Muselmänner.

Bruno hat neue, harte Regeln. Alle Statuen von Julek sind weg. Wir müssen in die Baracke gegenüber ziehen. Das Borsig-Kommando, das jetzt das größte im Lager ist, bekommt die Baracken, in denen wir seit unserer Ankunft im November 1942 untergebracht waren. Alle diesen Baracken gehören nun zu einem Lager. Das Lager wird immer größer. Die Baracke 2 ist für Borsig, die Frauen belegen Baracke 5. Der Zaun wird wieder dorthin gesetzt, wo er zu Anfang war. Der Platz, wo das Krankenrevier für die Typhusfälle war, wird jetzt Baracke 6 oder Block 6 genannt. Wir von Gasruß kommen zurück in die Baracke 3. Wir sind ungefähr 80 Personen. Das neue Krankenrevier ist neben uns untergebracht. Steinhardt und Corper bleiben in der Baracke 4 mit den ungarischen und polnischen Häftlingen. Maxie Roselaar, Bram de Hond, Walter Keusch, Nassek und Groen sind in der Baracke 1, wo sich auch die Küche befindet. In Block 6 sind Aaron Logher, Jaapie Emmerick, Vas Dias, David Jacobs, Leendert Pinto und Sally Root. In der Baracke 2 ist nun die Kammer für die Kleidung und die Lagerwerkstätte. Das Lager, das uns in den letzten zwei Jahren vertraut wurde und unser Zuhause war, gibt es nun nicht mehr, es wurde ein unpersönlicher funktionaler Ort.

Alle Kapos wohnen wieder in einem Zimmer zusammen. Willem Kok, Sekretär bei A. H. I., und Leo Steinweg, unser hervorragender Techniker, leben auch in der »Prominenten-Stube«. In unserer Baracke sind noch folgende Holländer: Louis Root, Appie Truder, Comprecht Nieweg, Meier Jacobs, Coen Rood, Gerrit Jas, Nico Rijksman, Machiel Pach, Rudi Simons, David Wolf und Jochem Kreveld.

Einige Zeit später kommen weitere Holländer im Lager an. Zunächst Leser, ein Holländer, der in Deutschland geboren wurde und kein Jude ist, aber mit einer Jüdin in Holland verheiratet war. Als seine Frau verhaftet wurde, folgte er ihr in der Hoffnung, sie freizubekommen. Zusammen kamen sie durch Westerbork, Bergen-Belsen, Theresienstadt und Auschwitz. Er sah sie zuletzt in Auschwitz, als sie für das Frauenlager ausgewählt wurde. Aber zunächst sollte sie ein Bad nehmen. Er ging in das Arbeitslager, voller Hoffnung für sie und das Baby, das sie trug. Das war das letzte Mal, dass er sie sah. Eine Stunde später war sie schon »durch den Kamin gegangen«. David Leser, der zwei Meter groß ist und Hände wie Schaufeln hat, ist bisher der einzige Holländer, der seine Frau zehn Minuten vor ihrer Ermordung durch Gas noch sah. Er sagt: »Sie ging, um eine Dusche zu nehmen, und kam nie zurück. Sie sagte mir, wir werden uns gleich wieder sehen. Wir glaubten ihnen, wir glaubten ihnen beide.« David Leser wird den Rest seines Lebens das Bild seiner Frau, zehn Minuten bevor sie vergast wurde, vor sich sehen.

Maxie Roselaar findet für David eine Arbeit bei Meister Ludwig. Dort steht er zwischen den Maschinen. Er ist viel zu groß, um sich zu verstecken und starrt in den Ruß. Der arme Mann ist immer hungrig. Das wenige Essen, das wir bekommen, reicht schon für uns nicht, wie erst für jemanden, der so groß wie David ist. Seine Aufgabe besteht darin, die Maschinen zu unterhalten, das heißt sie hauptsächlich zu putzen und zu ölen. In der ersten Woche, in der er dort arbeitet, findet er heraus, dass die Achsen auf den Trägern Ölrinnen haben sollten. Dadurch würde seines Erachtens viel Öl eingespart werden können. Er muss es wissen, denn er ist ein ausgezeichneter Mechaniker. Aber wir sind alle böse auf ihn. Wer zum Teufel verbessert irgendetwas, was die Deutschen bauen? Er ist von Hause aus »mof«, unser Schimpfwort für Deutsche. In Deutschland geboren zu sein lässt ihn ein »mof« sein. In unseren Augen verliert er an Ansehen.

Ein wenig später kommen zwei weitere Holländer: Bram Troostwyk und Herman van der Velde. Beide waren bis vor kurzem in Holland. Van der Velde ist ein Wirtschaftswissenschaftler aus Den Haag, ein ruhiger Mann, der sich gerne mit uns unterhält. Troostwyk aus Apeldoorn ist ein nervöser geschäftiger Typ. Sie waren beide beim Jüdischen Komitee angestellt und konnten daher so lange in Holland bleiben. Ich bekomme auch Neuigkeiten über meine Frau zu hören. Aus Bram Troostwyks Erzählungen schließe ich, dass sie noch 1943 in Holland war. Er sagt mir, dass er sie aus dem Jüdischen Krankenhaus in Amsterdam kennt. Sie arbeitete dort, nachdem die Deutschen das Jüdische Invalidenheim, in dem sie zuvor beschäftigt war, aufgelöst hatten. Alle Patienten und viele Schwestern aus dem Invalidenheim wurden nach Auschwitz geschickt.

Es freut mich, von Bep zu hören, aber mich schockiert es gleichzeitig, daran zu denken, dass die Patienten nach Auschwitz kamen. Diese gelähmten, blinden, alten und behinderten Menschen, die keiner Fliege etwas zuleide tun konnten, vergast und verbrannt? Ich kannte diese Menschen, die in ihrer eigenen ruhigen Welt lebten. Ich liebte sie. Sie brauchten so viel Liebe. Wie kann Gott diese Dinge geschehen lassen?

Jede Nacht kommen diese beiden Holländer auf unser Zimmer und sprechen mit uns. Meier, der Blockälteste, er teilt diesen Titel mit Apfelbaum, mag nicht, dass wir immer Besuch haben. Er protestiert, aber er hat nicht genügend Macht, um es zu unterbinden. Meier streitet nicht mit mir und lässt mich mehr oder minder tun, was ich will. Er weiß, dass er nur deswegen Blockältester ist, weil ich diese Stelle nicht wollte. Ich will kein Prominenter sein und den ganzen Tag im Lager bleiben. Er fürchtet jedoch, dass ich meine Meinung ändern und ich seine Stelle bekommen könnte. Unsere Baracke ist in drei Zimmer aufgeteilt und in einem der Zimmer bin ich verantwortlich. Ich bin auch zuständig für den Putzdienst und die Essensverteilung in der Baracke.

Im Herbst erhöht sich plötzlich unsere Ration auf 600 Gramm Brot am Tag, außerdem erhalten wir dreimal die Woche Fleisch und Margarine und zweimal die Woche Marmelade. Das Fleisch ist eine Art Salami, gemacht aus allem möglichen außer Fleisch. Die Marmelade ist hauptsächlich aus Wasser. Aber wir beschweren uns nicht.

Seit geraumer Zeit fühle ich mich krank. Da wir seit Jahren kein nährstoffhaltiges Essen bekommen, werde ich die Grippe nicht los. Seit Wochen nun schleppe ich mich auf die Arbeit und hoffe, von den Vorgesetzten nicht bemerkt zu werden. Mein französischer Freund, Renee Blutau, der Zivilarbeiter ist, hat eine Freundin in Gleiwitz, die er mehrmals die Woche besucht. Er bringt mir Medikamente, die wirklich helfen. Ich muss nichts dafür bezahlen. Dank ihm bin ich wieder auf den Beinen. Ich werde ihm für immer dankbar sein. Nico ist auch sehr schwach und hat in den letzten Wochen sehr nachgelassen.

Ein weiterer Holländer kommt zu uns. Er ist ein alter Freund von Louis Root. Seine Name ist Jackie Turfryer. Er war im Gefängnis, noch ehe die Deportationen begannen. Dort entdeckten ihn die Deutschen. Es gibt wohl keinen Schutz vor ihnen, nicht einmal im Gefängnis. Er sitzt auf Louis Roots Bett und erzählt von seiner Reise durch die verschiedenen Lager und wie er immer Essen gefunden hat. Er war immer Kapo und hatte stets Eier und Schinken. Wir glauben nur die Hälfte seiner Geschichten und auch die nur halb. Im Lager gut zu leben bedeutet, dass man eine schlechte Person sein muss. Aber wir finden nur Gutes an Jackie. Am Freitag kam er an, am Sonntag ist er Kapo des Kartoffelkommandos.

Wir arbeiten alle am Sonntag. Als »Spezialisten« können wir jederzeit zur Arbeit gerufen werden. Nur die Prominenten bleiben im Lager. Wenn wir wiederkommen, müssen wir unser Zimmer sauber machen, unsere Betten und uns selber. Jean Piet, ein französischer Jude, rasiert uns. Er schläft in unserer Baracke. Er ist sehr gebildet und auch gut im Rasieren. Dafür bekommt er etwas zusätzliches Brot. Plötzlich wird mein Name gerufen. »Herr Coentjek!« Ein Prominenter, der weiß, dass mein Nachname Rood ist, erzählt mir, dass am Nachmittag ein Sack Kartoffeln für mich in der Baracke abgegeben wurde. Meier nahm ihn in sein Zimmer, wo er ihn für mich aufbewahrt. Sofort bin ich dort. Meier und seine Genossen haben sich schon die größten Kartoffeln herausgenommen und beiseite gelegt. Ehe sie etwas sagen können, bedanke ich mich dafür, dass sie den Sack für mich aufgehoben haben, und sammle alle Kartoffeln wieder ein. Nach dem Appell erfahre ich von Louis, woher die Kartoffeln kommen. Jackie war mit seinem Kommando unterwegs und befahl seinen Männern, einen Sack mit Kartoffeln zu füllen und ihn in das Lager zu bringen. Sie sollten ihn bei Root, im Raum drei abgeben. Er hatte Louis Root gemeint, aber da ich bekannter bin und Root und Rood gleich ausgesprochen werden, bekam ich den Sack. Aber das macht keinen Unterschied. Jackie schickte den Sack, damit wir seine Ankunft im Lager Gleiwitz feiern können. Danach glauben wir ihm alles, was er erzählt. Jackie ist ein großer Händler. Wir geben eine Schüssel davon Meier. Der Rest ist für alle Holländer und ihre Freunde. Es ist ein Fest, ein großes wunderbares Fest.

Wir haben Dezember 1944, Zeit für Nikolaus und Weihnachten. Wir müssen Waggons voller Kohl und Steckrüben abladen. Jeder, der nicht hart genug arbeitet, wird grün und blau geschlagen. Friedrich und Bruno wollen, dass wir Sport machen, um Weihnachten zu feiern, aber Francken und Miep van Loon machen solch einen Aufstand, dass sie es vergessen. Ich bekomme mit, dass Francken damit droht, Friedrich bei den Vorgesetzten zu melden. So haben wir anstelle des Sports einen stundenlangen Appell.

Die Zivilarbeiter und die deutschen Meister scheinen sich nicht mehr weiter darum zu kümmern, ob irgendwelche Arbeit getan wird. Für die meisten ist der Krieg verloren, aber sie sagen es nicht laut. Es ist Silvester. Wir gehen wie gewöhnlich ins Bett und wachen im Jahr 1945 auf. Was wird das Jahr bringen? Wir wissen, dass es das letzte Kriegsjahr sein wird, aber wird es auch zum letzten Jahr unseres Lebens? Wir sollten fähig sein, bis zum Ende durchzuhalten. Bisher haben wir wegen der Leitung auf der Baustelle überlebt. Die Angestellten unter Dr. Prost und Meister Schal, die uns seit zwei Jahren kennen, scheinen uns Holländer zu mögen und uns zu vertrauen. Im Ganzen gesehen, wollen sie uns nicht noch zusätzlich Schaden zufügen. Sicher haben sie uns ab und zu gemeldet, wenn wir zu müde oder erschöpft waren, die Arbeit zu leisten. Aber deswegen, weil für sie die Arbeit Vorrang hat und nur wenige von ihnen verstehen, wie schwach und krank wir in Wirklichkeit sind. Aber sie schienen doch an unserem Zustand in all den Monaten Anteil zu nehmen. Sicherlich gab es Sadisten und schlechte Chefs unter ihnen, aber im Ganzen gesehen wurden wir von ihnen erträglich behandelt. Aber was wird passieren, wenn die Russen näher kommen? Wird die SS uns ermorden oder evakuieren? Und wenn sie uns evakuieren, wohin wird man uns bringen?

Während wir in der Silvesternacht schlafen, spielt Gerrit die ganze Nacht auf seiner Mundharmonika für die Frauenschicht auf der Baustelle. Die französischen Zivilisten kommen später hinzu und alle tanzen. Das Fest dauert die ganze Nacht. Vielleicht ist es ein gutes Omen für das Jahr 1945.

Das Jahr fängt mit einer guten Nachricht an. Friedrich soll das Lager verlassen. Ein paar Tage später, als wir von der Arbeit ins Lager marschieren, sehen wir einen neuen Lagerführer auf dem Appellplatz stehen. Sein Name ist Hakkert. Jackie erzählt uns, dass er von Monowitz kommt und ein netter Kerl sei, der Geschäfte mit den Häftlingen macht. Wir werden es erst glauben, wenn wir es sehen. Bisher hatten wir viele widerliche »Führer«, aber schon bald stellt sich heraus, dass Jackie die Wahrheit sagte. Am nächsten Morgen findet kein Appell statt. Als es für das Arbeitskommando an der Zeit ist, das Lager zu verlassen, schreien die Kapos die Befehle, die Männer stellen sich auf, werden von Bruno geprüft und marschieren los. So war es noch nie. Hakkert steht selbst am Tor und zählt die Männer. Bruno ist offensichtlich nicht glücklich damit. Er mag es, wenn wir für Stunden in der Eiseskälte ausharren. Ihm fehlt so die Möglichkeit, um die in der

Reihe stehenden Männer herumzumarschieren und seine Peitsche zu schwingen. Jetzt hat er sich gegenüber von Hakkert aufgestellt und mit seiner erregten Stimme gibt er den Takt für unsere Schritte. Das vermittelt ihm das Gefühl, wichtig zu sein, bestimmt er so zumindest das Tempo, in dem wir gehen. Als unsere Gruppe durchs Tor marschiert, hören wir ihn »eins, zwei, drei, vier, eins zwei drei vier, marschiert, Augen gerade aus!« rufen. Er will sich wirklich wieder beweisen, seine Stimme klettert immer höher. Hakkert soll wissen, dass Bruno sein Geschäft versteht. Aber er wird von unserem neuen Führer unterbrochen, der ihm laut genug, damit wir es verstehen, sagt: »Du da, halt's Maul!« Wir sind glücklich, das zu hören. Hakkert ist in Ordnung. In der Nacht gibt es wieder keinen Appell. Als wir zurückkommen, zählt uns der Kapo und erstattet Meldung. Dann können wir in die Baracken gehen. Wir gewinnen dadurch mehrere Stunden am Tag, um uns zu erholen. Das Jahr 1945 fängt wirklich gut an.

Am 10. Januar eilt Steinhardt in unser Zimmer. »Coen, gute Nachrichten, deine Frau lebt! Sie ist in Theresienstadt.« Ich weiß nicht, was ich sagen soll. Simon erzählt weiter, dass ein Tscheche neu in unserer Baracke angekommen sei und meine Frau und sein Kind in Theresienstadt gesehen hätte und dass sie dort im Krankenhaus arbeiten würde. Ich laufe in sein Zimmer, um diesen Tschechen zu finden, muss aber umkehren, da das Signal zum Schlafen ertönt und wir danach nicht mehr außerhalb der Baracken angetroffen werden dürfen. Ich verbringe eine unruhige Nacht. Am nächsten Morgen stellt mir Steinhardt den Mann vor. Er arbeitet in unserer Nähe. »Was weißt du über meine Frau? Wie hast du sie getroffen? Warum bist du sicher, dass es meine Frau ist? Ihr Name ist Rood? Wie sieht sie aus?« »Sie ist eine schmale dunkelblonde Frau, sie ist immer fröhlich und stets mit einer Krankenschwester namens Daniels zusammen.« Ich kenne keine Schwester Daniels, aber Troostwyk hatte mir erzählt, dass er als Mitglied des Jüdischen Komitees im Jüdischen Krankenhaus gearbeitet und dort eine Krankenschwester Daniels getroffen hätte. Vielleicht wurden beide Frauen gemeinsam deportiert und kamen zusammen nach Theresienstadt. Ich weiß nicht, was ich denken soll. Es gibt keinen Grund, dass der Mann mich anlügt. Und er beschreibt Bep und Steinhardts Kind so genau. Zum Glück habe ich noch Bilder von Bep. Als ich in der Nacht in mein Zimmer komme, sitzt der große Tscheche bereits auf meinem Bett. Ich gebe ihm Brot und zeige ihm die Bilder. »Ja, das ist sie und die Brosche trägt sie immer noch.« Alles passt zusammen. Ich schenkte Bep die Brosche, bevor wir heirateten. Der Tscheche ist vollkommen sicher. In dieser Nacht gebe ich ihm 350 Gramm Brot, meine ganze Ration, und ich stelle ihm mehr und mehr Fragen. Er erzählt und erzählt und ich glaube ihm. Er berichtet mir, dass Bep die Oberschwester in der Krankenbaracke sei und dass sie die doppelte Ration erhalten würde und es ihr gut ginge. Erst als das Signal ertönt, geht er in sein Zimmer zurück. Sein gesundheitlicher Zustand ist schon sehr schlecht. Seine Nase läuft ständig, seine Beine sind geschwollen, sein Blick ist leer. Seine Hosen sind nass, da er das Wasser nicht mehr halten kann. Bald wird er ein Muselmann sein und auf einem der Transporte verschwinden. Der Tscheche kommt in der nächsten und übernächsten Nacht zurück. Je mehr Brot ich ihm gebe, umso mehr erzählt er.

In den ersten Tagen des Jahres 1945 leben wir in großer Erwartung. Es gibt viel zu bereden, seitdem wir merken, dass diese Hölle ihrem Ende entgegengeht. Wird uns die SS töten oder den Siegern überlassen? Wir entscheiden, dass die Überlebenden der Welt über unsere kleine Gruppe erzählen müssen, wenn die letzten Tage oder Stunden verhängnisvoll für manche von uns enden sollten. Wir verhalten uns so, als wäre das Leben für uns in Gleiwitz in ein paar Stunden vorüber. Bald wird es vorbei sein, wir fühlen es. Die Russen können nicht aufgehalten werden. Sie haben Krakau eingenommen und kommen immer näher. Vassie sammelt alle Nachrichten auf der Baustelle ein und erzählt sie uns. Fast keine Arbeit wird mehr erledigt. Die meisten Chefs sind weg. Die Wärter untersuchen uns nicht mehr, wie es vorher geschah. Auf der Baustelle und überall sonst warten alle, dass endlich das Ende kommt.

Am 17. Januar 1945 kommt Vassie unter einem Vorwand zu uns in die Rußhalle B. Er erzählt uns, dass, laut letzten Nachrichten, die Russen 35 Kilometer von hier entfernt in der Tschechoslowakei stünden. Dave Jacobs, Vassie und ich machen Pläne. Nico ist krank, seit ein paar Tagen liegt er auf dem Revier. Die Zeit vergeht langsam. Andere Häftlinge kommen an uns vorbei und nicken uns zu. Alle wissen, dass das die letzten Tage in Gefangenschaft sein werden. Wir geben den Russen noch drei Tage. Die Deutschen kämpfen noch. Wir entscheiden uns, dass wir morgen nach der Arbeit nicht in das Lager zurückkehren, sondern uns auf der Baustelle verstecken werden. In zwei oder drei Tagen werden die Russen dann hier sein und wieder wettmachen, dass wir die Tage ohne Essen auf sie warten mussten. Auf der Baustelle gibt es viele Plätze, um sich zu verstecken. Wir haben dieses Werk gebaut und kennen jeden Zentimeter davon. Andere scheinen den gleichen Plan zu haben. Morgen wird die Nacht sein.

Viele Häftlinge erwarten das nahe Ende und überall sprechen sie davon, sich auf den Arbeitsplätzen zu verstecken, anstatt in das Lager zurückzukehren. Wir gehen schlafen, fest entschlossen, morgen unser Schicksal selbst in die Hand zu nehmen. In ein paar Tagen werden wir im russischen Gebiet sein, dann werde ich direkt nach Theresienstadt gehen. Es sollte nicht so weit von hier sein. Dort werde ich Bep finden und gemeinsam werden wir herausfinden, was mit Liesje, Chiel, Jo, Aaron und Mutter geschah. Ich habe Angst um meine Mutter, ihre Chancen zu überleben waren sehr klein. Bep und ich werden zusammen nach Holland zurückkehren. Dort werden wir die anderen sehen und es wird ein großer Appell abgehalten werden. Wenn sie die Namen der Männer aufrufen, die im Jahre 1942 deportiert wurden und meinen Namen nennen, werde ich laut und deutlich schreien: »Anwesend, die Nazis konnten mich nicht töten, ich bin zurück!« Ich erwarte nicht, dass wir unser Haus wiederbekommen. Wir werden von neuem anfangen müssen. Sie haben uns gesagt, dass viele Evakuierte nach Amsterdam gekommen sind und in Häusern und Wohnungen eingezogen sind, die den verschwundenen Juden gehörten. Aber ich bin jung, gerade 27 Jahre alt, kräftig genug, um nochmals von vorne anzufangen.

Als der Gong ertönt, habe ich das Gefühl, gerade erst eingeschlafen zu sein. Ist es denn schon fünf Uhr morgens? Wie immer bin ich der Erste, der aufsteht. Ich wasche mich schnell und werfe die anderen aus dem Bett. Jemand schreit, was los sei, es ist erst halb drei Uhr morgens. Walter, der Kapo für die Kleiderkammer, stürmt in unsere Baracke. »Beeilt euch, ich brauche zehn Mann, um Kleider aus der Kammer zu holen.« Danach kommt der Koch, der auch zehn Mann zur Hilfe haben möchte. Was soll das bedeuten? Wenn sie uns Proviant aushändigen, bedeutet das Evakuierung. Es geschieht zu schnell. Es passt nicht in unsere Pläne. Verflucht. Ein großer Lkw, beladen mit Kleidern und Schuhen, kommt ins Lager und wird vor der Kammer abgeladen. Die Leute fangen an, sich darum zu streiten. Wir bekommen Brot, Dosenfleisch und lange Salamis. Ich soll sie verteilen. Ich muss dastehen und jedem seine Ration geben und habe keine Zeit, mich um Schuhe und Kleidung zu kümmern. Ein paar der klügeren Polen haben sich schon Kleider besorgt. Sie ziehen so viele wie möglich übereinander an, Zivilkleider, ohne den roten Streifen auf der Seite. Darüber ziehen sie ihre Gefängniskluft. Endlich bin ich mit dem Verteilen des Essens fertig. Nico, der wieder auf den Beinen ist, meint, wir sollen uns zusammen einiges organisieren. Wir haben noch ein zweites Paar Kleider, da wir Rußarbeiter sind, aber wir brauchen dringend Schuhe. Aber jeder will Schuhe haben und alle prügeln sich darum. Nico und ich kämpfen uns durch die Menge, aber nur noch Holzschuhe sind übrig. Immer noch besser als gar nichts. Meine Schuhe sind vollkommen abgelaufen und da sie eh zu klein waren, würden sie mich hindern, wenn wir viel gehen müssen. Als wir in unser Zimmer zurückkommen, liegen überall Kleider herum. Ich ziehe drei Paar lange Unterhosen, drei Unterhemden, zwei Paar Lagersocken, die Holzschuhe, einen Frack, zwei Paar Hosen, einen Mantel und meine gestreifte Kappe an. Jeder trägt am Körper so viel Kleidung, wie er kann.

Mittlerweile ist es fünf Uhr morgens, der 18. Januar 1945. Mit Nico zusammen gehe ich durch den Block, um nach den anderen Holländern zu sehen. Alle haben gepackt und sind zur Abreise bereit. Auf der Krankenstation besuchen wir Jo Corper, der sich im letzten Stadium von Tbc befindet. All seine Kraft ist verschwunden, er kann sich nicht einmal mehr aufsetzen, um mit uns zu reden. Was können wir Jo sagen, um ihn zu trösten? Er ist nur mit einem dreckigen Hemd bekleidet, das mit Schweiß, Exkrementen und Blut beschmiert ist. Mit einem Bein steht er schon im Grab. Das Einzige was uns einfällt, ist, ihn damit zu trösten, dass Hilfe unterwegs sei. Jo nickt, seine Augen schauen uns an. Er kann nicht sprechen, Blut tropft aus seinem Mund. Es gibt nichts, was wir für ihn tun können. Zum Glück geht es Nico besser, auch wenn er noch nicht wieder ganz gesund ist.

Jeder hat eine Tasche für Brot, Fleisch und andere Dinge gemacht. In meinem Kopfkissenbezug habe ich sieben Laib Brot, jedes davon wiegt zwei Pfund, zwei Dosen Fleisch, ein Pfund Margarine und ein gutes Stück der so genannten Salami. In all den Jahren im Lager habe ich nie so viel Essen gesehen. Ich binde einen Strick um die Tasche und hänge sie über meine Brust. Aus zwei Decken machen wir einen langen Ballen und hängen ihn über unsere Schulter. Wir sind fertig zum Abmarsch, doch als das Signal ertönt, erschrecken wir. Es ist sieben Uhr morgens. Beim Appell geben sie uns Ohrenschützer und Fausthandschuhe. Wir hatten diese Dinge nie vorher, aber wir werden sie brauchen, der Schnee ist hart gefroren. Es ist eiskalt.

Gerrit Jas ist da, was macht er hier? Er sollte die Nachtschicht auf der Baustelle arbeiten. »Ich eilte ins Lager, um euch zu warnen, damit ihr schnell auf die Baustelle kommt und euch versteckt. Aber sie erwischten mich und ich kam nicht mehr zurück.« Was für ein Idiot. Er hatte seine Freiheit und gab die auf, um uns zu warnen. Aber wir lieben ihn, weil er sich um uns sorgt.

Die Brüder van der Kamp fehlen, ein paar andere auch. Gut für sie. Die Frauen haben ein Loch in den Zaun geschnitten und viele entkamen. Man sagt, dass Francken ihnen dabei half. Die SS verfolgen sie mit Hunden. Aber ich wette, dass die Hunde sie nicht finden können, wenn sie sich im Ruß verstecken. Ungefähr 15 Häftlinge sind verschwunden. Sie werden nicht gefunden. Bruno schlägt erneut die Leute. Er ist wütend und nervös über die verlorenen Gefangenen. Nachdem sie uns eineinhalb Stunden zählten und dabei immer wieder zu einem anderen Ergebnis kamen, geben sie auf.

Wir ziehen aus dem Lager. In Fünferreihen marschieren wir. Als wir an der Rückseite des Krankenreviers vorbeikommen, sehen wir, dass ein Fenster geöffnet ist. Corper hat sich ans Fenster geschleppt. Er grüßt uns mit seinen verzweifelten weiten Augen. Er kann seinen Arm nicht heben, um uns zu winken. Blut tropft immer noch aus seinem Mundwinkel. Wir kommen alle ein wenig näher. Ein wenig hebt er seinen Kopf.

Wir marschieren am Ende der Kolonne und als wir durch das Tor kommen, hören wir acht Schüsse. Acht kranke Männer waren im Revier zurückgeblieben. Jetzt haben auch sie das Lager verlassen.

Todesmarsch

Am 25. April 1942 kam ich nach Staphorst-Rouveen, danach über Westerbork nach Annaberg, von dort nach Gleiwitz in Polen. Hier bin ich von Mitte November 1942 bis zu dem heutigen Tag, dem 18. Januar 1945, geblieben. Das heißt, ich bin seit über 26 Monaten hier. Vor 32 Monaten habe ich Amsterdam verlassen. Es sieht so aus, als komme mein Leben in den Lagern endlich zu einem Ende. Wir sind auf unserem Weg zurück nach Westen. Aber wie lange wird es dauern? Wir müssen vor den Russen fliehen, die dreißig Kilometer entfernt stehen. Werden wir noch mehr leiden, wo das Ende nahe ist? War es immer noch nicht genug?

Es dauert nur eine kurze Zeit, um herauszufinden, wer gewohnt ist zu marschieren und wer nicht. Schon nach kurzer Zeit fallen die Schwächsten ans Ende der Kolonne. Als wir in der Stadt Gleiwitz ankommen, laufen wir Umwege durch heruntergekommene Stadtteile und weniger befahrene Straßen, um nicht so vielen Menschen zu begegnen. Bereits jetzt haben wir keine Kraft mehr. Viele stolpern. Am Anfang der Kolonne ist ein großer Karren, auf dem sich Frauen, die nicht gehen können, und Gepäck befinden. Seit gestern Nacht schneit es ununterbrochen. Wir schleppen uns durch knöcheltiefen Schlamm und schmelzenden Schnee. Auf der Straße außerhalb von Gleiwitz sehen wir viele Lager auf den Feldern. Es sind Lager für Russen. Mein Gott, was haben sie diesen Menschen angetan? Sie sehen schrecklich aus.

Mittags dürfen wir uns für eine viertel Stunde hinsetzen. Ich esse ein wenig Brot. Jetzt, wo ich eine gehende Bäckerei bin, habe ich keinen Appetit. Meine linke Seite tut mir weh. Das Seil des Brotsacks schneidet in die Haut, die so ausgetrocknet ist, dass sie aufbricht. Ich fühle, wie Blut den Rücken runterläuft. Meine Haut brennt unter den Armen, im Schritt, am Oberschenkel und in den Knien. Die SS zwang die Gefangenen, ihr schweres Gepäck für sie zu tragen. Nico ist bei der Gruppe, die den Schlitten mit diesem Gepäck ziehen muss. Nach einer Weile kommt er zu uns zurück. Er springt auf einen der Wagen und wechselt seine Schuhe. Er wirft seine Holzschuhe weg und zieht ein schönes Paar schwere Lederstiefel an. Vor fünf Minuten waren diese Stiefel noch im Gepäck der SS.

Meine Füße schmerzen mit jeder Stunde mehr. Diese verdammten Holzschuhe bringen mich um. Gegen sechs Uhr abends kommen wir durch einen kleinen Weiler. Nachdem wir den Weiler passiert haben, gesteht uns die SS erneut eine viertelstündige Pause zu. Wir sind über zehn Stunden mit nur zwei kurzen Unterbrechungen marschiert. Als uns befohlen wird, wieder aufzustehen und weiterzugehen, sind mehrere Leute bereits nicht mehr fähig, hochzukommen. Wir versuchen, den Schwachen zu helfen, damit sie auf die Beine kommen, ehe die Wärter und Kapos sie schlagen und treten. Unter den Sohlen bleibt der Schnee kleben und wenn wir ihn nicht ständig abkratzen, laufen wir Gefahr, uns die Fersen zu verrenken.

Wir marschieren wie im Traum. Es fühlt sich an, als würde ein ständig drehendes Rad meinen Körper nach vorne ziehen. Ich will mich hinlegen, aber meine Füße tragen mich immer weiter. Meine Füße schmerzen, als wären sie in Stücke geschnitten. Wir halten uns gegenseitig. In der stockdunklen Nacht marschieren wir gemeinsam voran. Der Wind, der sanft durch die Bäume weht, schneidet ins Gesicht wie ein scharfes Messer. Immer mehr Schnee fällt. Die SS am Ende der Kolonne passt auf, dass keiner fällt und zurückbleibt. Die nicht weiterkönnen, werden erschossen. Immer wieder hören wir Schüsse. Die Stunden, die wir durch den Wald marschieren, scheinen eine Ewigkeit zu dauern. Schließlich lassen wir den Wald hinter uns und kommen in die Nähe von ein paar Häusern. Als wir dort stehen und warten, sinken viele unserer Leute in den Schnee. Ich habe das Gefühl, dass wir schon alle tot sind und nur noch darauf warten, in den Himmel oder die Hölle zu kommen. Eines ist sicher, der Weg bis hierher bereits war die Hölle. Wir sind dem Untergang geweiht und niemand kümmert es. Gott hat sich von uns abgewandt.

Dann brüllt Bruno einen Befehl und wir müssen zu einem dunklen großen Gebäude laufen. Wir brauchen einen Augenblick, ehe wir uns darin zurechtfinden. In dem Gebäude liegt ein riesiger Berg Stroh. Wir stoßen und schieben einander, um hineinzukommen, stolpern über die Körper, die hingefallen sind. Dann erkennen wir, warum die Leute auf dem Boden liegen. Es gibt eine eineinhalb Meter hohe Wand, die man hochklettern muss, um das Heu zu erreichen. Aber niemals werde ich fähig sein, die Wand zu erklimmen. Ich stehe da, starre die Wand an und habe Angst, mich zu setzen und von den anderen niedergetrampelt zu werden. Aber zum Glück sind die meisten Holländer in der Nähe. Wir rufen einander im Dunkeln zu. Ich fühle ein paar kräftige Hände, die mich unter den Armen ergreifen und hochziehen. Es ist Gerrit Jas, der auf der Mauer steht und alle unsere Männer sicher nach oben bringt. Gemeinsam finden wir einen Platz in der wunderbaren Wärme des Heus. Ein tiefes Loch im Stroh, eine Decke um uns und unsere kleine holländische Gruppe hat sich ein Zuhause für die Nacht gemacht. Mit einem selbst gemachten Messer öffnen wir ein paar Fleischdosen und essen Brot dazu. Nach diesem Tag in der Hölle verbringen wir eine Nacht im Himmel. Bald schlafe ich tief.

Wir schlafen so tief, dass am Morgen viel Geschrei nötig ist, um uns zu wecken. Wir Holländer bleiben eng beieinander, als wir nach draußen gehen, um uns im Schnee zu waschen. Aber die Durchfallepidemie war vor uns da. Es gibt weit und breit keine einzige saubere Stelle. Wir lassen das Waschen und essen ein wenig von unserem Brot. Der Appell findet auf der kleinen Straße, die zur Scheune führt, statt. Hakkert, der Lagerkommandant, ist verschwunden. Sein Untergebener und die Wärter halten den Appell ab. Sie sehen so frisch und gesund im Vergleich zu uns Häftlingen aus.

Nach ungefähr einer Stunde marschieren wir wieder los. Das Gerücht geht um, dass wir nach Blechhammer kommen. Der Schnee ist manchmal knietief. Nach ein paar Stunden ist jeder erschöpft. Auf einer kleinen Straße halten wir an, als sich Motorradfahrer nähern. Von ihnen erfahren unsere Wärter, dass wir nicht weiter in diese Richtung marschieren können. Wir setzen uns hin und nützen die Gelegenheit für eine Pause. Wir bekommen mit, dass die Russen Blechhammer eingenommen haben und wir umkehren müssen. Aber wohin? Wir müssen weiter. Wir scheinen bereits eine Ewigkeit zu marschieren und nicht erst seit gestern. Wir durchqueren Felder, wo der Schnee noch tiefer liegt. Nach gut zweieinhalb Stunden sind wir wieder in dem kleinen Weiler, durch den wir gestern kamen. Niemand weiß, was passiert. Immer wieder müssen wir von der Straße, um Militärtruppen an uns vorbeizulassen. Sie scheinen alle in großer Eile zu sein. Viele Zivilisten sind unterwegs. Sie tragen so viel sie können und ziehen ihr Gepäck auf Handwägen hinter sich her. Wir gehen alle in die gleiche Richtung, aber sie werden nicht bewacht und können anhalten und Pause machen, wann sie wollen.

Das Tempo wird immer langsamer, keine Pausen werden mehr gemacht. Als es dunkel wird, kommen wir wieder nach Gleiwitz. Diesmal von der anderen Seite. Uns wird befohlen zu warten. Nicht weit entfernt hören wir Geschützfeuer. Es ist nicht die Luftabwehr, sondern Schüsse aus Maschinengewehren. Die Russen müssen sehr nahe sein. Ein paar Wärter werden vorgeschickt, um herauszufinden, was in der Stadt geschieht. Wir beten dafür, dass die Russen sich beeilen und uns von den Nazis befreien. Nach einer langen Zeit kommen die Wärter zurück und berichten, dass die Straße zu dem Gasrußwerk versperrt ist. Daraufhin treiben uns die Wärter in eine Halle, die sich in der Nähe befindet.

Der Raum ist für uns alle viel zu klein. Viele suchen sich einen Platz, um sich niederzulassen. In einer Ecke haben sich Nico Rijksman, Louis Root, Jaapie Emmerick und Dave Vas Dias versammelt. Ich versuche, zu ihnen zu gelangen. Auf dem Weg dorthin trete ich auf jemanden. Als ich nach unten sehe, entdecke ich Simon Steinhardt. Er bittet mich darum, dass ich mich neben ihn lege. Der arme Mann hat nichts mehr zu essen. Sein ganzes Brot ist ihm von anderen Häftlingen gestohlen worden. Viele haben unterwegs ihre Taschen weggeworfen, weil sie zu schwach waren, sie zu tragen. Nun stehlen sie, was sie brauchen. Ich habe Glück, ich habe noch viel Brot und wir essen gemeinsam etwas. Ich weiß nicht, wie viele Menschen ihren Kopf auf meinen Bauch legen, und ich habe keine Ahnung, wo die Teile meines Körpers einen Platz finden. Ich merke nur, dass mein Kopf auf jemandem liegt. Es fühlt sich warm an und bewegt sich. Die ganze Nacht brennt ein helles Licht, obwohl öfter die Sirenen für den Fliegeralarm losgehen. Die meisten können in dieser Nacht nicht viel schlafen. Der Boden ist hart und eiskalt. Die Menschen fangen an, herumzugehen. Der Gestank ist unerträglich. Viele stehen auf und laufen hin und her, damit ihnen etwas wärmer wird. Auch ich, obwohl ich immer wieder auf Leute treten muss. Mein Körper ist vollkommen verkrampft und steif gefroren. Die Menschen liegen auf dem Boden, als wären sie tot.

Das Morgenlicht kommt durch das Fenster. Jeder ist wach. Wir fühlen uns so schlecht, schwach und schmutzig. Die Wärter kommen herein. Es sieht so aus, als müssten wir weitermarschieren. Warum sind es nicht die Russen, die die Tür aufmachen, anstelle der verdammten Wächter. Wenn sie in Auschwitz und Blechhammer sind, sollten sie wissen, was mit uns geschieht, warum beeilen sie sich nicht. Wir können nicht mehr klar denken. Die letzten Tage waren so verwirrend. Wenn die Leute sich noch auf etwas konzentrieren können, dann ist es darüber nachzudenken, wie sie den anderen die Kleidung und das Brot stehlen können.

Was für ein Tag ist heute? Sonntag? Es muss Sonntag sein. War das ein schöner Tag, als wir Kinder waren. Am Sonntag nahm Vater Jo, Chiel und mich in das jüdische Viertel mit. Dort gab es einen Wochenmarkt mit kleinen Ständen und Händlern, die mit Liedern und Witzen versuchten, ihre Sachen zu verkaufen. Wie lebendig und bunt war es gewesen. Wir hörten und schauten zu und erfreuten uns an dem regen Treiben. Vater würde uns eine Kleinigkeit kaufen. Diese Sonntage waren wirklich etwas Besonderes. Danach brachten wir, eingewickelt in Vaters großem rotem Taschentuch, immer etwas Schönes zu essen nach Hause: eine Wassermelone, Nüsse, ein paar Äpfel. Wir hatten in diesen Tagen wenig Geld. Ich war neun Jahre, als wir an den Stadtrand von Amsterdam zogen und diese Besuche seltener wurden. Die Entfernung war zu groß und die Straßenbahn kostete Geld. Warum erinnere ich mich hier in Gleiwitz daran, näher dem Tod als dem Leben?

Sie führen uns hinaus. Warum müssen sie uns immer schlagen? Jeder Schritt ist von Schlägen begleitet. Langsam versammeln wir uns draußen auf der Straße. Die Luft ist frisch, viel besser als drinnen, aber bitterkalt. Wir Holländer stehen eng beieinander. Ich sehe das Haus gegenüber, es sieht schön aus. Aber wartet, bis die Russen kommen. Ich hoffe, ich werde fähig sein, ihre Klagen zu hören, wenn der Feind den Krieg nach Deutschland bringt. Wir werden es genießen.

Der Befehl kommt, uns aufzustellen und das Zählen beginnt. Danach marschieren wir auf der gleichen Straße wie letzte Nacht. Wollen sie mit uns dieselben Wege so lange auf und ab laufen, bis wir tot sind? Wir kommen über eine lange Stahlbrücke. Unsere Leute halten sich aneinander fest. Wir passieren mehrere Fabriken. Wieder schneit es. Nico und die anderen Rußarbeiter sehen so schwarz aus, als kämen sie gerade von der Arbeit. Der Ruß auf unseren Körpern ist nicht mehr so schwarz, wie er war.

Nach einer Weile erreichen wir ein großes Eisenbahngelände. Schon von weitem sehen wir Reihen von Güterwaggons, die offen sind und kein Dach haben. Uns wird befohlen, anzuhalten und zu warten. Wir werden wohl in diesen Waggons weggebracht. Sie treiben uns zu den Zügen. Erst müssen wir die Anhöhe zu den Gleisen hochklettern. Die Waggons haben Wände an der Seite, die eineinhalb Meter hoch sind. Die Türen sind versperrt, daher müssen wir von der Seite in die Wagen gelangen. Einige von uns schaffen es, zwischen den Waggons auf die Puffer zu klettern, denn dort gibt es Fußstützen. Die Frauen steigen in den ersten Güterwaggon. Fast alle Holländer sind in einer Gruppe, die an das andere Ende des Zuges getrieben wird. Mittlerweile sind es nur noch wenige, die keinen Platz gefunden haben. Die Wachmannschaften stürzen sich auf uns. Mit der letzten Kraft schaffen wir es, die Wände hochzukommen. Wir sitzen auf dem Rand. Von unten prügelt ein Wärter auf uns ein und wir fallen auf die Menschen. Die Leute im Waggon schreien, schieben und schlagen uns. Zum Glück haben wir es geschafft, unseren Sack mit Proviant und unsere Decken an uns zu halten. Zusammen haben wir neun Laib Brot. Zumindest haben wir für die Fahrt genügend zu essen. Aber die Reise darf nicht zu lange dauern.

Ich schneide ein Stück von dem Brot ab und gebe es dem Holländer, der mir am nächsten steht. Sein Name ist auch Vas Dias, aber er ist nicht mit Vassie Vas Dias verwandt. Danach geben wir allen, die holländisch sprechen, ein Stück Brot. In der Ecke uns gegenüber ist eine Gruppe von russischen Skeletten. Sie fragen uns nach Klebba. Wir geben ihnen einen halben Laib Brot. Darauf fängt der ganze Waggon an, nach Klebba zu verlangen. Aber es scheint uns, dass es besser ist, nichts mehr wegzugeben, denn die Fahrt könnte länger als zwei oder drei Tage dauern, und wir brauchen vielleicht alles für uns selbst. Ein jüdischer Junge, der ungefähr 12 Jahre alt ist, bietet mir einen Platz auf dem Boden an. Ein Mann, der zu dem Jungen gehört, will etwas Brot eintauschen. Er besitzt etwas Ähnliches wie rohen Hafer. Er meint, es sei gut gegen Durchfall. Da es nicht schaden kann, gebe ich ihm dafür etwas Brot. Appie, Nico und Luis haben auch einen Platz zum Sitzen gefunden. Schließlich fängt der Zug an, sich zu bewegen.

Kurz darauf steht der Zug wieder still, für eine lange Zeit. Mittlerweile muss es Nachmittag sein. Wir unterhalten uns über die Lager und tauschen Erfahrungen aus. Niemand glaubt uns, wenn wir ihnen sagen, dass wir seit November 1942 in Gleiwitz sind. Sie meinen, dass niemand so lange ein deutsches Konzentrationslager überleben kann.

Die Russen sind in diesem Waggon in der Überzahl und versuchen, mehr Platz, als ihnen zusteht, zu bekommen. Das führt zu Kämpfen. Es gibt unter den Gruppen keine Führer. In diesem Waggon sind 170 Menschen, die sieben verschiedene Sprachen sprechen. Es gibt Polen, Russen, Ungarn, jiddisch Sprechende, Deutsche, Holländer und Franzosen. Es ist wie der Turm von Babel. Als es dunkel wird, fährt der Zug wieder an. Ich schlafe ein, beruhigt durch den Rhythmus der Räder. Als ich wieder aufwache, ist der Zug zum Stillstand gekommen, und wir stehen vor einer großen Fabrik. Auf der einen Seite ist ein offenes Feld, das in Scheinwerferlicht getaucht ist. Die Nacht ist klar und kalt. Die Temperatur muss weiter unter null Grad liegen. In der Ecke, in der Appie steht, ist ein Nagel in die Wand geschlagen. Dort hängen wir unsere Beutel auf.

Die Kämpfe um Platz in den Waggons gehen weiter, als der Zug wieder anfährt. Die stärksten Männer können sich hinlegen und die Schwächsten müssen am Rand des Waggons stehen. Mit den Decken über unseren Köpfen wachen wir völlig erschöpft am nächsten Morgen auf. Erneut erreichen wir einen Bahnhof. Wir sehen ein paar Häuser in der Entfernung stehen. Der kalte Wind durchdringt alles. Mein Gesicht und mein Mund schmerzen fürchterlich von der Kälte. Meine Hände, schwarz und steif wie Holz, sehen wie Krallen aus. Wir dürfen den Zug nicht verlassen. Auch um uns zu erleichtern, müssen wir im Zug bleiben. Viele von uns setzen sich mit heruntergelassenen Hosen auf den Rand des Waggons. Der freundliche Pole, der neben mir saß, ist weg. Sein zwölfjähriger Begleiter schläft noch im Sitzen. Die Papiertüte mit Hafer hängt halb aus seiner Tasche. Das erinnert mich an unser Essen. Appie hat die gleiche Idee. Wir schauen in die Ecke. Das Essen ist weg. Nur noch ein halber Laib Brot ist da. Wir teilen ihn unter uns auf und essen ihn sofort. Das kann nicht mehr gestohlen werden. Die meisten Männer in unserem Wagen sind glücklich, dass wir unser Brot verloren haben. Es freut sie zu sehen, dass wir wie sie nichts haben. Wir fühlen uns durch ihre Abneigung unwohl und niedergeschlagen.

Die Wärter erlauben ein paar Männern, den Zug zu verlassen, um Schnee einzusammeln, damit wir etwas zu trinken und zum Saubermachen haben. Nach vielem Drängeln erhalten wir auch etwas davon. Der Schnee hinterlässt einen kalten, metallischen Geschmack in meinem Mund und macht mich noch durstiger. Nach einer Weile fährt der Zug wieder an. Nach zwei oder drei Stunden halten wir auf offener Strecke. Überall liegt tiefer Schnee. Nicht weit entfernt befindet sich ein gefrorener Wassergraben, dahinter stehen ein paar Bäume, zwischen denen wir verschwommen ein paar Häuser sehen können. Ein paar Waggons vor uns steigt eine Gruppe von zehn Leuten mit Decken unter dem Arm aus dem Zug. Die Wärter erklären uns, dass sie losgehen, um Brot für uns zu holen. Sofort rufen viele und fragen, ob sie mitgehen können. Die Wärter antworten nicht, schauen aber weg, als ein paar Männer aus unserem und anderen Waggons sich der Gruppe anschließen. Es sind jetzt ungefähr 50 Leute, von fünf Wärtern begleitet, die durch den tiefen Schnee stampfen. Nach zwei Stunden kommen sie mit leeren Händen zurück. Aber an ihrem Verhalten lässt sich erkennen, dass sie gerade gegessen haben.

Wir lehnen oder sitzen immer noch an der Seite des Waggons. Die in der Mitte des Waggons sind, haben nichts, woran sie sich anlehnen können. Sie bekommen schutzlos die Kälte ab. Viele, die nicht länger stehen können, brechen zusammen und liegen in den unmöglichsten Stellungen umher. Sie können sich nicht mehr verteidigen und ihre Kleider und ihr Habe wird gestohlen. Es beschleunigt ihren Tod. Ihre Haut läuft blau an, schwarze Froststellen finden sich darauf. In unserer Ecke schmiegen wir uns noch enger zusammen und teilen die Decken, damit wir nicht erfrieren.

Als die Nacht anbricht, ziehen wir die Decken wieder über die Köpfe. Es ist alles wie ein schrecklicher Albtraum. Ich friere nicht mehr, im Gegenteil, ich glühe vor Hitze, ebenso meine Freunde. Wir schwitzen und der Schweiß gefriert in unseren Gesichtern. Unsere Mägen sind so leer. Sie brennen und rumoren. Langsam versinken wir, wie die meisten im Waggon, in Lethargie. Die Dinge verschwimmen vor unseren Augen. Fast alle von uns sitzen oder liegen über- und ineinander verschlungen. Die Schwächsten müssen stehen. Sie haben nur genügend Platz für ihre Füße und nicht mehr ausreichend Kraft, um sich einen Platz zum Sitzen zu schaffen.

Jemand schreit, weil er nicht länger stehen kann; er bricht zusammen und fällt an die anderen. Sie stoßen den armen Kerl weg, schlagen ihn, damit er sich wieder hinstellt. Aber er kann sich nicht mehr aufrichten. Die Männer um ihn herum schubsen ihn hin und her, wie einen Sandsack. Da er seine Füße nicht bewegen kann, fällt er immer wieder auf die Sitzenden. Innerhalb von Minuten kämpft das ganze Eck des Waggons. Alles Elend, die Kälte und der Terror entladen sich bei diesem Streit. Sie brüllen, schreien, schlagen, beißen und kratzen. Ich habe noch nie einen solchen Kampf gesehen. Die Leute scheinen keine Menschen mehr zu sein. Die Wächter klettern an den Seiten hoch und fangen an, auf die Menge einzuprügeln. Knochen krachen und Blut spritzt, aber nichts kann das Geschrei und Geheul in der Ecke beenden. Wir können den gleichen Lärm aus den anderen Waggons hören. Wie eine Epidemie verbreiten sich die Kämpfe über den ganzen Zug. Gebrüll, Schreie und Weinen umgibt uns und trägt die Nachricht von den verdammten und verzweifelten Menschen in den Himmel. Das Schauspiel ist schrecklich, ich habe Angst, meinen Verstand zu verlieren. Irgendwann, es scheinen Stunden vergangen zu sein, kommt dieses Inferno zu einem Ende. Ich sinke in meine Lethargie zurück.

Die Morgendämmerung bricht an. Immer wieder halten wir, niemand weiß, was geschieht. Als es hell ist und der Zug gleichmäßig dahinrollt, fangen ein paar von uns wieder zu sprechen an. Viele der Schwachen und Sterbenden sind nicht mehr hier. Sie wurden in der Nacht aus dem Zug geworfen, um Platz für die anderen zu schaffen. Die meisten der Männer leiden unter blutigem Durchfall. Sie sitzen ständig auf der Seitenwand des Waggons, die mit Blut und Exkrementen beschmiert ist, es stinkt fürchterlich.

Am Nachmittag sehen wir mehrere Polizisten mit roten Uniformmützen entlang der Strecke stehen. Das sind keine deutschen Uniformen. Das sind Tschechen, wir sind in der Tschechoslowakei, das Land des Idols meiner Jugend: Masaryk. Es muss ein guter Ort sein. Wir hoffen, nach Theresienstadt gebracht zu werden. Der Zug hält wieder auf einem Seitengleis. Jenseits der Straße sind Häuser und viele Menschen. Wir rufen, schreien und bitten um Brot. Am anderen Ende des Zuges sehen wir, dass Zivilisten anfangen, Brot in die Waggons zu werfen. Klebba! Wir sehen, aber vor allem hören wir es. Die Schreie münden in ein einziges mächtiges Gebrüll nach Brot. Plötzlich fliegt etwas in unseren Waggon. Sofort stürzen sich alle darauf, kämpfen, beißen und treten, um etwas davon abzubekommen. Noch mehr Essen fliegt in unseren Waggon, aber es wird in dem

Getümmel zertrampelt. Als der Zug wieder anfährt und wir unter einer Brücke durchfahren, jubeln uns die Tschechen von oben zu. Sie winken und singen. Wir versuchen zurückzuwinken, aber auch etwas von dem Essen abzubekommen, das sie uns zuwerfen. Gott segne diese guten Leute.

Der Boden unseres Waggons ist mit Leuten bedeckt, die während des Kampfes um Essen niedergetrampelt wurden und nicht mehr hochkommen. Bald werden ihnen die, die ein wenig kräftiger sind, die Kleider wegnehmen. Dann werden sie erfrieren.

Nico und Luis haben es geschafft, ein Stück Brot zu ergattern. Es ist gerade ein Mund voll für jeden. Die Aufregung hat uns erschöpft. Dumpf, in die Leere starrend, stehen und hängen wir herum und warten darauf, dass der Zug das nächste Mal hält. Was wird dann geschehen? Langsam wird es wieder dunkel, das Ende des Tages und der Anfang einer weiteren Nacht voller Wahn.

Die Nächte sind am schlimmsten. Der Irrsinn der Gefangenen erreicht während der Dunkelheit seinen Höhepunkt. Viele Häftlinge wandern halb nackt in der Nacht durch unseren Waggon. Sie klettern von einem Waggon in den andern, stets auf der Suche. Viele haben ihren Verstand auf dieser Reise verloren. Die Nacht gehört ihnen. Aus dem Nirgendwo kommend, stehen zwei Häftlinge vor uns. Nur mit einem Hemd bekleidet, murmeln sie unverständlich vor sich hin. Sie sind nicht aus diesem Waggon. Mein Gott, sie sind Holländer, sie sprechen holländisch, aber was wollen sie? Der Kleinere mit einem Kopf, groß wie ein Ballon, Füße wie Ofenrohre und schrecklich geschwollenen Knöcheln, will mir etwas sagen. Sein Hemd reicht bis zum Nabel, sonst trägt er nichts, genau wie sein Begleiter. Nach einer Zeit verstehe ich, was er von mir will. Sein schleim- und schaumbedeckter Mund, zur Grimasse erstarrt, sagt, dass ich beiseite treten soll, da ich die Tür zum Bad blockiere. Dann fängt er plötzlich an zu brüllen und schreit sich sein ganzes Elend aus dem Leib. Es sind keine Worte, nur wahnsinnige Laute. Sein Begleiter stimmt darin ein. Zum Glück gehen sie bald weiter.

Ein neuer Tag bricht an. Diese Reise wird erst zu Ende sein, wenn wir alle tot sind. Es wird nicht mehr lange dauern und auch wir werden unseren Verstand verlieren. Wie viel Tage sind vergangen, seit wir Gleiwitz verlassen haben? Viele schaffen es mittlerweile nicht mehr, die Wände hochzukommen, wenn sie vom Durchfall geplagt, ihre

Notdurft erledigen müssen. Die Folge davon ist, dass die Wände und der Boden von Exkrementen und Blut beschmiert sind. Viel Streit entsteht, weil die Leute sich beschmieren und beschmutzen und niemand etwas tun kann. Wir sehen alle wie Schweine in ihrem Stall aus. Das einzig Gute dabei ist, dass wir in einem offenen Waggon reisen und nicht in einem geschlossenen Viehtransporter. Als wir anhalten, hören wir den Befehl, die Toten aus den Waggons zu werfen. Ein paar der Körper, die hinausgeschmissen werden, leben noch, aber waren zu schwach, sich dagegen zu wehren. Die SS untersucht jeden Leichenberg vor den Waggons und erschießt diejenigen, die noch ein Lebenszeichen von sich geben. Die Russen, die uns gegenüber im Eck sitzen und sich die meiste Zeit überhaupt nicht bewegen, werden sehr betriebsam, um die Toten und Schwachen über den Waggonrand zu stoßen. Wir haben jetzt viel mehr Platz. Als der Zug wieder anfährt, werden wir sehr still. Der Zug ändert seine Richtung. Ein starker Wind bläst. Wir ducken uns so tief wie möglich und schlingen die Decken eng um uns.

Am Nachmittag meint einer der Häftlinge, dass wir die Tschechoslowakei verlassen haben, aber wir wissen nicht, wo wir sind. Die Landschaft hat sich sehr verändert.

Erneut wird es dunkel und eine Nacht des Wahns liegt vor uns. Die Menschen gehen aufeinander los, als wollten sie sich umbringen. Zum Glück haben sie nicht die Kraft dazu. Die meisten haben sich nicht mehr unter Kontrolle und verwandeln sich in der Dunkelheit in Ungeheuer. Die Leute in unserem Waggon bedrohen uns. Nico springt auf und fängt an, jeden, der zu nahe kommt, mit seinem Gürtel zu schlagen. In den letzten Tagen hat er bereits den Namen Schwarzer Kapo erhalten, wegen seiner wilden Augen und seines schwarzen Aussehens. Er hält alle von uns fern. Ich weiß nicht, woher er die Kraft nimmt. Er war gerade erst aus dem Revier entlassen worden, als wir Gleiwitz verließen. Ich habe Angst durchzudrehen, wenn ich aufstehe. So halb im Sitzen, halb im Liegen trete ich jeden, der sich nähert. Es scheint die ganze Nacht zu gehen.

Als es hell wird, beruhigen sich alle und schlafen ein. Wir erwachen erst, als der Zug erneut anhält. Die Sonne steht hoch am Himmel. Es muss schon spät am Tag sein. Die Wärter befehlen erneut, die Toten aus den Waggons zu werfen. Jeder der sich nicht bewegt, fliegt über die Waggonwand. Als es dunkel wird, steht der Zug noch an der gleichen Stelle. Erst am nächsten Morgen fahren wir weiter. Wir haben keine Vorstellung, wohin es geht. Irgendwann sehen wir eine Eisenbahnstation vor uns und die Stadt Dresden oder besser, was davon übrig geblieben ist. Es scheint, als wäre die ganze Stadt in Schutt. Schließlich erreichen wir einen großen Bahnhof und bleiben auf einem Seitengleis stehen. Es geht geschäftig zu. Überall sind Menschen. Es müssen Deutsche sein, die evakuiert wurden. Ein paar von uns rufen nach Brot, aber niemand schenkt ihnen Aufmerksamkeit. Der Himmel weiß, wie lange wir dort stehen. Ich sehe Züge von Flüchtlingen ankommen, und alle von ihnen bekommen zu essen. Wir erhalten nichts. Mehrmals wird unser Zug umgesetzt. Die ganze Zeit sehen wir Menschen essen. Wir sind vollkommen erschöpft. Ich kann mich nicht daran erinnern, wann der Zug den Bahnhof verlassen hat.

Und dann fangen plötzlich ein paar von uns zu schreien an und deuten mit ihren Fingern auf etwas. Das bringt mich in die Wirklichkeit zurück. Wir nähern uns einer großen Stadt. Wir sehen nach draußen und überall stehen Häuser, besser gesagt Ruinen. Eine Straße nach der anderen liegt in Trümmern. Wir sind in Berlin. Wir fahren direkt durch die Stadt und sehen mit eigenen Augen, wie Hitlers Regime am Ende ist. Wir kommen an mehreren Bahnhöfen vorbei, die alle nur noch Ruinen sind. Es muss schrecklich für die Bewohner der Stadt sein, aber wie sehr genießen wir diesen Ausblick. Das zu sehen, ehe wir sterben, ist wunderbar. Nachdem wir die Stadt hinter uns gelassen haben, halten wir an einer Bahnzweigung. Auf der linken Seite liegt ein Feld und dahinter, Gott sei Dank, ein großes Konzentrationslager. Vielleicht gibt es dort Platz für uns.

Über einen Lautsprecher werden wir aufgefordert, den Zug zu verlassen. Skelette kommen auf uns zu. Langsam wird mir bewusst, dass es Meier Jacobs, Comprecht Nieweg, Bram de Hond und David Jacobs sind. Mit unserer kleinen Gruppe, Appie Truder, Louis Root, Nico Rijksman und mir, sind wir acht Holländer aus Gleiwitz. Nach einer Weile finden wir noch vier weitere, Hugo Benima, David Lesser, Leendert Pinto und Gerrit Jas. Comprecht Nieweg und Meier Jacobs waren jeweils allein in einem Waggon. Sie bekamen viele Prügel ab und ihr Brot wurde ihnen gleich zu Beginn gestohlen. David Jacobs erzählt uns, dass Vassie in den ersten Tagen der Reise starb. Er hatte sich einfach hingelegt und ließ alles geschehen. Sie haben ihn zu

Tode getrampelt. Das Gleiche geschah mit Slager, einem weiteren Freund von uns. Gerrit Jas geht es den Umständen entsprechend recht gut. Er hatte das Glück, in der Nähe der Köche und Siwans zu sein, unserem ehemaligen Lagerältesten, die ihn beschützten. Von unseren polnischen Freunden aus Gleiwitz erfahren wir, dass Rudi Simons vom Zug gesprungen ist, aber ehe er die Wälder erreichen konnte, erschossen wurde. Wir vermissen Kreisberg, niemand weiß, was mit ihm geschah. Dann kommen Jaapie Emmerick und Aaron Logher. Beide schwanken uns entgegen. Als sie uns sehen, fallen sie in den Schnee, zu schwach, noch einen weiteren Schritt zu tun. Walter Keusch ist nicht auffindbar und keiner weiß etwas über ihn. Leendert Pinto berichtet von David Wolf, dass auch er nach ein paar Tagen aufgegeben hat und sich hinlegte, um zu sterben. Maxie Roselaar wirkt schmaler denn je. Es scheint, als könnte man durch ihn hindurchsehen, aber er lebt und hat uns gefunden. Er berichtet uns von Steinhardt, der vor drei Tagen aus dem Waggon geschmissen, und da er noch lebte, erschossen wurde.

Nachdem wir zweieinhalb Jahre im Lager um unser Überleben gekämpft haben, sind viele unserer Kameraden auf dieser geisteskranken Reise gestorben. Jetzt sind wir hier, warten vor dem Zaun eines anderen Lagers. Aber es sieht so aus, als würden sie uns nicht hineinlassen. Der Zug steht immer noch da.

Der Schneefall setzt wieder ein. Nachdem sich die Aufregung, die Freunde wieder zu finden, gelegt hat, meldet sich unser Hunger zurück. Der Schnee fällt dicht und bedeckt alles. Wieder hören wir den Lautsprecher, diesmal ertönt der Befehl, dass wir schnell in den Zug zurückkehren müssen. Die SS-Wächter jagen uns mit den Kolben ihrer Gewehre und Peitschen. Plötzlich bewegt sich der Zug ein wenig nach vorne. Wir haben schreckliche Angst, hier in der Vorhölle zurückgelassen zu werden, ohne Zug und ohne ein Lager, in dem wir unterkommen. Wir können uns nicht schnell bewegen, aber die SS gibt ihr Bestes, um die Dinge zu beschleunigen. Gerrit Jas, der immer noch unglaublich kräftig ist, erreicht als Erster die Waggons und klettert hinein. Diesmal sind die Waggons auf der Seite offen, aber wir müssen immer noch eine hohe Rampe überwinden. Und wir sind so schwach, dass es uns schwer fällt. Aber Gerrit Jas zieht einen nach dem anderen in den Waggon. Sogar Bram Troostwyk und Van der Velde, die wir gerade in dem Moment noch entdecken, schaffen es, zu uns zu gelangen.

133

Oranienburg

Der Zug fährt in die gleiche Richtung, aus der wir gekommen sind. Nach einer Weile nähern wir uns großen Hallen für den Flugzeugbau in Oranienburg. Neben einer Halle bleibt der Zug stehen. Dann rangiert er immer wieder ein Stück nach vorne. Wir finden heraus, dass ein Waggon nach dem andern vor dem Tor abgeladen wird. Wie Flugzeugteile werden wir angeliefert. Es geht sehr langsam und es wird lange dauern, ehe wir an der Reihe sind. Immer noch schneit es heftig und bedeckt alles mit einer weißen Schicht. Nach eineinhalb Stunden, mittlerweile wurde es wieder dunkel, steht unser Wagen vor dem Tor. Helle Scheinwerfer beleuchten den Schauplatz. Die Waggontür wird aufgemacht und eine Rampe herangerollt. Uns wird befohlen, in Fünferreihen vom Zug um den Block und durch das Fabrikgelände in die Halle zu marschieren. Kapos passen auf, dass alle in der Reihe bleiben. Diese Kapos sehen im Vergleich zu uns gut und fett aus. Man sieht diesen glatt rasierten Gesichtern an, dass sie keine Mahlzeit versäumen. Und sie wissen auch zuzuschlagen. Das ist Oranienburg, Heinkellager, Halle 4.

In der Halle müssen wir uns in fünf langen Reihen mit dem Gesicht zur Wand aufstellen. Doch die meisten von uns können sich nicht mehr auf den Beinen halten. Die Kapos rennen hin und her, prügeln auf die Zusammengebrochenen ein, damit sie sich wieder hinstellen. Aber sobald die Kapos sich abwenden, brechen sie wieder zusammen. Diese Kapos, mit ihren Reiterhosen und Gefängnismützen, sehen fast elegant aus. Plötzlich ertönen Sirenen, Luftalarm, es ist keine Übung, sondern der Ernstfall. Die Lichter gehen aus und wir legen uns sofort auf den Zementboden nieder. Die Schwächeren von uns schlafen sofort ein. Nico Rijksman geht los, um den Ort zu erkunden. Er ist immer betriebsam, es wundert mich, woher er die Kraft nimmt. Als er zurückkommt, erzählt er uns, dass er eine Erste-Hilfe-Station entdeckt hat, mit einem holländischen Arzt. Im Warteraum befinden sich mehrere Bänke, dort finden wir Comprecht Nieweg, David Leser und

Meier Jacobs unter den Wartenden. Wir treffen Louis Root, der gute Nachrichten hat: Er fand seinen jüngeren Bruder, der auch im Zug gewesen war, in der Halle wieder. Er und sein Bruder beschließen, gemeinsam in der Erste-Hilfe-Station zu bleiben, da sie so vielleicht zusammenbleiben können. Auf dem Weg zurück entdecken wir Vas Dias, der mit uns im Zug war. Ich sehe auch Willie van Amerongen aus Amsterdam, den ich noch aus den Zeiten kannte, als wir als Menschen betrachtet wurden. Er kam mit einem Phillip Abrams und einem Mann namens Kamering von Auschwitz. Dann finden wir auch noch Nassek, den alten Schneider aus Den Haag. Alle warten wir, was sie mit uns als Nächstes tun werden.

Als die Lichter wieder angehen, ist keine Rede mehr von Appell. Die Halle ist in zwei große Räume durch Bänke und Kojen unterteilt. Eine kleine Öffnung zwischen den Bänken führt in den zweiten Raum. Dort stehen dampfend heiße Kannen mit Kaffee und jeder versucht sich anzustellen. Sie machen noch eine zweite Öffnung zwischen den Bänken auf und innerhalb von ein paar Minuten bekommen wir unseren Kaffee. Er wärmt uns und hilft gegen den Durst. Wir erhalten auch einen Napf und sie sagen uns, dass wir später etwas zu essen bekommen werden. Ein paar von uns versuchen, ihre Gesichter mit ein wenig Kaffee zu waschen. Es ist so lange her, dass wir eine Möglichkeit hatten, uns zu waschen. Maxie Roselaar bettelt um etwas Kaffeesatz und bekommt einen Napf voll, er hat Ruhr und hat Angst, sich von den Fässern fortzubewegen, die als Abort dienen. Er stinkt noch schlimmer als wir. Der Abort besteht aus ungefähr zwanzig Fässern, die an der Wand in einer Ecke der großen Halle stehen. Vor jedem Fass warten Leute. Wer zu lange braucht, wird weggestoßen. Der Gestank erfüllt die Luft.

Gerrit, Nico und ich legen unsere Decken zusammen und bauen uns mit ihnen ein Bett. Wir haben Glück, zusammen besitzen wir zwölf Decken. Nico und Gerrit laufen noch einmal los, während ich das Bett bewache. Aber einzuschlafen fällt schwer. Viele Leute streiten miteinander. Da keiner dem anderen hier traut, kann ich noch nicht einmal meine Schuhe ausziehen. Gerrit und Nico müssen etwas gefunden haben, sie sind immer noch nicht wieder da. Die Decken fühlen sich wunderbar an und bald bin ich eingeschlafen. Ein Krach, wie ein schwerer Sturm, reißt mich aus dem Schlaf. Kapos und ihre freiwilligen Helfer umzingeln uns und passen auf, dass keiner die Absperrung verlässt. Ein paar der Leute fangen an, sich in einer Reihe anzustellen und dann erkennen wir, dass es Brot gibt. Wir haben Glück, als wir an der Reihe sind, ist noch Brot da. Mit Tränen in den Augen betrachten wir unseren Reichtum. Wir haben Brot und anstelle des Kaffees erhalten wir einen Napf voll mit dünnem Haferflockenbrei. Wir wollen ihn hinunterschlingen, aber das Schlucken fällt uns schwer. Ruhig gehen wir zu den Decken zurück, setzen uns und langsam essen wir alles bis zum letzten Bissen auf.

Nach dieser wunderbaren Mahlzeit fühlen wir uns großartig. Das Signal zum Appell ertönt. Uns wird befohlen, auf der anderen Seite des Raumes in Reih und Glied Aufstellung zu nehmen. Die Decken verstecken wir auf der Erste-Hilfe-Station. Immer noch warten die gleichen Menschen wie gestern davor. Viele sind von den Bänken gefallen und mittlerweile tot. Unter ihnen sind Comprecht Nieweg und Meier Jacobs. Appie Truder entscheidet sich, auf der Station zu bleiben, denn er fürchtet, einen Appell nicht durchzustehen. Ich verspreche ihm wiederzukommen und gehe zu den anderen zurück. Mit Knüppeln treiben sie uns unter Geschrei nach draußen. Dort müssen wir uns in Fünferreihen aufstellen und um das Gebäude marschieren. Im hohen Schnee, der langsam in der Sonne taut, lassen sie uns warten. Überall bilden sich von dem schmelzenden Schnee Pfützen. Unsere Beine sind eiskalt und durchnässt. Wir stampfen mit den Füßen auf den Boden, um sie aufzuwärmen. Es ist mittlerweile taghell, neun oder zehn Uhr morgens. Alle Holländer, die noch stehen können, sind zusammen. Gegen die Wand gelehnt und zitternd, sprechen wir mit Willie van Amerongen, Phillip Abrams, Kamering – Holländer, die wir hier trafen und die in Auschwitz waren. Als sie uns von ihren Erfahrungen berichten, wissen wir, dass alles, was wir bisher von dort erfahren haben, die Wahrheit war.

Die Tore zu der großen Halle gehen wieder auf und wir können zurückgehen. Alles ist sauber gemacht. Die Erste-Hilfe-Station ist leer. Alles ist weg, keine Menschen, keine Patienten und keine Decken. Aber wir haben auch keine Zeit, uns niederzulegen, denn es wird uns erneut befohlen, Aufstellung zu nehmen. Eine Gruppe nach der anderen wird aussortiert und marschiert weg. David Jacobs und ich sind in der gleichen Gruppe. Wir überqueren die Straße und kommen in eine andere Halle, die viel kleiner ist. Das muss unser neuer Platz sein und er ist schon gefüllt mit vielen anderen Menschen. Niemand kann sich in der Mitte des Raumes setzen, da die Pfützen dort immer tiefer werden. Ein irrsinniger Gestank geht von diesen Pfützen aus, die aus Urin und Exkrementen bestehen. Die Fässer an den Wänden sind übergelaufen. Die meisten Leute haben sich ein Stück Brett oder Ziegelstein zum Sitzen organisiert. Der ganze Platz schaut wie ein Schweinestall aus. Entweder steht man im Urin oder sitzt auf etwas, das damit vollgesogen ist. Sie verteilen Kaffee, aber die Leute prügeln sich darum und ich bekomme keinen.

Nach einer Weile fragt mich ein Mitgefangener, ob ich auf sein Brett an der Wand aufpassen kann, da er zu den Fässern muss. David und ich setzen uns, sobald er weggeht. Als er wiederkommt, rücken wir zusammen, sodass noch etwas Platz für ihn ist. Da er Schlimmeres erwartet hat, ist der Mann überhaupt nicht wütend auf uns. Das Brett ist für drei verhungernde Männer groß genug. Er sagt uns, dass er die »Scheißerei« hätte, ein Wort, das normalerweise für Durchfall benützt wird, und er seine Brotration am Morgen nicht hätte essen können. Wir wussten nicht einmal, dass es am Morgen Brot gab. David, der zwei paar Socken trägt, bietet ihm ein Paar für das Brot an, worin er freudig einwilligt. Wir sind glücklich, ein Stück Brot zu haben.

Als der Tag im Schweinestall vorüber ist und es wieder dunkel wird, müssen wir uns erneut aufstellen und nach draußen gehen. Gott sei Dank sind wir wieder an der frischen Luft. Endlich finden wir heraus, warum wir ständig von einer Halle in die nächste geschickt werden. Eine Gruppe nach der anderen wird aus der großen Halle entfernt, um sie für Neuankömmlinge zu leeren. Die Gruppen müssen dann in kleinen Hallen warten, bis sie an der Reihe sind, desinfiziert zu werden und ein Bad zu erhalten. Wer würde das glauben. All dies geschieht, damit sie unsere Läuse töten können. Niemand darf dann in die große Halle zurück, bis alle entlaust sind.

Auf einem eingezäunten Weg laufen wir mehrere Minuten. Hinter dem Stacheldraht stehen Menschen, die im Vergleich zu uns in einem ziemlich guten Zustand sind. Wir kommen bei einer langen Baracke an, die wohl das Badehaus ist. David und ich schauen uns an. Wir beide haben bis zur Deportation im Gasrußwerk in Gleiwitz gearbeitet und sind vollkommen schwarz. Es müssen über 13 Tage vergangen sein, seitdem wir ein Bad hatten. Wir müssen unsere Kleider abgeben und gehen in den Duschraum. Ich habe Glück, aus meinem Duschkopf kommt viel Wasser. Nach einer Weile wird das Wasser abgestellt und wir können uns einseifen. Mein Nachbar hat ein kleines Stück Seife, das er mit uns teilt. Kaum sind wir damit fertig, ertönt schon der Befehl, wieder unter die Duschen zu gehen. Ehe wir die Seife abwaschen können, stoppt das Wasser. Immer noch mit Ruß und Seife bedeckt, müssen wir über einen Korridor in einen anderen Raum gehen, um uns dort zu trocknen. Das Wasser war sehr kalt, aber hier ist es noch kälter. Ein paar der Fenster haben kein Glas und es ist Februar. Nach über einer Stunde bekomme ich meine Kleider zurück. Zu unserer Bestürzung müssen wir in die Halle voller Pisse zurück. Es stinkt schlimmer als zuvor. Wir verbringen die ganze Nacht stehend und haben noch nicht einmal mehr unseren Platz an der Wand, um uns anzulehnen. Am Morgen kommen wir wieder raus und stehen im Schnee. Wir finden unsere Freunde wieder und zählen, wer von der Gruppe aus Gleiwitz übrig geblieben ist. Unsere Gruppe wird ständig kleiner.

Am Nachmittag dürfen wir in die große Halle zurück und erhalten unsere Suppe. Es ist die gleiche Kartoffel- und Kürbissuppe, die wir in Gleiwitz hatten.

Ein Kapo teilt Decken aus, eine für jeden. Nachdem wir unsere Decke bekommen haben, stellen wir uns ein zweites Mal an, und so hat jeder zwei. Wir bauen uns daraus ein Bett. Ich ziehe meine Schuhe aus und lege sie neben meinen Kopf, damit sie mir nicht gestohlen werden. Sofort schlafe ich ein. Mit einem Tritt wache ich auf, es ist wieder Zeit für den Appell. Meine Schuhe sind noch da. Beim Appell erhalten wir 200 Gramm Brot und und ein wenig Marmelade. Der Appell und die Essenausteilung dauern von vier Uhr bis neun Uhr morgens. Sie scheinen auch in diesem Lager nicht zu wissen, wie man zählt. Aber wie in all den anderen Lagern wissen sie hart zuzuschlagen. Uns wird wieder gesagt, dass wir bis vier Uhr nachmittags nach draußen gehen müssen. Dort stehen wir in der Kälte. Als es dunkel wird, lassen sie uns zurück in die Halle. Wir erhalten unsere Suppe und müssen schlafen gehen. So geht es acht Tage lang.

Am folgenden Sonntag haben wir einen Appell, der den ganzen Tag geht und bei dem sie uns für verschiedene Lager auswählen. Während der Woche wurden wir erfasst und erhielten eine Nummer. So haben wir jetzt zwei Nummern, eine von Gleiwitz auf unserem Arm und eine zweite, die wir an unserem linken Ärmel und rechten Knie tragen müssen. An diesem Sonntag müssen wir in Gruppen von mehreren hundert Mann um die Halle marschieren. Ein SS-Mann wählt aus jeder Gruppe zweihundert Mann aus. Niemand beachtet unseren Gesundheitszustand. Wir haben Angst davor, was für eine Arbeit wir bekommen und wohin sie uns schicken werden. Unsere kleine holländische Gruppe wurde auch ausgewählt. Den gleichen Weg, den wir vor einen Woche gekommen sind, laufen wir nun erneut entlang. Vor einer Baracke, in der hinter den offenen Fenstern Schreiber sitzen, bleiben wir stehen. Sie notieren alles, was sie über uns wissen wollen. Ein Kapo steht in unserer Nähe, ein freundlicher Mann aus Norwegen, der uns sagt, dass wir nach Flossenbürg kommen. Er weiß nicht, was wir dort machen werden, er kennt nur unseren Bestimmungsort. Während der Stunden, die es dauert, bis die Verwaltung in ihrer typisch deutschen Perfektion alles niedergeschrieben hat, versuchen wir mehr über das Lager Flossenbürg herauszufinden. Als alle die Prozedur durchlaufen haben, fängt es heftig an zu regnen. Der Boden ist durchweicht von dem geschmolzenen Schnee und wir laufen durch Schlamm. Außerhalb des Haupttores biegen wir nach rechts und marschieren die Rampe hoch. Ein langer Güterzug erwartet uns.

Diesmal sind es keine offenen Viehwaggons, sondern geschlossene Güterwaggons. Wir Holländer drängen uns aneinander und hoffen, gemeinsam in einen Wagen zu kommen. Aber es funktioniert nicht. Wir werden jeweils zu sechzig hineingetrieben und nur Gerrit Jas, Nico Rijksman, Bart Groenteman und Jonas Dinsdag sind bei mir. Bart und Jonas haben wir erst hier getroffen. Alle anderen sind Polen, Ungarn und Russen. Nach kurzer Zeit stellen wir fest, dass diese Waggons schlimmer als offene Viehwagen sind. Dort gab es zumindest Luft zu atmen. Innerhalb von Minuten streiten alle. Niemand weiß, wohin mit seinen Füßen oder Armen. Ein SS-Mann schließt den Waggon und wir sind ohne Luft. Es dauert keine Stunde und die Luft wird dünn. Die Männer, die an den Außenwänden sitzen, bekommen zumindest etwas Sauerstoff, wenn sie ihren Mund an die Ritzen halten. Verzweifelt und wütend treten wir gegen die Wände und den Boden. Wir schreien, weinen und betteln um Luft. Wir sind alle vom Schweiß durchnässt. Es scheint Stunden zu dauern, ehe jemand die Tür öffnet. Der eisige Wind beruhigt uns. Zwei Wärter klettern herein und drängen uns von der Mitte des Waggons weg. Ein Drittel des Raums ist nun für die beiden bestimmt. Die Türen sind nun weit geöffnet und bleiben es, als der Zug losfährt.

Am nächsten Morgen bekommen wir eine Brotration und etwas Margarine. Wir essen alles sofort und heben nichts für später auf. Wir erinnern uns nur zu gut an die letzte Zugfahrt und haben unsere Lektion gelernt. Wenn wir jetzt alles aufessen, dann können wir sicher sein, dass es uns zugute kommt und nicht irgendwelchen Stärkeren und Böseren. Als sie Wasser ausgeben, gelingt es Gerrit, unserem Organisierer, einen Krug davon zu erhalten. Er ist der Einzige von uns, der es mit diesen Osteuropäern aufnehmen kann, manchmal überlistet er sie sogar. Nach der Brotration am Morgen bekommen wir weiter nichts zu essen. Zwei Tage reisen wir ohne Essen und Trinken.

Durch die offene Tür sehen wir eine wunderbare Landschaft, Natur in all ihrer Schönheit. Aber wir sehen auch Gegenden, die vollkommen zerstört sind. Während der ganzen Reise sind die Türen offen, außer wenn wir durch Städte kommen. Nach zwei Tagen hält der Zug immer wieder, manchmal bleibt er einen ganzen Tag stehen. Ich nehme an, dass wir fast fünf Tage in dem Zug unterwegs sind. Wir kommen durch eine etwas größere Stadt. Der Wärter sagt uns, dass wir in Neustadt sind. Die Stadt ist noch intakt. Nachdem wir sie verlassen haben, wird die Gegend immer hügeliger. Es muss hier einige Steinbrüche geben, denn immer wieder sehen wir große Berge von zugeschnittem Granit, das ausreicht, um Berlin wieder aufzubauen. Schließlich kommt der Zug zum Halten. Die meisten der Männer können ihn nicht mehr ohne Hilfe verlassen. Eine wunderschöne Landschaft umgibt uns.

Flossenbürg

Die Zugstation trägt den Namen Flossenbürg. Wir müssen uns aufstellen und marschieren los. Vor uns sehen wir ein paar Gebäude, eines hat ein großes Eingangstor. Durch das Tor kommen wir auf einen Platz, der mit Flutlicht beleuchtet ist. Hinter dem Platz führt ein weiteres Tor auf einen noch größeren Platz, der von Baracken umgeben ist. Das ist der Appellplatz von Flossenbürg. Uns wird befohlen, jeweils in Fünfergruppen durch das Tor zu marschieren. Beim Durchqueren des Tores werden wir gezählt. Als wir auf dem Appellplatz stehen, zählen sie erneut. Schließlich wird uns befohlen, geradeaus und dann nach rechts zu gehen. Dort sehen wir innerhalb des Hauptlagers ein kleines, durch Stacheldraht abgetrenntes Lager, das mit großen Flutscheinwerfern beleuchtet ist. Am Tor steht ein Schild, auf dem mit großen Buchstaben geschrieben steht: Kriegsgefangene. Aber wie wir bald erfahren, ist es jetzt die Quarantäneabteilung. Dieses Lager ist erneut mit Stacheldraht in zwei Teile unterteilt, in beiden befinden sich zwei große Baracken, die sich gegenüberstehen.
Die Baracke, in die wir kommen, ist bis obenhin mit Kojen vollgestellt. Drei übereinander und der Platz zwischen den Kojen ist so klein, dass wir uns nur seitwärts durchzwängen können. Wir versuchen, in diesem Labyrinth einen Schlafplatz zu finden. Alle Betten scheinen voll zu sein, aber wie immer ist es Gerrit Jas, der für uns einen Platz findet. Er hat eine leere Koje entdeckt, die wir zu dritt mit Nico teilen. Immer noch werden Häftlinge in die Baracke getrieben. Ein paar Betten weiter sehen wir Leendert Pinto, der sich die Koje mit drei Ungarn teilt. Wir können uns immer noch glücklich schätzen, zumindest sind wir mit unseren Leuten zusammen. Die Nacht können wir nicht schlafen. Wenn sich die Männer über uns umdrehen, regnet es Stroh und Wanzen auf uns nieder.
Um drei oder vier Uhr morgens werden wir mit viel Lärm aus unseren Betten geholt und mit Tritten aus dem Raum befördert. Wir finden heraus, dass wir in der Baracke 22 sind und die zweite auf unse-

rer Seite trägt die Nummer 21. Uns gegenüber liegen die Baracken 23 und 24. Ein paar von den Männern aus Gleiwitz sind in Baracke 21 und Aaron Logher und Jaapie Emmerick sind in der Baracke 23. Um uns warmzuhalten, laufen wir umher. Dann gibt es plötzlich Kaffee. Der Kaffee schmeckt schrecklich, vielleicht wegen dem Gestank, der in der Luft hängt. Vor uns sehen wir das Krematorium, der Rauch zieht in unsere Richtung. Die Bettwanzen stinken noch schlimmer als der Rauch.

Der Schnee unter unseren Füßen taut auf und bald ist der Platz vor der Baracke ein einziges Schlammloch. Um 9 Uhr morgens ist Appell, der vor den Baracken stattfindet. Sie brauchen zwei Stunden, um uns zu zählen. In unserer Baracke sind 1260 Häftlinge untergebracht. Nach dem Appell gehen wir zurück in die Baracke, wo große Kannen mit heißem Essen auf uns warten. Die Suppe besteht aber hauptsächlich aus Wasser. Nachdem sie die Suppe ausgegeben haben, wird uns befohlen, in die Betten zu gehen und dort zu bleiben. Um vier Uhr ist der nächste Appell, der erneut zwei Stunden dauert. Diesmal ist die SS anwesend und die Kapos schlagen noch härter zu. Zum Abendessen erhalten wir 200 Gramm Brot und einen halben Liter guter dicker Suppe.

Mitten in der Nacht jagen sie uns erneut aus der Baracke. Wir werden gezählt und marschieren durchs Tor. Wir gehen hinunter auf den großen Appellplatz, überqueren ihn und bleiben vor einem Backsteinhaus stehen, das wir bereits bei unserer Ankunft sahen. Sie treiben uns hinein, die Fenster sind seit langer Zeit ohne Scheiben. Wir müssen uns ausziehen und dürfen nur unsere Schuhe und Gürtel behalten. Wir müssen wieder nach draußen. Nackt, in der eisigen Kälte, überqueren wir erneut den Appellplatz und stellen uns vor einem Gebäude auf, dessen Stufen in einen Keller führen. Nach über einer Stunde sind wir an der Reihe, in den Keller getrieben zu werden. Wir kommen in einen Duschraum. Männer mit Scheren betreten den Raum und schneiden uns die Haare ab. Ein wenig Wasser tropft aus den Duschköpfen, aber nicht auf diesem Weg werden wir nass. Ein Feuerwehrschlauch wird entrollt und ein mächtiger Strahl eiskalten Wassers kommt uns entgegen. Es schmerzt. Die Schwächeren werden davon zu Boden geworfen. Die ukrainischen Wachmannschaften halten mit dem Strahl weiter auf sie, um sicherzugehen, dass sie nicht mehr auf die Beine kommen. Der Boden ist so glitschig, dass es schwer fällt, nicht hinzufallen. Nachdem das Wasser abgestellt ist, sollen wir uns abtrocknen. Aber womit. Wir stehen da, frieren, es ist nass und kalt, der eisige Wind bläst durch die kaputten Fenster. Die restliche Nacht stehen wir ohne Kleider da.

Am Morgen bringen sie einen Stapel Wäsche. Einer nach dem anderen erhält ein dünnes Hemd, ein paar Sommerhosen und einen dünnen gestreiften Mantel. Schließlich werden wir draußen nochmals gezählt und kehren in die Baracke zurück. Dort angekommen werden wir einzeln in die Baracke gelassen, befragt, registriert und auf Wertgegenstände untersucht, um dann ins Bett geschickt zu werden. Später am Morgen erhalten wir unsere Morgenration und nach dem Appell können wir bis vier Uhr morgens am nächsten Tag im Bett bleiben. Wir erhalten Kaffee und müssen bis zum Appell um neun Uhr draußen warten. Der Appell dauert wieder zwei Stunden. Den Tag dürfen wir in der Baracke verbringen, nach dem Abendappell gehen wir in die Baracke zurück, aber werden noch einmal hinausgerufen und erneut registriert. Diesmal erhalten wir auch neue Nummern. Es ist meine dritte Nummer: 46876.

Die Tage gleichen sich. Wir erhalten zwar regelmäßig Essen, werden aber jeden Tag schwächer. Nach zwei Wochen in der Baracke 22 gibt es einen großen Appell. Unser kleiner Lagerhof ist zu schmal, daher müssen wir uns vor dem Zaun aufstellen. Mehrere Barackenälteste aus dem Hauptlager nehmen jeweils eine Gruppe mit. Da Nicos und mein Familienname mit dem gleichen Buchstaben beginnen, bleiben wir zusammen. Mit einem gut gekleideten großen Barackenältesten laufen wir in das Hauptlager. Wir sind glücklich, dieses mit Wanzen verseuchte Quarantänelager zu verlassen. Kein Ort kann schlimmer als dieser sein, mit den Sterbenden, der schrecklichen Kälte draußen und drei Männern in einem Bett. Es muss im Hauptlager besser sein. Nico und mir gelang es in den letzten Tagen, einen langen Mantel und einen Schal zu organisieren, und wir haben es auch geschafft, uns Wollmützen zu besorgen. Das hilft viel.

Unser neuer Blockältester begrüßt uns kurz und bündig: »Mein Name ist Willie. Wenn ich jemanden nicht mag, dann prügle ich ihn zu Tode.« Unsere neue Baracke befindet sich auf einem Abhang, vor ihr liegt ein kleiner Platz, der sich auf der gleichen Höhe befindet, wie das Dach der Baracke unter uns. Auf diesem Platz wird der tägliche Appell abgehalten. Unsere Baracke hat die Nummer 7. Ehe wir in die

Baracke dürfen, müssen wir natürlich erneut gezählt werden. Dann lassen sie uns durch die Tür, die sich in der Mitte der Baracke befindet. Wir finden uns zunächst in einem großen Raum wieder, werden dann aufgeteilt und die eine Hälfte geht in die linke Barackenhälfte. Wir bleiben in dem Raum. Der Barackenschreiber, ein kleiner Mann, erklärt uns die Spielregeln. Sie brauchen uns hier nicht, sie wollen uns hier nicht und wir nehmen nur den regulären Insassen das Essen weg.

Erneut müssen wir uns draußen aufstellen. Die zweite Gruppe wartet bereits auf uns. Es ist noch kälter geworden. Der Boden ist mit einer dicken Schicht gefrorenen Schnees bedeckt. Nach einer Zeit kommt das Essen. Aber wir müssen warten, bis die Arbeiter zurückkommen, ehe wir etwas erhalten. Sie werden immer zuerst bedient. Als sie ankommen, erhalten sie ihr Essen und gehen zurück zur Arbeit. Endlich sind wir an der Reihe. Für die letzten zwanzig in der Schlange bleibt nichts übrig. Viele hatten den Fehler gemacht, am Ende der Schlange zu stehen, in der Hoffnung, den besseren, dickeren Teil der Suppe am Boden des Topfes zu erhalten.

Danach müssen wir draußen »Gymnastik« machen. Als wir vor Müdigkeit kaum noch stehen können und es bereits dämmert, erfolgt der Abendappell. In Fünferreihen haben wir Aufstellung genommen. Überall werden Befehle geschrien. Die Arbeiter kommen nach einem schweren Tag zurück. Ein Haufen erschöpfter, müder und langsamer Männer. Auch sie nehmen Aufstellung. Eine laute Stimme erschallt über dem ganzen Lager: »Achtung, Appell.« Und plötzlich ist es totenstill im KZ Flossenbürg. Von den 24 Baracken ist kein Laut zu vernehmen. So weit das Auge reicht, sieht man Männer, die vor den Baracken stehen – eine riesige Armee von Gefangenen. Unten auf dem Platz steht der Lagerleiter und überblickt alles. Von dort ertönt der Befehl: »Still gestanden!« Alle werden nun durchgezählt. Immer wieder muss es wiederholt werden. Ständig werden Fehler gemacht und die Kranken in den Baracken müssen gezählt werden. Es dauert eine Ewigkeit, ehe alles stimmt. Danach dürfen alle in die Baracke, nur wir Neuen müssen weiter draußen warten.

Wir warten in der Kälte, während die anderen Kaffee, Brot und Ersatzsalami erhalten. Wir bekommen nichts, denn wir stehen am tiefsten in der Lagerhierarchie, wir sind die Paria in Flossenbürg. Durch das Fenster sehen wir das Brot und den Kaffee. Schließlich wird auch uns erlaubt, in die Baracke zu gehen. Und wir bekommen Brot, Kaffee und Käse. Der Käse stinkt, aber nicht genügend, um uns davon abzuhalten, ihn zu essen. Das Käsestück, das wir erhalten, ist drei Finger breit und einen Finger dick. Nachdem wir gegessen haben, geben sie uns ein paar Decken. Wir müssen auf dem Boden schlafen. Dreihundert Mann liegen dicht aneinander gedrängt auf dem harten Holzfußboden. Nach einer schlaflosen Nacht verlassen die Fabrikarbeiter, die ihre Betten im Nachbarraum haben, ihr Zimmer und wir werden nach draußen in die Kälte getrieben. Die Arbeiter bekommen Kaffee, wir bekommen nichts. Wir müssen warten, bis die Nachtschicht zurückkommt. Als sie ihren Kaffee erhalten haben, bleibt keiner für uns übrig. Aber wir dürfen in den Raum, in dem die Betten stehen. Wir können für eine Stunde schlafen, dann gibt es extra für uns einen Appell. Sie brauchen Freiwillige für die Arbeit im Lager. Wir alle vermeiden es, ausgewählt zu werden, keiner fühlt sich fähig zu arbeiten. Der Rest von uns darf in die Baracke zurück.

Nach dem Abendappell erlauben sie uns, in dem Raum mit den Betten zu schlafen. Nico und ich haben Glück und wir finden eine Koje. Ein Weile später gesellt sich noch ein Pole zu uns. Mit meinem Arm halte ich mich am Rahmen des Bettes fest, um nicht in der Nacht aus der 3. Etage auf die Männer zu fallen, die auf dem Boden liegen müssen.

Der Zimmerälteste und seine Helfer wecken uns am Morgen mit Schlagstöcken. Es ist Zeit für den Appell. Nach dem Appell verbringen wir unsere Zeit damit, uns vor den Arbeitskommandos zu verstecken, aber dann müssen wir doch den Schnee vor der Baracke wegschaufeln. Es ist schrecklich kalt. Danach bekommen wir wieder Suppe und dürfen nach drinnen gehen. In der Baracke werden wir Zeuge, wie ein Mann geschlagen wird. Es gibt einen Unterschied zu den Prügeln, die wir von Gleiwitz kennen und denen hier. In Gleiwitz waren die Prügel als Bestrafung gedacht. Hier dienen sie dazu, das Opfer zu töten.

Als wir unser tägliches Stück Brot erhalten, fühle ich mich sehr schwach. Mit ist nicht nach Essen, was mich überrascht, da ich, seitdem ich hier bin, immer hungrig war. Am Abend finde ich heraus, warum ich keinen Appetit habe. Ich leide unter schrecklichem Durchfall; es ist sehr schlimm und die Schmerzen sind so stark, dass ich sicher bin, Ruhr zu haben. Lange Zeit bleibe ich auf der Latrine, da ich Angst habe, mich selbst zu beschmutzen. Nirgends gibt es Hilfe, im Gegenteil, der Barackenälteste hasst besonders Leute mit Ruhr. Ich fürchte mich davor, dass er mitbekommt, wie häufig ich auf die Latrine laufen muss. Das würde das Ende meines Lebens bedeuten. Ich will am Leben bleiben und nach Amsterdam zurückkehren. Ich will sehen, wer die Lager überlebt hat, wie viele meiner Freunde durchgekommen sind.

Am nächsten Morgen kämpfe ich darum, etwas vom Kaffeesatz zu erhalten. Es scheint, als müsste ich mich mit tausend anderen um eine Hand voll prügeln. Aber es gelingt mir, und ich esse den Kaffeesatz in der Hoffnung, dass es hilft. Am Tag darauf melde ich mich für die freiwillige Arbeit. Obwohl immer noch krank bin, will ich nicht länger in der Nähe der Baracke bleiben. Nico kommt mit mir. Wir müssen den Schnee von den Straßen räumen. Wir arbeiten auf einem Weg oberhalb des Lagers, dort gibt es ein paar schöne Häuser. Vielleicht wohnen dort höhere Lagerangestellte. Kinder spielen mit ihrem Schlitten im Schnee. Sie haben Kuchenstücke in ihrer Hand. Richtiger Kuchen, wie aus einem Märchen. Aber so sehr wir es auch wünschen, er fällt ihnen nicht zu Boden. Am Abend ist mir immer noch übel und ich kann meine Brotration nicht essen. Nico würde sie gerne haben, aber ich will sie mir aufheben. Er fragt mich nicht direkt danach, aber ich kann es an seinen Augen ablesen. Ich gebe ihm die Hälfte. Mittlerweile schlafen wir zu viert in dem Bett, ein Russe kam noch hinzu.

Am nächsten Morgen melde ich mich wieder zur Arbeit. Nico begleitet mich und ist in der gleichen Gruppe. Nachdem sie uns gezählt haben, gehen wir in die Richtung der Quarantänebaracken. Dort in der Nähe sind auch die Werkstätten. In einer der Baracken ist eine große Schneiderei untergebracht. Wie gerne würde ich darin arbeiten wollen. Der Kapo des Arbeitskommandos kommt, er schaut aus wie ein Filmstar. Er ist glatt rasiert und trägt eine schöne Mütze auf dem Kopf. Die einzelnen Arbeitskommandos werden ausgerufen. Die Häftlinge laufen zu den Kommandos, die, wie sie annehmen, am besten sind. Innerhalb von ein paar Sekunden haben sich vier oder fünf Gruppen gebildet. Die Kapos helfen mit ihren Knüppeln nach. Nico und ich laufen mit den anderen mit, aber wir haben keine Ahnung wohin. Mein Nachbar erklärt mir, wo wir gelandet sind. Wir sind im Steinkommando, wir werden Bunker bauen. Das heißt, wir müssen

Steine schneiden. Die Arbeit ist schwer, aber der Kapo ist in Ordnung. Die anderen Gruppen sind das Holzschneidekommando, das Lagerhauskommando und der letzte Trupp muss Steine schleppen und neue Baracken errichten. Sie haben das schlechteste Kommando erwischt, denn es ist die schwerste Arbeit und sie haben einen sadistischen Kapo.

Wir gehen mit unserer Gruppe los. In dem Gebäude am Eingang erhalten wir Schaufeln und Pickel. Wir sehen wie richtige Minenarbeiter aus. Nachdem wir das Lager verlassen haben, müssen wir einen Abhang hinaufsteigen, zunächst geht es über hohe Stufen, danach kommen wir auf einen schmalen Weg. Immer höher klettern wir durch den Schnee, bis wir an unserem Arbeitsplatz angekommen sind. Vor uns liegt ein großer Fels, man kann sehen, dass er schon bearbeitet wurde. Unser Kapo befiehlt uns, mit der Arbeit zu beginnen. Über uns steht ein SS-Mann, der uns bei der Arbeit beobachtet. Von Zeit zu Zeit verschwindet er, da er auch das Holzkommando beaufsichtigt. Unser Kapo ist ein freundlicher alter Mann. Wenn wir den SS-Mann wiederkommen sehen, dann sollen wir ein Zeichen geben und unsere Arbeit wiederaufnehmen.

Mittags führt uns der SS-Wärter ins Lager und wir erhalten unsere Suppe. Danach gehen wir zurück und arbeiten bis fünf Uhr. Als wir wieder ins Lager kommen, gehen wir direkt in die Baracken, erhalten unsere Brotration und legen uns schlafen. Drei Tage arbeite ich in dem Kommando, bis ich am vierten Tag nicht schnell genug am Morgen bin und mich in der Truppe wiederfinde, die Steine schleppen muss. Die Felsenstücke sind so groß, dass auch mehrere Männer sie gemeinsam kaum bewegen können. Wir haben auch nicht das richtige Werkzeug hierfür. Alles muss mit den Händen gemacht werden.

Am Tag darauf lande ich im Holzkommando. Ich bin bereit, alles zu tun, nur nicht noch einmal diese Steine zu schleppen. In einem entfernten Winkel des Lagers liegen im festgefrorenen Schnee und Dreck Berge von Holz. Meine Arbeit besteht darin, das Holz aus dem Schnee zu befreien und klein zu hacken. Ich arbeite den ganzen Tag wie ein Roboter und denke immer nur ans Essen. Ich bin so hungrig. Die nächsten Wochen arbeite ich in den verschiedensten Kommandos. Den alten Lagerinsassen geht es besser. Sie werden nicht so schlimm behandelt wie wir. Es gibt zu viel Neuankömmlinge im Lager und sie versuchen uns loszuwerden. Nicht viele sprechen hier von Befreiung. Die Russen und die Amerikaner sind zu weit entfernt. Wir sterben wie die Fliegen. Wir werden zu Tode geprügelt, unser weniges Essen wird uns gestohlen und wir werden in die »Todeskommandos« gesteckt. Es gibt so viele Wege, um uns zu töten. Täglich sehen wir neue Stapel von Leichen. Wir haben früher von »Himmelfahrtskommandos« in anderen Lagern gehört, jetzt erleben wir sie hier in Flossenbürg zum ersten Mal.

Für einige Tage arbeite ich in verschiedenen Kommandos, bis ich meine jetzige Arbeit zugewiesen bekomme. In einer Ecke hinter dem Quarantänelager ist ein Loch in den Boden gegraben worden, das mit einem Eisengitter bedeckt ist. Wir sollen einen Tunnel durch den Fels schlagen, der zum tiefer liegenden Krematorium führt. Dann können die Leichen auf einer Lore von hier oben direkt ins Krematorium geschafft werden. Bisher müssen zwei Männer die Leichen an den Händen und Füßen packen und sie über den Zaun werfen. Während mehrerer Wochen arbeite ich mich durch den Fels.

Nico blieb die letzten Wochen in der Baracke, er ist zu krank, um sich zum Arbeiten zu melden. Seit ein paar Tagen geht es ihm ein wenig besser. Er spricht wieder, wenn ich abends in die Baracke zurückkomme. Ich glaube, er bekommt von einem Holländer, der im Kleiderlager arbeitet, etwas Essen, aber ich bin mir nicht sicher. Eines Abends, als ich zurückkomme, finde ich ihn nicht mehr. Die anderen sagen mir, dass er in der Ecke bei den anderen Leichen liegt. Ich finde ihn dort. Er ist mehr tot als lebendig, unfähig zu sprechen und fast nackt. Von den Toten nehme ich für ihn ein paar Sachen zum Anziehen und schleppe ihn von dort weg. Er ist nur noch am Leben, weil ein vierzehnjähriger Junge ihm half. Der Junge ist hier zum Stubenknaben des Barackenältesten geworden, und als solcher hat er etwas Einfluss. Die Prominenten des Lagers haben Stubenknaben für ihre sexuelle Befriedigung. Nico war in seinem Delirium in einen Streit geraten und die anderen hätten ihn wohl umgebracht, wenn der Junge nicht dazwischengegangen wäre. Viele dieser Stubenknaben sind grausam, aber nicht alle. Manchmal helfen sie auch den Häftlingen. Die meisten der Lagerprominenten haben einen Stubenknaben und retten so häufig das Leben dieser Jungen, aber um welchen Preis!

Nico will sterben. Er will nicht länger in dieser Baracke bleiben und er kann nicht mehr arbeiten. Seine Augen werden nur wieder lebendig, wenn ich ihm von dem »Paradies« in Gleiwitz erzähle. Nicos Rücken schmerzt fürchterlich, er hat Schwierigkeiten mit dem Atmen. »Coen, ich werde es nicht schaffen, nach Hause zu kommen.« Ich gebe ihm keine Antwort, was kann ich ihm schon sagen? Zweifle ich doch selbst, dass es mir gelingt. Alles und jeder tötet uns hier. Wo immer wir gehen, liegen Berge von Leichen. Ich fühle mich schuldig, am Leben zu sein und so lange durchgehalten zu haben. In Gleiwitz hatte ich mir geschworen, zu überleben und Zeugnis abzulegen, aber das ist lange her. Was unserer kleinen Gruppe von Holländern widerfuhr, geschieht überall. Millionen von Menschen müssen sich in Konzentrations- und Todeslagern überall in Europa befinden. Falls die Situation überall wie hier in Flossenbürg ist, müssen mittlerweile Hunderttausende von Menschen ermordet worden sein. Wir haben die Geschichten gehört, was mit den osteuropäischen Juden geschah. Wer kümmert sich in der Welt darum? Wenn es uns gelingt, dies zu überleben, werden wir aus einer Unterwelt emporsteigen. Die Menschen draußen müssen denken, dass wir längst tot sind. Niemand wartet mehr auf uns, niemand braucht uns. Und sollten wir es wirklich schaffen, in unsere Heimat zurückzukommen und zu erzählen, was mit uns geschehen ist, wer wird da sein und uns glauben?

Das Gerücht geht um, dass ein großes Kommando zusammengestellt wird, um in einer Flugzeugfabrik zu arbeiten. Es klingt gut. Nichts kann schlimmer sein, als hier zu bleiben. Es gelingt mir, Nico und mich auf die Liste zu bringen. Ein paar Tage später, sechs Wochen nach unserer Ankunft, marschieren wir wieder in die Baracke 22 im Quarantänelager, zum Ausgangspunkt unseres Aufenthalts in diesem Lager. Es scheint eine Ewigkeit her zu sein. Derselbe Barackenälteste mit denselben Freunden begrüßt uns. Sie sind immer noch hervorragend gekleidet, vielleicht sogar noch besser als vorher. Diese verdammten Verbrecher werden auf Kosten der anderen reich. Die Tage vergehen schnell, vielleicht weil Nico wieder an meiner Seite ist und sich ein wenig erholt hat. Er ist wie ein Bruder für mich. Die gleichen Regeln gelten wie vor sechs Wochen, es ist unmöglich, sie zu befolgen. Es muss mittlerweile Mitte März sein.

Den letzten Tag in Flossenbürg verbringen wir damit, vor der Baracke in Aufstellung zu warten. Die Kleidung, die wir erhalten, ist in einem schlechteren Zustand als die, die wir abgeben müssen. Aber ich habe Glück, denn ich finde einen polnischen Armeemantel. Ich habe auch ein paar Lederschuhe bekommen, allerdings mit Holzsohlen, die fürchterlich schmerzen. Dann marschieren wir auf den Appellplatz, ein Tisch wird aufgestellt und ein Schreiber notiert unsere Namen. In unseren Reihen entdecken wir mehrere Holländer, die auch in Gleiwitz waren. Dave Jacobs, Maxie Roselaar, Vas Dias, Maupie van Thyn (aus Auschwitz) sind bei uns, als wir Flossenbürg verlassen. Mit dem Verlassen des Lagers kommen wir der Heimat näher, wenn auch nicht, was die Entfernung betrifft, so doch zeitlich. Ich hoffe, es wird nicht mehr lange dauern, insbesondere für Nico und Maxie, der nicht einmal mehr mitbekommt, wohin er geht. Wir laufen durch das Dorf von Flossenbürg, diesmal den Berg hinunter und kommen bei den Bahngleisen an, wo uns Güterwaggons erwarten. Wieder sind wir sechzig Mann in einem Waggon. In der Mitte sitzen die Wärter, die genügend Platz für sich schaffen. Endlich fährt der Zug los. Vas Dias leidet unter schwerer Ruhr, der Gestank ist schrecklich. Er kann sich bis zum nächsten Morgen nicht säubern. Andere haben das gleiche Problem. Alle stinken.

Leonberg

Die Fahrt dauert vier Tage. In dieser Zeit bekommen wir einmal eine halbe Essensration.

Einmal hält der Zug direkt vor einem Friedhof. Die Wärter verlassen den Zug, um sich die Beine zu vertreten, aber wir müssen in den stinkenden Waggons bleiben. Wir sehen ein paar Frauen, die auf dem Friedhof zwischen den vielen, mit Blumen bedeckten frischen Gräbern umhergehen. Erst leise, dann immer lauter werdend singen wir »Deutschland, Deutschland über alles«. Die Wärter kommen im Laufschritt zurück und schlagen uns, der Gesang verstummt.

Das Gerücht geht um, dass wir in Richtung Stuttgart fahren. Das ist eine gute Richtung, dort sind die Amerikaner. Zum Glück fahren wir nicht nach Osten, wo die Russen sind. Man sagt uns, dass wir im Flugzeugbau arbeiten werden. Da Flugzeuge in der Nähe von großen Städten gebaut werden, in der Nähe der Zivilisation, kann es nur besser als Flossenbürg sein. Zumindest werden wir keine Steine mehr bearbeiten müssen. Schwach, die Augen eingefallen und stinkend, steigen wir nach vier Tagen aus dem Zug. Wir müssen uns aufstellen und marschieren durch Ruinen. Schilder warnen vor Blindgängern. Wir sind in Leonberg, wie uns ein Schild verrät. Nachdem wir durch die Stadt gelaufen sind, steigt die Straße an, zu beiden Seiten wunderschöne Häuser. Die Straße wird schlechter und bald hören auch die Häuser auf – vor uns liegt das Lager. Im Lager gibt es Steinbaracken, was wir vorher noch nicht kannten. Es ist das Lager Leonberg, in dem die Arbeiter der Heinkel Flugzeugfabrik untergebracht sind. Das Lager zieht sich entlang der Straße und ist durch einen doppelten elektrischen Zaun gesichert. Die Baracken wirken auf mich wie ein Wohnbaukomplex in der Stadt. Alles ist neu, aber schmutzig. Das ist mein siebtes Lager.

Auf dem Appellplatz zählen sie uns, dann bringen sie lange Tische und fangen mit der Registrierung an. Sie wollen alles von uns wissen. Wir müssen angeben, wo wir geboren sind, unsere letzte Adresse, die

Namen unserer Frauen, Eltern und Kinder, die Krankheiten, die wir hatten, unseren Beruf und die Lager, in denen wir bisher waren. Es dauert fürchterlich lange. Danach müssen wir uns erneut aufstellen und marschieren zum Badehaus, wo wir 250 Gramm Brot erhalten. So viel Brot auf einmal haben wir schon seit langer Zeit nicht mehr besessen. Wir bekommen auch »Kaffee«. Ich glaube, keiner von uns wird fähig sein, jemals wieder richtigen Kaffee zu erkennen.

Danach befiehlt man uns, hinter dem Badehaus zu warten, bis wir mit dem Duschen an der Reihe sind. Es dauert über zwei Stunden. Mittlerweile ist es dunkel geworden. Zusammen mit hundert anderen Männern ziehen wir uns in einem kleinen Raum aus. Ich muss Nico dabei helfen, denn er ist sehr schwach. Unsere Kleidung wird zusammengebunden und abgegeben. Alles Haar am Körper wird abrasiert. Das Wasser fühlt sich wunderbar an, es läuft für 20 Minuten und es ist warm. Wir fühlen uns danach besser, selbst Nico.

Im nächsten Raum sollen wir uns abtrocknen. Es gibt zwar keine Handtücher, aber das Wasser tropft von uns ab. Unsere Kleidung fühlt sich gut an, weil sie noch warm vom Desinfizieren an uns zurückgegeben wird. Danach laufen wir an das andere Ende des Lagers und warten vor der ersten Baracke. Nach einer Weile erhalten wir einen Napf und sie führen uns nach oben in die Baracke. Dort erhalten wir Suppe. Unten ist ein großer Raum, der mit Betten vollgestellt ist, immer drei übereinander. Aber die Betten haben keine Matratze. Nico und ich finden ein Bett für uns und wir können uns niedersetzen und die Suppe genießen. Es muss ein gutes Lager sein.

Am frühen Morgen ist erneut Appell. Jetzt können wir sehen, dass unsere Baracke von den anderen durch Stacheldraht abgetrennt ist. Wir entdecken Dave Jacobs und Maxie Roselaar, beide sind in einem schlechten Zustand.

Am Nachmittag findet der Appell auf dem großen Platz statt, dort sind auch vier Zivilisten anwesend, die sich mit dem Lagerkommandanten unterhalten. Schließlich erfahren wir das Ergebnis ihres Gesprächs: Metallarbeiter müssen sich in der ersten Reihe aufstellen, Tischler und Zimmermänner in der zweiten und ungelernte Arbeiter in der dritten Reihe. Jeder wählt den Beruf, der am ehesten verspricht, das Leben zu retten. Immer wieder zählen sie. Als die Sonne untergeht, können wir endlich in die Baracke zurück. Aber heute bekommen wir nichts zu essen.

Der dritte Tag im Lager fängt wieder mit dem Appell auf dem großen Platz an. Danach erhalten wir in der zweiten Baracke 200 Gramm Brot und werden auf die Zimmer verteilt. Jeweils 30 Mann stehen 15 Betten zu. Heute Nacht um 6 Uhr beginnt unsere erste Arbeitsschicht und wir können bis dahin schlafen. Jedes der Betten hat einen Strohsack als Matratze, aber wir haben jeweils nur eine Decke für jedes Bett. Wir erforschen das Gebäude in der Hoffnung, noch irgendwo Decken zu finden.

Im Keller entdecken wir einen Waschraum und Toiletten. Alles ist sehr einfach, nichts ist fertig gestellt oder sorgfältig gearbeitet, aber es sieht besser aus als das, was wir in den letzten Jahren gesehen haben. Wir können nicht widerstehen und waschen uns sofort. Sauberes gutes Wasser und eine wunderschöne Toilette, sie müssen glauben, dass Gefangene Menschen sind. Unter der Kellertreppe befindet sich ein kleiner Raum, daneben ein weiterer, das Warenlager. Dort entdecken wir auch Decken. Wir nehmen ein paar mit und schleichen in unser Zimmer zurück. Wir sind zu aufgeregt, um zu schlafen und unterhalten uns lieber durch die Fenster mit unseren Nachbarn, denn wir dürfen die Baracke nicht verlassen. Ich sehe Dave Jacobs, der in der ersten Baracke geblieben ist, weil er nicht mehr arbeiten will. Er schafft es einfach nicht mehr. Es ist ein großes Risiko. Diejenigen, die nicht mehr arbeiten können oder wollen, sind in der ersten Baracke geblieben.

Am Nachmittag werden auch wir noch einmal in die erste Baracke geführt. Dort erwarten uns Ärzte, die uns von Kopf bis Fuß untersuchen und alles notieren. Sie notieren selbst den Zustand der Zähne und des Zahnfleischs. Nachdem wir in unsere Baracke zurückgekehrt sind, sammeln wir uns für den 5-Uhr-Appell. Wir verlassen das Lager in Fünferreihen, die Arme untergehakt, und laufen den Weg weiter nach oben. Nachdem wir eine kleine Brücke überquert haben, kommen wir auf eine große Straße und dann auf eine unbefahrene Autobahn, die direkt in einen Berg führt. Der Eingang zu dem anscheinend riesigen Tunnel ist durch zwei Mauern versperrt. Zwischen diesen beiden Wänden laufen wir zu einem kleinen Eingang in der zweiten Mauer. Keine Bomben haben ihren Weg hierher gefunden. Es ist ein wunderbares Versteck für die Flugzeuge. Hinter einer weiteren Mauer befindet sich eine große geräumige Fabrikhalle. Sie haben den Autobahntunnel auf beiden Seiten zugemauert und so in eine Fabrik verwandelt.

Auf der einen Seite des Tunnels stehen viele Maschinen, auf der anderen Seite Reihen von Werkbänken. In der Mitte des Raumes sind große hölzerne Baugerüste, an denen die Flugzeugflügel hängen.

Wir müssen uns erneut aufstellen und werden in verschiedene Arbeitsgruppen eingeteilt. Mein Chef ist ein kleinwüchsiger deutscher Zivilist. Er erklärt mir, dass ich die Klappen an den Flügeln installieren muss. Ich tue so, als ob ich mein Leben lang nichts anderes getan hätte. Die Arbeit ist einfach. Wir fangen sofort damit an. Jeder ist mit einem einzigen Arbeitsvorgang beschäftigt. Wichtig ist, dass die Halle warm ist, während draußen noch Schnee liegt. Um 1 Uhr nachts heulen die Sirenen, aber es ist kein Alarm, sondern das Zeichen, dass wir etwas zu essen bekommen. Wir erhalten eine dicke Scheibe Brot mit Wurst darauf. Wunderbar, das ist wirklich ein gutes Lager. Um 6 Uhr morgens marschieren wir ins Lager zurück. Nico arbeitet in der Abteilung, in der die Flügel zusammengesetzt werden. Maschinen übernehmen die schwere Arbeit. Nico geht es besser. Die Arbeit kann im Sitzen erledigt werden und man muss nicht schwer heben. Seine Atmung klingt besser, wenn er auch noch viel hustet.

Wie anders ist dieses Lager als Flossenbürg. Um diese Zeit am Morgen hätten sie uns dort mit Prügeln aufgeweckt. Ich erinnere mich, wie einmal der Zimmerälteste einen Mann am Morgen geschlagen und getreten hat, weil er dachte, er wäre zu faul, aufzustehen. Aber es stellte sich heraus, dass der Mann die Nacht vorher gestorben war. Das war Flossenbürg. Jetzt sind wir in Leonberg, hier scheint es viel besser zu sein.

Als wir am Morgen ins Lager zurückkommen, gehen wir zuerst in den Keller, um uns zu waschen. Aber aus keinem der Hähne kommt Wasser. Der ganze Keller sieht aus wie ein Schweinestall. Wer immer hier war, hat die Waschbecken als Toiletten benutzt. Hier kann man sehen, wie tief ein Mensch sinken kann, wenn er so leben muss wie wir. Es war ein wunderbarer Waschraum und unsere eigenen Männer haben ihn zerstört. Wir sind niedergeschlagen, weil kein Wasser zum Waschen da ist.

Um 12 Uhr mittags erhalten wir 250 Gramm Brot und um 5 Uhr nachmittags, bevor unsere neue Schicht beginnt, gibt es etwas Warmes zu essen. So geht es die nächsten zwei Wochen, und wir kommen wieder etwas zu Kräften. Zweimal wechselten wir die Schicht, aber ich arbeitete lieber in der Nacht. So können wir am Tag die Sonne sehen und miterleben, wie der Frühling langsam beginnt. Seit wir hier sind, haben zwei Krankentransporte das Lager verlassen. Niemand weiß genau, wohin sie gingen, aber die Gerüchte sagen, dass Dachau das Ziel war. Vas Dias verließ das Lager mit dem ersten, Dave Jacobs mit dem zweiten Transport. Es war so dumm, wenn sie arbeiten gegangen wären, hätten sie eine viel größere Chance gehabt. Die Arbeit in der Fabrik stellte sich als sehr einfach heraus und sie hätten sich ein wenig erholen können. Nun werden wir sie höchstwahrscheinlich nie wieder sehen.

Maxie Roselaar arbeitet in der anderen Schicht. Manchmal sehen wir uns kurz während der Schichtwechsel. Er leidet immer noch unter der Ruhr. Mir geht es besser, aber bei ihm ist es unverändert. Das Essen, das wir hier bekommen, hat ihm nicht geholfen. Der Kaffeesatz brachte ihm auch keine Erleichterung. Eines Tages sehen wir ihn nicht mehr beim Schichtwechsel und wissen, dass auch er weg ist. Nico und ich sind nun die einzigen, die von unserer Gruppe aus Gleiwitz übrig sind. Es sind noch zwei Holländer hier, Maupie van Thyn und Hartog, die wir in Flossenbürg trafen. Maupie kam aus Auschwitz.

Zwei Wochen später werden wir zum Appell geweckt und bekommen den Befehl, unsere Sachen zu packen. Das ist einfach, wir haben nichts. Nico und ich nehmen uns jeweils zwei Decken. Der Appell dauert zwei Stunden. Wir alle haben Angst davor, weiterzuziehen. Wohin werden wir jetzt gebracht? In Richtung der Russen oder der Amerikaner?

Im Dunkeln verlassen wir das Lager. Ich muss an Machiel Pach denken, der auf dem ersten Evakuierungsmarsch gestorben ist. Er wollte ein Buch über die Lager schreiben. Er wollte der Welt zeigen, wie tief die Menschen sinken können. Einmal hatte er die Idee, dass wir alle, wenn der Krieg vorüber sei, mit dem linken Arm unbedeckt herumlaufen sollen. Die Menschen würden die eintätowierten Nummern auf dem Arm bemerken und erinnert werden. Vielleicht würde das helfen, in der Zukunft eine bessere Welt zu errichten. Unsere Nummern wären ein ewiger, schreiender Protest gegen Konzentrationslager und Tyrannei, wo immer sie auftauchen. Machiel ist tot und so all die anderen. Es ist an mir, dieses Buch zu schreiben, aber ich zweifle, dass es jemanden interessieren wird. Wir werden die Gespenster einer vergangenen Welt sein und ich habe Angst, dass keiner daran erinnert werden will, was geschehen ist.

Ampfing

Wir gehen in Richtung der Fabrik, passieren die Werkhalle und verlassen den Tunnel auf der anderen Seite. Eine Weile folgen wir der Autobahn. Zivilisten begegnen uns, viele schauen weg, wenn sie uns sehen. Die meisten unserer Kapos marschieren in einer Reihe vorneweg, sie sind immer noch kräftige Männer. Als die Sonne hoch oben am Horizont steht, scheint es, als würden wir in eine andere Welt gelangen. Wir sehen Häuser, Vororte und dann eine Stadt. Es ist Stuttgart. Eine Landschaft mit Tälern und Hügeln. Stuttgart ist schön und wird für uns noch schöner, als wir die Zerstörungen durch die Bomben sehen. Wir laufen durch mehrere Straßen, in denen kein Haus unbeschädigt geblieben ist. Niemand außer uns ist auf den Straßen. Eine Brücke führt uns über einen großen Fluss. Immer weiter laufen wir. Mit Begeisterung nehmen wir den Anblick der Zerstörung um uns herum wahr. Trotz unserer müden Körper und unserer schlechten Verfassung lächeln wir. Nachdem wir Stuttgart verlassen haben, folgen wir einer Straße, die einen Hügel hinaufführt. Wir sind todmüde. Endlich erreichen wir einen Bahnhof. Wir erhalten eine doppelte Ration Brot und können uns niedersetzen.

Ein Zug fährt in den Bahnhof ein. Und wieder ist es ein Güterzug. Diesmal sind wir 40 Mann in einem Waggon. Als es dunkel wird, verlässt der Zug den Bahnhof. In den nächsten zwei Tagen dürfen wir nur einmal den Waggon verlassen. Insgesamt sind wir vier Tage unterwegs, oft hält der Zug lange auf freier Strecke. Einmal bekommen wir Brot und ein wenig Kunsthonig.

Als wir nach vier Tagen den Zug verlassen, fühlen sich alle schwach und schwindlig. Niemand kann mehr geradeaus laufen, nur die Kapos und Wärter. Wie viel Kraft bleibt mir noch? All die Freunde von mir, die nicht durchgehalten haben, die jetzt tot sind. Warum bin ich noch am Leben? Nico ist am Ende. Er weiß es und ergibt sich in sein Schicksal. Wir müssen uns aufstellen und marschieren los. Aber nach eineinhalb

Stunden wird es für die Wärter immer schwieriger, uns voranzutreiben.

Endlich kommen wir zum Lager. Alles, was wir sehen können ist Stacheldraht, ein paar kleine Hütten und ein weites Feld, aus dem Dächer hervorragen. Einige unserer Männer kennen diese Art von Lagern. Die Baracken sind unterirdisch, nur die Dächer ragen hervor. Wir können nur wenige Häftlinge ausmachen. Dann ist es Zeit für den Appell und jeweils 10 Mann erhalten einen Laib Brot. Nico hat sich nach dem Appell auf der Stelle hingelegt. Die SS sagt uns, dass wir in dieser Nacht draußen bleiben müssen. Es ist kalt und es fängt zu nieseln an. Aber es ist egal, ich werde nicht aufgeben, nicht jetzt. In einiger Entfernung sehen wir Bäume und eine kleine Hütte. Wir würden gerne dort hingehen, vielleicht erlauben sie uns später, das Lager zu betreten. Bisher sitzen wir noch immer vor der Lagerumzäunung und warten wie Hunde auf Einlass. Nach einer Weile schicken sie jeweils 200 Mann zur Desinfektion. Nico und ich sind in der zweiten Gruppe. Was immer geschieht, wir passen aufeinander auf. Wir müssen uns ausziehen und die Kleider abgeben. Unsere Körper werden bis auf Kopf und Bart rasiert. Danach besprüht man uns kurz mit kaltem Wasser.

Anschließend müssen wir in einem Raum warten, bis wir trocken sind. Das bedeutet so lange warten, bis sie unsere Sachen durchsucht haben, um vielleicht etwas Nützliches zu finden. Wir kennen dieses Szenarium mittlerweile nur zu gut. Hoffentlich schicken sie uns bald in eine Baracke. Wir brauchen eine Unterkunft.

Nachdem wir unsere Kleider zurückerhalten haben, vermisst jeder etwas. Meine Decken sind weg. Doch dagegen kann man etwas machen. Die Fenster im Raum sind mit Decken abgehängt, ich nehme eine für Nico und mich. Aber noch immer dürfen wir uns nicht ausruhen. Wir werden wieder nach draußen geschickt. Mittlerweile regnet es. Sie stellen uns auf und lassen uns vom Lager wegmarschieren, über Wiesen, manchmal durch kleinere Wälder, immer auf schmalen Wegen. Nach zwei Stunden sind wir sicher, dass wir uns verirrt haben. Die Wärter werden immer ungehaltener und prügeln immer öfter auf uns ein. Schließlich bleiben wir einfach stehen und warten. Dann kommen endlich Wärter eines Nachbarlagers und unsere Aufpasser erkundigen sich nach dem Lager 7. Es muss also mindestens sieben Lager in dieser Gegend geben. Eine Flucht im Wald wäre sicherlich möglich, aber was sollen wir danach tun? Wo finden wir etwas zu essen, eine Unterkunft? Wo sollen wir uns verstecken, schwach und krank wie wir sind? Wenn wir den Wärtern folgen, werden wir zumindest einen Platz zum Schlafen haben und vielleicht sogar etwas zu essen.

Nach einer Weile erreichen wir jenes Lager, wieder ragen aus dem Boden Dächer hervor. Wir sehen sonst keine Gebäude. Sie treiben uns schließlich in eine der Baracken unter der Erde. Der Gestank und die Enge raubt uns den Atem. Diese Bunker sind alle gleich gebaut. Nachdem man die dreckigen Stufen hinabgestiegen ist, kommt man in einen Raum, durch den ein schmaler Gang von der Eingangstür bis zur Rückwand führt. Auf beiden Seiten des Gangs befindet sich ein Holzpodest, einen halben Meter hoch und eineinhalb Meter tief bis zum Dachansatz. Diese Plattform dient als unser Schlafquartier. Sie ist mit einer dünnen Strohschicht bedeckt. Außer einem eisernen Ofen in der Mitte des Raumes gibt es sonst nichts. Wie Sardinen werden wir hineingepresst. Nico und ich lassen uns auf das stinkende Stroh fallen und schlafen sofort ein.

Den nächsten Tag verbringen wir damit, nach etwas Essbarem zu suchen. Nico und ich finden ein paar Kartoffelschalen. In der Nacht erhalten wir sogar etwas Suppe, aber keiner von uns hat einen Becher oder Napf. Verzweifelt suchen wir ein Gefäß. Es gibt eine Küchenbaracke, aber sie ist abgesperrt. Wir brechen sie auf und holen uns Behälter. Von den anderen Häftlingen erfahren wir, dass diese Ansammlung von Lagern den Namen »Kaufering Lager« trägt und wir in der Nummer 7 sind.

Wir verbringen eine zweite Nacht auf dem dreckigen Boden der Baracke. Außer der Küchenbaracke gibt es hier kein Gebäude, das sich über der Erde befindet. In der Nähe des Eingangstores ist der Appellplatz. Außerhalb der Umzäunung stehen ein paar weitere Häuser, in denen die SS-Wachen wohnen. Die Kapos vergnügen sich damit, uns im Regen herummarschieren zu lassen. Zu essen bekommen wir nichts. An manchen Tagen erhalten wir eine Kleinigkeit, jedoch nicht mehr als ein oder zwei Bissen. Die letzten Wochen waren die schlimmsten in diesen drei Jahren. Keiner von uns sieht mehr wie ein Mensch aus.

Während des Appells fängt plötzlich eines der Skelette neben mir in Holländisch zu sprechen an, sein Name ist Keizer. Er bemitleidet uns für unsere schreckliche Lage, aber wenn man ihn ansieht, merkt man, dass er bereits selbst weit davon entfernt ist, sich jemals wieder zu erholen. Sein Atmen ist ein einziges Pfeifen, und nur noch ab und zu kann er sich aufrichten. Er spuckt Blut. In Amsterdam war er Polizist und lebte nur acht Minuten von mir entfernt. Während wir hier im Regen stehen, sind wir mit unseren Gedanken für ein paar wunderbare Minuten wieder in unserer geliebten Heimatstadt Amsterdam.

Am Nachmittag werden wir auf dem großen Appellplatz zusammengerufen. Das Tor öffnet sich und einige Männer in SS-Uniform betreten das Lager. Sie beginnen mit einer ärztlichen Untersuchung. Die Ärzte nehmen uns in Augenschein, hören sich, jedoch aus einer gewissen Entfernung, unsere Atmung an, dann klopfen sie uns auf die Brust und wir werden für arbeitsfähig erklärt. Sie können alles mit uns machen, sie können uns das Essen für Tage verweigern und doch sind wir immer noch gut genug, um Hitlers tausendjährigem Traum zu dienen. Jedes Mal, wenn sie uns brauchen, um ihr deutsches Vaterland zu retten, kommen wir gelaufen und lassen uns von diesen Ärzten untersuchen, Ärzte, die ihre Köpfe vor unserem Gestank abwenden. Was sie betrifft, sind wir immer gesund.

Kurze Zeit später marschieren wir aus dem Lager. Erneut schließt sich ein Tor hinter mir. Durch acht Lager kam ich, man würde denken, es reicht. Sie könnten mich jetzt nach Hause gehen lassen. Ich ging durch ihre Schule und habe genügend gelernt. Was geschah nicht alles seit dem 25. April 1942 und – ich weiß nicht einmal mehr genau, welcher Tag heute ist. Entweder der 6., 7., 8. oder 9. April 1945. Am 6. April ist der Geburtstag meiner Frau.

Die Amerikaner wissen nicht, wo wir uns aufhalten oder interessieren sich nicht dafür. Die Russen sind zu weit weg und ob sie uns retten wollen, ist nicht sicher. Einige glauben, dass wir näher an München als an Berlin sind. Die Russen denken nur an Berlin. Ich kann es ihnen nicht verübeln, denn Berlin liegt näher an Polen. Die Amerikaner müssen uns befreien, ehe es zu spät ist.

Nachdem wir das Lager verlassen haben, halten wir an und bekommen ein wenig Suppe. In der Suppe sind Nudeln, wie wunderbar. Danach marschieren wir weiter, nach drei oder vier Stunden erreichen wir Bahngleise. Ein Zug wartet auf uns. Es sind offene Güterwaggons. Jeweils 50 Mann kommen in einen Wagen. Wir haben kein Glück, die Prominenten, hauptsächlich Kapos, steigen in unseren Waggon ein und nehmen die Hälfte des Platzes für sich in Anspruch. Bald versinken wir in einen Dämmerzustand. Das ist für uns die beste Zuflucht. Wir haben ein paar Decken, die wir vom Lager mitnahmen. Es friert nicht mehr, doch ist die Nacht immer noch bitterkalt. Zweimal hält der Zug wegen eines Luftalarms. Die Flugzeuge fliegen tief über den Zug, aber sie schießen nicht. Es sind Amerikaner. Während der Reise erhalten wir kein Essen und nichts zu trinken.

Einmal halten wir auf einem Bahnhof in einer Stadt. Zumindest war es eine Stadt, ehe sie durch Bomben vollkommen zerstört wurde. Jetzt sehen wir nur noch Schutt. Da alle Häuser zerstört sind, können wir weit blicken. In der Nähe des Bahnhofs arbeiten viele russische Zivilarbeiter. Nach einer Weile kommen ein paar näher. Einer der Zivilarbeiter unterhält sich mit dem russischen Häftling neben mir. Der Zivilarbeiter wirft ihm eine Scheibe Brot zu, und mir gelingt es, sie aufzufangen. Ich gebe sie dem Mann, für den sie gedacht war. Er ist so überrascht, dass er mir ein Stück davon abgibt. So haben Nico und ich etwas zu beißen. Nicht, dass ich so ehrlich bin, aber ich dachte, wenn ich das Brot behalte, dann würde ein Streit ausbrechen. Und das hätte ich nicht mehr durchgestanden, insbesondere weil Nico in einem schlechten Zustand ist. Zum Glück gelingt es mir manchmal noch, schnelle Entscheidungen zu treffen.

Als wir endlich unseren Bestimmungsort erreichen, taumeln wir aus den Waggons. Jemand behauptet, dass wir in der Nähe Münchens sind. Kein Schild gibt einen Hinweis darauf. Ich weiß, wir haben keine Kraft mehr, um weiterzumarschieren. Wir hängen aneinander und bewegen uns so vorwärts. Wir stolpern, fallen hin, suchen Halt bei unseren Kameraden, die im gleichen Zustand wie wir selbst sind. Alle haben das Gefühl, dass das Ende nahe ist. Ich weiß nicht, wie man die Art unserer Fortbewegung bezeichnen soll, ein Wort dafür gibt es nicht. Alles wird schwerer, unsere Arme, Köpfe, der Druck auf unseren Schultern. Wir kommen an Häusern vorbei. Zu unserer Rechten ist ein Gefängnis, das uns wie ein Palast vorkommt. Einer der Kapos erzählt uns, dass Hitler hier nach dem Putschversuch inhaftiert war. Er nennt den Namen »Landsberg«. Wir haben keine Ahnung, wo wir sind, nirgends gibt es Schilder. Auf beiden Seiten der Straße stehen schöne Häuser, wie wunderbar wäre es, sich darin auszuruhen.

Während wir uns gegenseitig stützen, träumen Nico und ich davon, wie unser Leben nach dem Krieg sein wird. Unser Reden und die Tagträume erleichtern das Vorwärtskommen. Der arme Nico ist in einem weitaus schlechteren Zustand als ich. Die letzte Zugfahrt hat ihn wirklich erledigt. Seine Atmung klingt mühsamer denn je, seine Augen starren ins Leere. Wenn er zu mir spricht, dann liegen lange Pausen zwischen den Wörtern. Jeder in unserer Gruppe hat große Schwierigkeiten. Wir gehören in ein Krankenhaus. Immer mehr Männer brechen zusammen. Wir müssen sie aufheben und mit uns schleppen. Die Wärter schießen nicht, da wir in einer bewohnten Gegend sind. Nach ein paar Stunden erreichen wir unser Ziel. Es ist wieder ein Lager mit Baracken, die unter der Erde liegen und wo nur die Dächer zu sehen sind. Aber alles wirkt neu. Auf dem Weg in das Lager kommen wir an einem Holzkreuz mit einer Jesusstatue vorbei. Viele unserer Männer verfluchen ihn. Warum? War er nicht auch dem Untergang geweiht, wie wir? Er trug sein Kreuz und wusste, wofür er es tat. Wir tragen unseres, aber wir sehen kein Ende und wissen nicht, weshalb wir das alles erleiden. Sie sagen, dass er für die Sünden der Menschheit am Kreuz gestorben sei. Sind diese Deutschen da mit eingeschlossen? Was ist mit den Opfern, wer kümmert sich um sie?

Am Zaun des Lagers dürfen wir uns ausruhen. Vor dem Tor gibt es ein kleines Wachhaus. Andere Gebäude sehen wir nicht, nur diese niedrigen Dächer. In der Nähe des Lagers fließt ein Bach vorbei. Es ist gutes Wasser, denn nachdem wir getrunken und uns ein wenig ausgeruht haben, fühlen wir uns besser. Bis zur Dämmerung bleiben wir dort, dann öffnen sie das Tor und lassen uns hinein. Im Lager müssen wir uns zum Appell aufstellen, dann dürfen wir uns einen Schlafplatz suchen. Ein Kapo nähert sich uns. Er ist Jude. Von ihm erfahren wir, dass es eine Baracke mit Juden gibt und ein paar jüdische Kapos.

Wir gehen zu der jüdischen Baracke, die sich am Ende des Lagers befindet. Neben der jüdischen Baracke liegt das Revier. Der Chef dieser Baracke nennt sich Arzt, aber sein einziges Verdienst besteht darin, Deutscher zu sein. In der Nacht geht es Nico erneut schlechter. Um fünf Uhr morgens ist Appell. Dichter Nebel liegt über den Lager, und die Männer haben Schwierigkeiten zu atmen. Ich stütze Nico, der am Morgen nicht allein hochkam. Er schnappt nach Luft, seine Zähne klappern und sein Körper glüht, da er hohes Fieber hat.

Nach dem Appell erhalten wir eine Scheibe Brot, die nicht dicker als ein Finger ist. Wir essen und dürfen dann im Lager frei herumlaufen. Zumindest kommt die Sonne heraus. Viele der Häftlinge haben angefangen, Klee zu sammeln und zu essen. Sie nennen es Kaninchen-salat. Ich folge ihrem Beispiel. Aber bald findet sich kein Klee mehr. Später stellen sie Leute für verschiedene Arbeitskommandos zusammen. Ich werde auch ausgewählt. Mein Chef sieht wie ein Förster aus, er ist Zivilist. Er führt unsere Gruppe in die Nähe des Waldes, wo sich ein paar eilig zusammengebaute Hütten befinden. Im Inneren der Hütten ragen die Baustümpfe immer noch aus der Erde. Wir erhalten Äxte, um die Baumstümpfe zu entfernen. Mit einem jungen Russen gehe ich in eine der Hütten. Ich merke, dass er Angst vor mir hat. Ich muss mit dem schwarzen Ruß, der immer noch aus meinen Poren kommt, nicht sehr ansehnlich wirken. Hungrig setzen wir uns in der Hütte nieder. Er sieht so schmutzig und schwach wie ich aus. Von Zeit zu Zeit hacken wir mit der Axt in den Baumstumpf.

Am Mittag nütze ich die Gelegenheit, um nach Nico zu sehen. Es geht ihm schlechter als am Morgen. Ich habe weder zu trinken noch zu essen für ihn. Als ich zurück zur Arbeit komme, hat der Russe einen Knochen. Er legt ihn auf den Boden und schlägt mit der Axt darauf. Jetzt haben wir beide ein Stück. Bis um sechs Uhr abends saugen wir daran. Der Förster, unser Chef, hat einen Korb voller Kartoffeln mitgebracht. Es gelingt mir, eine Hand voll zu ergattern. Glücklich gehe ich zurück zu Nico, um ihm meinen Schatz zu zeigen. Er richtet sich ein wenig auf und sagt mir, dass wir sie nicht roh essen dürfen. Wir müssen vorsichtig sein, wegen der Ruhr im Lager. Ich wasche die Kartoffeln und schneide sie in hauchdünne Scheiben. Als ich in die Baracke zurückkomme, ist Nico weg. Sie sagen mir, dass er im Revier liegt. Ich gehe zu ihm, er schaut mich an und erkennt mich. Von seinem Finger nimmt er einen kleinen Ring, den er sich in der Flugzeugwerkhalle in Leonberg gemacht hatte. Mit fiebrigen Augen sagt er: »Coen, nimm ihn. Wenn du nach Hause kommst und jemanden von meiner Familie findest, gib ihnen den Ring von mir. Sag ihnen, dass ich alles getan habe, um es zu schaffen, aber es gelang mir nicht.« Ich weine bei seinem Anblick. Ich bleibe bei ihm, bis es dunkel wird. Danach gehe ich in die Baracke zurück und um Mitternacht gelingt es mir endlich, an den Ofen zu kommen und die Kartoffeln zuzubereiten. Als ich zurück zu Nico komme, ist er wach, aber er will nichts essen. So esse ich allein.

Der Morgenappell ist um vier Uhr morgens. Bis sechs Uhr stehen wir in tiefem Nebel. Dann bekommen wir eine Scheibe Brot und die

Männer, die einen Napf haben, erhalten schwarz gefärbtes Wasser, das sie Kaffee nennen. Um viertel nach sechs müssen wir uns wieder aufstellen und verlassen das Lager, um zu unseren Arbeitsplätzen zu gehen. Mittlerweile wissen wir, dass wir in Sandau sind. Die meisten von uns können kaum noch laufen. 500 Mann torkeln auf einer Landstraße zur Arbeit. Die Landschaft sieht ein wenig wie in Holland aus, wenn man sich die Berge am Horizont wegdenkt. Auf beiden Seiten des Weges sind Bäume und Weideland. Auf den Feldern stehen durch Äste getarnte Flugzeuge. Nach dem Zustand der Straße zu schließen, muss es hier viele Luftangriffe gegeben haben. Nach einer Stunde erreichen wir einen Platz, wo Abflussrohre im Boden verlegt werden. Sie geben uns Schaufeln und wir müssen Gräben ausheben. Unsere Wärter gehen ins Lager zurück. Sie sind ältere SS-Männer. Bewacht werden wir von jungen Soldaten, die wirklich noch Kinder sind. Unsere Kapos sind nirgends zu sehen. Die Gräben müssen einen Meter tief und eineinhalb Meter breit sein. Dann legen wir die schweren Zementrohre hinein und verbinden die Teile miteinander.

Gegen Mittag erhalten wir eine dünne Scheibe Brot und haben eine halbe Stunde Pause. Als wir uns auf dem Feld am Rande der Straße ausruhen, gibt es einen Luftalarm. Es ist der zweite an dem Tag. Am Nachmittag kommt es erneut zu einem Luftangriff. Wir können nicht erkennen, welcher Nationalität die Flugzeuge sind. Es ist 8 Uhr abends, als wir in das Lager zurückkommen. Wir müssen uns aufstellen und erhalten Suppe. Es gibt nur ein paar Näpfe. Sobald man die Suppe gegessen hat, erhält der nächste den Napf. Niemand kümmert sich darum, dass sie zwischendurch gewaschen werden. Erst gegen halb zehn bin ich an der Reihe. Danach stehle ich mich davon, um Nico zu sehen. Er erzählt mir, dass er den ganzen Tag nichts zu essen erhalten hat. Ich denke, er sieht ein wenig besser als am Abend davor aus. Ich sage ihm, dass er nur noch ein wenig länger aushalten muss, dann können wir beide das Lager für immer verlassen.

Am nächsten Tag machen wir die gleiche Arbeit. Es sind viele neue Arbeiter aus anderen Lagern hinzugekommen. Ich treffe zwei Holländer, die jedoch nicht viel reden. Bei einem der Luftangriffe sterben drei unserer Männer. Am Abend erhalten wir wieder Suppe. Nico geht es wieder schlechter. Seine Lippen sind mit getrocknetem Schleim bedeckt und seine Nase ist verstopft. Ich hole Wasser, um ihn ein wenig zu waschen. Der Doktor verspricht mir, etwas Suppe für

Nico zu besorgen. Ich warte, bis er sie bringt, und versuche Nico damit zu füttern. Er hat Schwierigkeiten zu schlucken.

Am nächsten Tag bleiben die meisten Häftlinge wegen der Luftangriffe im Lager. Ich muss jedoch raus. Zehn Männer sterben und fünf werden durch die Angriffe schwer verwundet.

Am Abend gibt es keine Suppe, aber dafür müssen wir uns eine Ansprache des Lagerältesten anhören. »Heute«, sagt er, »stahl jemand von euerem Essen. Er brach in die Küche ein und stopfte so viel frisches Gemüse in sich, bis sein Magen aufbrach.« Er befiehlt ein paar Männern, den Dieb in die Mitte des Platzes zu legen. Es ist ein 16-jähriger Junge. Er hat ein großes Loch in seinem Bauch, aus dem Gemüse herausquillt. Wir sind wütend und angeekelt von dem Lagerältesten. Wir haben Mitleid mit diesem armen Jungen. Die Wahrheit kommt bald heraus. Der Junge war nicht mehr fähig zum Arbeiten und blieb daher im Lager. Und da er nichts zu essen bekam, durchsuchte er die Küchenabfälle. Er wurde erwischt und von dem Lagerältesten und seinen Helfern zu Tode geprügelt. Dann werden sie wohl seinen Bauch aufgeschnitten und ihn mit Gras und Gemüse voll gestopft haben.

Die Woche ist unerträglich hart, täglich marschieren wir zur Arbeit und suchen immer wieder verzweifelt Deckung vor den Luftangriffen. Wir sind todmüde in diesen Tagen, bald unterscheidet sich unser Aussehen nicht mehr von den Toten, die überall liegen.

Die Stimmung im Lager wird immer angespannter. Die Männer streiten sich um jede Kleinigkeit. Niemand hat mehr Geduld. Die Ungewissheit zwischen Tod und Freiheit ist unerträglich. Die Kapos sind unberechenbar; manchmal versuchen sie, freundlicher und geduldig zu sein, um dann schlimmer als jemals zuvor zu reagieren. Es liegt eine Spannung in der Luft, die uns verändert. Alle Männer haben tiefe eingefallene Augen und sprechen mit einer erregten Stimme. Wenn wir streiten, was regelmäßig vorkommt, klingen unsere Stimmen nicht, als würden wir schreien, sondern weinen. Die Latrinen sind zu blutig, um sie zu benutzen. Das ganze Lager sieht mittlerweile wie eine Latrine aus, alles und jeder stinkt.

Am 24. April müssen wir uns vor Tagesanbruch zum Appell aufstellen. Wir wissen, was das zu bedeuten hat. Wir werden evakuiert, ein weiterer Todesmarsch liegt vor uns. Sie sagen uns, dass wir von hier bis nach München marschieren müssen, das heißt 80 Kilometer nach

Osten. Ich habe genug, ich werde mich weigern zu gehen. Meine Füße und mein Körper werden das nicht mehr schaffen. Nach all diesen Monaten und insbesondere nach den letzten Tagen ist es nicht mehr möglich für mich. Ich werde nicht gehen, ich werde hier mit Nico bleiben. Die paar noch verbliebenen Holländer weigern sich ebenfalls. Der Lagerälteste teilt uns mit, dass der Arzt entscheiden wird, wer fähig ist, auf den Transport zu gehen. Ungefähr 200 Mann melden sich, und wir werden untersucht. Doch der Arzt befindet, dass wir gesund genug sind. Doch dann beschließt der Lagerälteste, dass wir bleiben sollen, wären wir doch eh nur ein Hindernis für die anderen. Um sechs Uhr morgens verlassen sie das Lager, keiner von ihnen wird es in dieser Verfassung bis nach München schaffen.

Ein Wärter wurde für uns zurückgelassen. Ungefähr hundert Männer stehen am Tor und nochmals so viele liegen auf der Krankenstation. Wir müssen nicht lange warten, um herauszufinden, was mit uns geschehen wird. Der alte Wärter kommt auf uns zu und wirft sein Gewehr weg. Er hebt seine Hand, um uns etwas zu sagen. Sofort verstummen wir alle. Es ist so ruhig, selbst die Natur scheint zuzuhören. Nicht einmal der Wind in den Bäumen ist zu vernehmen. »Kameraden«, sagt er, »von diesem Moment an seid ihr frei. Der Lagerkommandant gab mir den Befehl, euch in die Hände der Amerikaner zu übergeben. Es gibt kein Essen mehr im Lager und es kann drei Tage dauern, ehe die Amerikaner hier sind. Sie sind 25 Kilometer entfernt. Ich werde mich auf die Suche nach Essen machen und euch für eine Zeit allein lassen. Verlasst das Lager nicht.« Und weg ist er, mit einem Fahrrad fuhr er davon. Keiner von uns glaubt, dass er jemals wiederkommt. Wir sind frei, frei, frei!!!! Nicht befreit, aber frei. Der Feind ist verschwunden. Alles ist ohne einen Kampf vorüber.

Wir sind wie betäubt. Aber bald verändert sich die Stimmung. Das Tor ist offen, wir können hindurchgehen. Einfach so. Niemand wird uns daran hindern. Wir sind frei. Niemand schlägt uns mehr. Vielleicht ist es jetzt an uns zu schlagen. Aber wen? Es ist alles verrückt. Es gibt keine Kämpfe, keine Flugzeuge, keine Soldaten. Keiner schert sich einen Dreck um das Lager. Sie sind einfach weg und haben noch nicht einmal versucht, uns zu erschießen. So einfach, so unglaublich. Wir hätten nie gedacht, dass es so enden würde. In unseren Phantasien sahen wir immer eine sehr dramatische Szene vor uns, wie das Tor sich öffnet und wir frei sein würden. Wir klopfen uns gegenseitig auf den Rücken, umarmen uns und lachen. Wir benehmen uns wie kleine Kinder, aber wir können wegen unserer Schwäche nicht laufen oder tanzen. Wir können kaum stehen, aber wir sind frei.

Ich habe Nico ganz vergessen, ich laufe zu ihm. Er ist wach und hört von mir die Neuigkeit. Es macht ihn glücklich, aber er hat keine Kraft mehr, sich zu freuen. Um ihn aufzumuntern, verspreche ich ihm, etwas zu essen zu finden. Alles ist vorbei und Nico lebt.

In der Zwischenzeit haben die anderen Holländer eine Baracke gefunden, in der wir alle unterkommen. Während Maupie in der Baracke bleibt und Feuer macht, gehe ich mit zwei anderen Holländern auf Essenssuche. Das Tor ist niedergerissen und in der Nähe der SS-Baracke finden wir einen großen Berg Kartoffeln und Karotten. Aber ungefähr fünfzig Männer prügeln sich darum. Warum nur, denn es gibt genügend für alle. Wie können wir etwas abbekommen, ohne dabei verletzt zu werden? Ich habe eine Idee. Plötzlich schreie ich mit einer lauten harschen Stimme auf Deutsch: »Was ist hier los. Verschwindet. Niemand hat die Erlaubnis, etwas zu nehmen!« Mein Deutsch ist nicht so gut, aber es funktioniert. Ohne aufzusehen rennen alle davon. Jonas lacht. Wir müssen nun schnell sein. Wir finden ein leeres Fass und füllen es mit Karotten und Kartoffeln. Es wird schwierig sein, es zurückzutragen. Wir sind so schwach, dass wir alle paar Schritte ausruhen müssen. Aber schließlich erreichen wir unsere Baracke. So schnell wir können, schälen wir die Kartoffeln. Ein paar der Kartoffeln schneiden wir in dünne Scheiben, um sie zu rösten und gleich zu essen. So ist der schlimmste Hunger gestillt, als der erste Topf mit gekochten Kartoffeln fertig ist. Trotz unserer schlechten Zähne und blutigen Gaumen essen wir die Karotten roh. Ein paar der gekochten Kartoffeln bringe ich Nico. Den ganzen Tag verbringen wir damit, zu kochen und zu essen. Aus dem ganzen Lager sammeln wir Decken für uns. In der Baracke der Kapos finden wir Strohmatratzen. Am Abend besuche ich noch einmal Nico, der nur sehr, sehr wenig essen kann. Für die Nacht legen wir die Matratzen und die Decken zusammen und haben so ein wunderbares Bett.

Stimmen wecken uns. Wir hören Motorengeräusche. Was geschieht? Es klingt als wäre eine Autokolonne im Lager angekommen. Wir hören den Befehl zum Appell. Wir greifen nach unseren Schuhen und nehmen ein paar Decken mit. Außerdem stecken wir uns noch Kartoffeln ein. Verwirrt sehen wir uns im Lager um. Unsere Freiheit ist vorüber, wir sind wieder Häftlinge. Fünf große Laster warten gegenüber am Eingangstor. Wir müssen auf die Ladefläche klettern. Ich will nach Nico sehen, aber der Wärter sagt uns, dass die Kranken schon aufgeladen sind. Ich suche Nico und finde ihn auf einem der Lkws. Alle Holländer bleiben zusammen. Die Wärter sind nicht böse. Sie sagen uns, dass wir in ein besonderes Lager für Kranke fahren. Wir sind immer noch Häftlinge. Auf dem Lkw sind wir ungefähr 20 Mann. Es ist eng. Die Ladefläche ist mit einer Plane abgedeckt. Wir sitzen auf unseren Decken. Es muss nach den Sternen zu schließen ungefähr elf Uhr nachts sein. Schmerzvoll wird uns langsam bewusst, was geschehen ist. Wütend schreien und fluchen wir. Wir schreien unseren Ekel in die Welt hinaus. Am meisten hassen wir uns selbst. Der Laster klappert über die holprige Straße und verursacht Nico noch größere Schmerzen. Nach einer Weile beruhigen wir uns ein wenig. Wir legen uns nieder und versuchen zu schlafen. Als der Tag anbricht, fangen die Männer wie gewöhnlich zu streiten an. Ich verteile ein paar meiner Kartoffeln. Alle wollen welche, selbst die, die noch eigene haben. Ich gebe nur den Holländern ein paar. Als es draußen heller wird, sehen wir, dass wir durch eine Ortschaft fahren. Auf beiden Seiten der Straße stehen Häuser. Nachdem wir die Ortschaft verlassen haben, kommen wir für lange Zeit durch unbewohntes Gebiet. Dann tauchen auf der einen Seite der Straße Baracken auf und auf der anderen Seite liegt ein Flugplatz.

Kurz nachdem wir an den Baracken vorbeigekommen sind, ertönen plötzlich Sirenen. Alle Lkws kommen zum Stehen, und dann fängt ein Laster nach dem anderen an, in den Wald neben der Straße zu fahren. Nur unserer, der erste des Konvois, bleibt auf der Straße zurück. Der Fahrer und die Wärter springen vom Laster und suchen unter den Bäumen Schutz. Atemlos beobachten wir den amerikanischen Luftangriff auf den Flughafen. Maupie klettert vom Laster, um zu pinkeln. Der Angriff dauert nicht länger als ein paar Minuten. Als die meisten Flugzeuge schon wieder weg sind, nähert sich eines unserem Lkw. Als es über uns hinweg fliegt, feuert es eine Salve ab. Mein Gott, sie schießen auf uns. Wir sind das Ziel. Ich fühle einen heftigen Stoß an meinem Bein. Oh Gott, nicht mein Bein. Ich greife danach, aber es gibt kein Blut und ich kann es normal bewegen. Alle auf dem Laster brüllen hinaus in die gleichgültige Welt, es ertönen Laute, als würde eine Herde von Tieren geschlachtet. Die ganze Ladefläche schwimmt in Blut. Die Amerikaner haben auf uns geschossen. Ich sitze mit dem Rücken zur Wand und sehe, wie ein Mann versucht aufzustehen. Mit beiden Händen hält er seinen Bauch, Blut tropft zwischen seinen Fingern hervor. Er hält seine Eingeweide. Langsam sinkt er auf den Boden und starrt mich mit weit aufgerissenen Augen an. Ein paar der Männer sind zu Stücken zerfetzt, andere liegen im Sterben. Auch ich beginne zu schreien. Es kann nicht wahr sein, ich muss träumen. Überall liegen Fleischstücke und Hirn. Dann höre ich Nicos tiefen rasselnden Atem. Sanft sagt er: »Coen, ich gehe; es ist vorbei.« Nein, Nein. Ich berühre ihn und untersuche seinen Körper. Er ist nicht verletzt, aber er bewegt sich nicht mehr. Ich denke, er muss ohnmächtig geworden sein. Aber dann höre ich, wie er ein letztes Mal atmet. Ein leichtes Zittern geht durch seinen Körper. Nico ist tot. Er hat mich verlassen. Jetzt bin ich allein.

Jeder auf der Ladefläche ist entweder tot oder verletzt. Alle bis auf mich. Ich habe nicht einmal einen Kratzer abbekommen. Solche Dinge geschehen nur in schlechten Träumen. Aber nein, Maupie ist auch nicht verletzt. Ich sehe ihn auf der Straße schreiend hin und her rennen.

Der Alarm ist vorbei. Wir hören die Wärter zurückkommen und wie sie versuchen, den Motor anzulassen. Einer von ihnen sieht nach uns und wird ganz weiß im Gesicht. Die Vibration des Motors und das Holpern des Wagens auf der Straße macht alles noch schlimmer. Die verletzten Männer schreien und toben immer lauter. Wir fahren auf den Flughafen und nähern uns der Rückseite des Lagers. Am Tor halten wir. Aber sie wollen uns nicht hineinlassen. Wir drehen um und fahren weiter. Das Weinen und Brüllen der Verwundeten und Sterbenden ist zu viel. Ich bin außer mir. Mit den anderen flehe ich um Gnade. Ich kann ihren Schmerz fühlen. Ich schreie Nico an, damit er aufwacht. Ich bin verrückt. Es ist nicht gerecht. Alle sind getroffen und sterben, bis auf Maupie und mich. Warum?

Als wir nach einer viertel Stunde im nächsten Lager ankommen, werden wir auch dort nicht eingelassen. Sie schicken uns zurück. So müssen wir zurück zum Flughafen fahren, und diesmal lassen sie uns am Tor passieren. Als wir im Lager anhalten, erinnere ich mich daran, dass heute der 25. April 1945 ist. Ich bin seit genau 36 Monaten inhaftiert. Gestern waren wir frei und heute sind die meisten der Männer entweder tot oder verwundet. Als die Ladefläche des Lasters hin-

ten aufgemacht wird, stehen im Halbkreis gut genährte und geklei-
dete Lagerprominente vor uns. Ihr Blick verrät, dass das alles kein
Traum ist. Maupie und ich springen schreiend und tobend von der
Ladefläche. »Sie sind total verrückt«, sagt einer der Kapos. Sie bringen uns auf die Krankenstation des Lagers. Einer der Pfleger versucht
sein Bestes, um uns zu beruhigen. Währenddessen entladen sie
draußen den Laster. Drei der Männer sind noch am Leben und werden in das Revier getragen.

Der Arzt sagt uns, dass wir uns bei der Registratur melden sollen. Das
Büro sieht sauber und ordentlich aus. Der Schreiber spricht nur ge-
brochenes Deutsch. Als er merkt, dass wir zwei der Überlebenden von
diesem Lkw sind, bietet er uns einen Stuhl an. Er stellt viele Fragen
über unser letztes Lager. Besonders ist er daran interessiert zu erfahren, wie weit die Amerikaner noch entfernt sind. Damit er sich besser
fühlt, erzählen wir ihm, dass sie sehr, sehr nahe sind. Maupie erhält
zwei Zigaretten. Ich will keine. Wir merken, dass der Mann uns mag.
Wir sind sehr hungrig und er sagt uns, dass wir später etwas zu essen
bekommen. Aber dann hat er doch Mitleid mit uns und schickt uns in
die Küche. Er gibt uns einen Zettel mit, damit der Koch uns nicht
wegschickt. Was für eine Küche, noch nie habe ich eine solch große
Lagerküche gesehen. Der Chefkoch, ein großer polnischer Jude, ist
uns gegenüber sehr freundlich. Er erkundigt sich, was uns zugestoßen
ist, und wir erhalten eine große Schüssel Suppe. In einem Winkel der
Küche – wir sind immer noch Häftlinge und haben unsere Lagerge-
wohnheiten – schlingen wir die Suppe hinunter. Als wir die Schüssel
zurückbringen, erhalten wir noch mehr Suppe. Anschließend gehen
wir wieder zum Schreiber zurück, der uns einen Berechtigungsschein
für ein Bad und Schuhe ausstellt. Der Kapo im Lagerhaus gibt uns
auch neue Kleider. Wir bekommen neue Schuhe, mit Holzsohlen, ein
frisches Hemd und saubere Unterwäsche. Danach werden wir von
dem Schreiber noch zum Friseur geschickt. Wir müssen ein wenig
suchen und finden dann einen richtigen kleinen Friseurladen im Lager. Es ist sauber und ordentlich und der Stuhl hat sogar eine Kopf-
stütze. Wir müssen warten, denn es sind viele Kunden da. Alle sind
freundlich zu uns, als sie sehen, dass wir die Überlebenden von diesem Laster sind. Wir werden rasiert und unser Kopf wird geschoren.
Danach weist uns der Schreiber noch einen Platz in der Baracke zu,
in der sich auch sein Büro befindet. Die Latrine ist zum Glück in der

Nähe. Der Barackenälteste ist ein Franzose. Er spricht nicht viel, aber er behandelt uns gut. Wir bekommen jeder ein eigenes Bett in der Nähe der Tür. Was für ein wunderbares Gefühl, wir sind sauber und haben ein Bett für uns allein.

Zum Morgenappell wachen wir auf. Als wir uns vor der Baracke aufstellen, stellen wir fest, dass das große Lager nur wenige Insassen hat. Uns wird gesagt, dass die meisten bereits evakuiert wurden. Aber wohin? Niemand scheint es zu wissen. Unter den Gesichtern sehen wir ein paar, die wir von Leonberg her kennen. Maupie und ich werden als krank erklärt und wir dürfen in die Baracke zurück.

Später suche ich einen Arzt auf, denn ich habe mehrere schmerzhafte rote Flecken auf der linken Seite meiner Brust und auf dem linken Unterarm. Sie vermehren sich in letzter Zeit immer mehr und werden größer. Der Arzt erklärt mir, dass es Furunkel sind, aber er meint, es würde noch lange dauern, ehe sie reif seien. Er gibt mir eine schwarze Salbe, die helfen soll. Als ich in die Baracke zurückkomme, finde ich ein paar Mithäftlinge vor. Es sind Griechen, die gerne reden und uns freundlich behandeln. Als wir unsere Brotration erhalten, bekommen wir sogar richtigen Käse und Milch. Wie sich herausstellt, sind wir in der Prominentenbaracke. Das Lagerpersonal, der Schreiber und andere Prominente leben hier. Sie wollen von uns alles wissen. Niemand glaubt mir, dass ich seit drei Jahren in einem Konzentrationslager bin. Nur Kriminelle können so lange überleben, keine Juden. Maupie, der in Auschwitz war, ist auch schon lange in den Lagern. Die Leute haben keine Vorstellung davon, was draußen geschieht. Deswegen lassen sie uns hier wohnen. Wir sind ihre einzige Informationsquelle. Sie wollen alles über die Lager im Osten wissen und was während der Evakuierung geschah. Wenn wir ihnen aber davon erzählen, glauben sie uns nicht. Nachdem wir nichts mehr zu berichten haben, lassen sie uns allein und wir hören, wie sie sich über die Neuigkeiten unterhalten.

Um sechs Uhr morgens ist Appell. Nach dem Appell müssen wir in eine andere Baracke umziehen. Es ist sehr befremdlich, nur 15 Mann in dieser großen Baracke zu sehen, in die 300 Mann passen würden. Wir sind an überfüllte Räume und Enge gewöhnt und hier gibt es so viel Platz. Gerade als wir uns hinlegen wollen, ertönt erneut das Signal für den Appell. Jeder muss seine Sachen packen und sich aufstellen. Die nächste Evakuierung steht bevor. Heute ist der 26. April.

Maupie und ich versuchen, in der Krankenstation unterzukommen, aber sie wollen uns nicht hineinlassen. Wir sind ihnen nicht krank genug. Wenn es wieder einer dieser langen Märsche sein wird, dann werden wir heute Nacht krank genug sein. Wir müssen uns in einer Reihe aufstellen und marschieren aus dem Lager. Zumindest habe ich jetzt bessere Schuhe. Wie immer dauert es Stunden, ehe alle abmarschbereit sind und mittlerweile ist es Mittag geworden. Nach einer Stunde Marsch können wir eine Pause machen.

Bis auf uns haben alle etwas zu essen. Als wir nach der Pause weitermarschieren, kommen wir zu dem Lager, das uns gestern zurückgewiesen hat. Durch das Lager führen Eisenbahnschienen. Wir folgen den Schienen bis ans Ende, wo wir uns erneut zum Appell aufstellen müssen. Es gibt sehr viele Häftlinge in diesem Lager. Die meisten sind Russen, aber auch Polen und Ungarn befinden sich darunter. Außerdem gibt es Frauen. Alle Häftlinge leben hier in Untergrundbaracken, genauso wie in Sandau und Kaufering. Aber die Baracken sind viel größer. Vor dem Stacheldraht sind Wachtürme, die mit Wärtern mit Maschinengewehren besetzt sind. Auf einem Schild kann ich erkennen, dass wir in Ampfing 5 sind. Maupie und ich kommen mit Franzosen in eine Baracke. Das dürfte mein elftes Lager sein. Wir bekommen schwarzen Kaffee und erfahren, dass es seit Tagen kein Brot gibt. Es scheint in diesem Lager nichts zu geben, kein Essen, kein Wasser, um sich zu waschen, nur Menschen. Sie sagen mir, dass hier ungefähr 1100 Mann eingesperrt sind. Wir fragen uns, ob es so schlimm wie in Sandau werden wird. Die Franzosen haben noch immer zu essen, aber sie geben uns nichts. Es gab keinen Appell in den letzten paar Stunden und wir versuchen zu schlafen. In der Nacht wache ich auf und merke, dass ich Fieber habe. Ich schwitze.

Am Morgen ist wieder ein Appell. Wir bekommen kein Brot. Überall herrscht Hunger. Nur die Lagerprominenten und die Franzosen haben etwas zu essen. Wir versuchen bis zum Abendappell zu schlafen. Nach dem Abendappell legen wir uns wieder hin und warten auf den Morgen. Am nächsten Morgen stellen sie Arbeitskommandos für Bauarbeiten in der Gegend zusammen. Wir können uns davor drücken und bleiben im Lager mit den Kranken zurück. Die im Lager Zurückgebliebenen haben erneut einen Appell. Der Appell dauert eine Stunde. Dann suchen sie nach Freiwilligen, um Kartoffeln in das Lager zu tragen. Wir werden ausgewählt. Ich gehe in die Baracke zurück, um Maupies und meine Jacke zu holen, denn vielleicht gelingt es uns ja, ein paar Kartoffeln zu stehlen. Es dauert lange, ehe ich zurückkomme, denn ich kann mich wegen meiner Schwäche nur langsam bewegen. Als ich zurück bin, sind alle bis auf Maupie weg. Ich frage ihn, was los sei, und er antwortet mir, dass sie auch noch nach Malern gefragt hätten und er uns beide dafür gemeldet hätte. Ich bin wütend und schreie ihn an: »Wie können wir Pinsel essen, du Idiot?« Aber dann stellt sich heraus, das Maupies Entscheidung nicht schlecht war. Ein Wärter begleitet uns zu dem Platz, wo wir streichen sollen. Es ist in dem Lager neben dem unseren. Es trägt den Namen Ampfing 6.

Heute ist der 28. April. Der Geburtstag meiner ältesten Schwester. Wo mag sie sein?

In dem anderen Lager werden wir einem Griechen übergeben, der uns zu einer kleinen Werkstatt bringt. Ein paar Tischler stehen darin um einen Ofen. Sie kochen sich etwas. In einer Ecke sitzt ein Grieche, der hier der Chef ist. Es sind gute Leute. Zunächst geben sie uns etwas zu essen und dann erhalten wir einen Pinsel und einen Eimer Farbe. Der Grieche, den wir zuerst getroffen haben, führt uns zu unserem Arbeitsplatz. Er läuft so langsam, dass wir mitkommen. Das Lager sieht verlassen aus. Der Grieche erklärt uns, dass die meisten Insassen bereits evakuiert wurden und in diesem Teil des Lagers nur noch Kranke zurückgeblieben sind. Und er verrät uns auch, dass in dem Küchengebäude noch viele Kartoffeln vorhanden seien und wir so viele, wie wir wollen, stehlen könnten. Das klingt wunderbar. Wir erreichen das Gebäude, das wir innen tünchen sollen. Der Grieche zeigt uns alles, als wären wir zu dumm, eine Wand zu tünchen. Er rät uns, gemächlich zu arbeiten. Nach zwei Stunden sind wir immer noch mit der ersten Wand beschäftigt. Dann kommt der Chef und bringt uns einen Napf voller Suppe. Ich darf sogar den Napf behalten. Als wir eine Pause machen, fragt mich Maupie stolz, ob das nicht eine bessere Arbeit sei als das Ladekommando für die Kartoffeln. Und ich muss ihm zustimmen. Mittags hören wir die Glocke aus dem Lager 5 und müssen zum Appell zurück.

Langsam schleppen wir uns von einem Lager in das andere. Als wir im Lager 5 ankommen, schlurfen wir die Reihen entlang, um unseren Platz zu finden. Die Wärter und die Kapos beschimpfen uns, aber wir hören nicht darauf. Es stellt sich heraus, dass das ganze Lager auf dem Appellplatz auf uns gewartet hat. Wir bekommen Suppe mit getrockneten Kartoffelstücken darin. Sie sehen wie kleine verbrannte Nudeln aus und schmecken wie Pisse. Als die Mittagspause vorüber ist, fragt uns der Lagerälteste, ob wir mit unserer Arbeit fertig seien. Natürlich sind wir noch nicht fertig und wir erklären ihm, dass wir noch ein paar Tage brauchen werden. Er glaubt uns nicht und meint, dass er uns überprüfen werde. Aber wir haben keine Angst vor seinen Drohungen, da wir wissen, dass er nicht aus dem Lager darf.

Am Nachmittag, ehe wir weiterarbeiten, suchen wir nach den Kartoffeln. Und in der Nähe der SS-Küche finden wir welche. Sie sind in einem ziemlich guten Zustand. Wir nehmen sie mit. In der Krankenbaracke neben unserem Arbeitsplatz gibt es einen Ofen, auf dem wir unsere Kartoffeln zubereiten können. Unter den Kranken befinden sich auch mehrere Holländer. Dort treffen wir Hartz, ein Skelett, das selbst für ein Skelett schlecht aussieht. Aber er kann mit uns sprechen. Maupie kennt einen der Holländer aus einem früheren Lager. Sein Name ist Ben van Leeuwen, doch mit ihm ist es nicht mehr möglich zu reden. Diese Männer hier zurückzulassen spart den Deutschen nur Kugeln. Ich glaube nicht, dass einer von ihnen fähig sein wird, zu überleben. Wir kochen unsere Kartoffeln und fressen uns voll. Nicht einmal in Sandau, am Tag, an dem wir frei waren, konnte ich so viel essen. Dann stopfen wir unsere Taschen noch mit rohen Kartoffeln voll.

In der Nacht versuche ich unter Schmerzen, meine Karbunkel zu öffnen. Heute ist der 29. April. Wieder gehen wir in das Lager 6. Maupie entdeckt weitere frische gute Kartoffeln hinter der SS-Küche. Wir bereiten die Kartoffeln in allen nur denkbaren Varianten zu. Ein wenig streichen wir auch die Wände an.

Am 30. April gehen wir wieder ins Lager 6. Der Lagerälteste will uns nicht fortlassen, aber der Wärter erlaubt es uns. Der Chef des Werkstätte erklärt uns, dass wir zu lange brauchen und es auffällt. In beiden Lagern kursieren Gerüchte über die näher rückenden Amerikaner. Mittags finden wir heraus, dass die Arbeiter im Lager 5 früher als gewöhnlich zurückkommen und wegen der Amerikaner im Lager bleiben. Wir können nach der Mittagspause ins Lager 6 zurückgehen. Trotz unserer Zeitschinderei sind wir mit der Arbeit fast fertig.

Maupie, der für einen Augenblick unterwegs war, kommt zurück und erzählt mir, dass er gerade mit einer holländischen Frau gesprochen habe. Zusammen gehen wir los, um sie zu sehen. Eine SS-Kontroll-gruppe besichtigt die Krankenbaracken. Bei ihnen ist eine weibliche Gefangene, eine Ärztin, die nach dem Rundgang auf uns wartet. Wir stellen uns vor. Sie ist Dr. Anna van Dam aus Hilversum in Holland. Automatisch reiche ich ihr meine Hand, aber sie ignoriert sie. Zur Entschuldigung lächelt sie mich an, und für einen Moment sehe ich mich mit ihren Augen: verdreckt und schwarz vom Ruß aus Gleiwitz, dürr wie ein Skelett, unrasiert, mit eingefallenen Augen, schuppiger Haut, fehlenden Zähnen und stinkend. Meine Hände schorfig, vielleicht ebenso mein Gesicht, ich weiß es nicht, es gibt hier keinen Spiegel. Kurz, ich sehe aus wie jemand, der drei Jahre in einem Konzentrationslager war. Ich werde rot vor Scham, beleidigt, dass meine Hand abgewiesen wurde. Obgleich, wer würde schon jemandem, der aussieht wie ich, die Hand geben. Trotzdem bin ich gekränkt. Was bildet sich diese Frau überhaupt ein? Und wie lange eigentlich war sie hinter Stacheldraht und wie wurde sie behandelt? Aber unsere Begegnung ist vorüber, sie geht zu ihrer Gruppe zurück, um die wandelnden Toten zu kontrollieren. Denn nichts anderes sind wir alle in ihren Augen. Wir wissen, was es heißt, wie ein Toter auszusehen, aber wir haben immer noch einen Funken Leben in uns.

Heute hatten wir noch ein anderes Abenteuer. Ein Kapo betritt den Raum, in dem wir arbeiteten. Wir waren dabei, die Wand zu streichen, während die Kartoffeln auf dem Ofen kochten. Er wirft mit dem Kochtopf nach uns und trifft Maupie sehr hart. Er trampelt auf den Kartoffeln herum und tritt das Feuer aus. Er flucht und warnt uns, weiter Kartoffeln zu stehlen. Wir verstehen, er möchte die Kartoffeln für sich haben und wir sind für ihn eine Konkurrenz. Wir laufen davon und beobachten ihn aus sicherer Distanz. Er droht uns mit der Faust und nun sind wir es, die Angst haben, zur Arbeit zurück-zugehen.

In dem Teil des Lagers, in dem wir uns befinden, steht ein großes Zelt, in dem Stroh lagert. Wir schlafen dort ein wenig. Als wir wieder aufwachen, nehmen wir uns erneut von den Kartoffeln, aber wir fürchten uns zu sehr, um weiterzuarbeiten. Deswegen melden wir uns bei dem Chef der Werkstätte und sagen, wir seien mit der Arbeit fertig. Er lächelt, denn er hat bereits erfahren, was geschehen ist. Er meint, wir könnten unsere Kartoffeln hier bei ihm in der Werkstätte kochen. Was für ein wunderbarer Mann. Er gibt uns sogar ein sauberes Geschirrtuch, so dass wir die Kartoffeln zerdrücken und Püree daraus machen können. Alles nehmen wir mit ins Lager 5 und stecken außerdem noch ein paar rohe Kartoffeln ein, um sie gegen anderes einzutauschen. Während ich mit den Kartoffeln beschäftigt bin, betritt ein SS-Mann die Baracke, und ich bemerke ihn erst, als jemand »Achtung« schreit. Es ist der Scharführer. Angewidert betrachtet er mich und die Kartoffeln im Tuch, aber er sagt nichts dazu. In Habachtstellung stehe ich vor ihm, die eine Hand auf den Kartoffeln, und er geht wieder, ohne dass etwas geschieht. Kein Geschrei, keine Prügel. Der Russe hinter mir klopft mir bewundernd auf den Rücken. Er weiß nicht, dass ich mir beinahe in die Hose gemacht habe. Als wir am Abend auf dem Weg zwischen den beiden Lagern nach Hause laufen, ruft uns ein Wärter. Er sitzt in der Sonne am Wegrand und fragt, was ich unter meinem Mantel habe. »Gestohlenes Essen? Gestohlen von deinen Kameraden. Das wird mit dem Tod bestraft. Woher hast du das?« Es ist nicht zu übersehen, dass ich einen dicken Bauch habe, und ebenso ist zu sehen, dass ich Kartoffeln in der Hose trage. Dicke Bäuche fallen auf. Wir versuchen uns herauszureden, indem wir behaupten, dass wir dies von unseren Rationen abgespart haben, aber er glaubt uns natürlich kein Wort. Dennoch befiehlt er uns, weiterzugehen. Wir schleichen zurück ins Lager und teilen mit den Männern in unserer Baracke das Kartoffelpüree.

Am Abend gibt es einen zusätzlichen Appell. Wir bemerken plötzlich, wie angespannt die Stimmung im Lager geworden ist, denn davor waren wir zu sehr mit unseren Kartoffeln beschäftigt. In dieser Nacht müssen wir uns nach Nationalitäten aufstellen. Dabei stellt sich heraus, dass es noch zwei weitere Holländer im Lager gibt. Der eine heißt Jaap Bijl, ein Eisenbahner aus Den Haag, und der andere Benno Vermeer. Ich würde aber meinen Kopf und selbst meine Kartoffeln darauf verwetten, dass Benno Vermeer kein Holländer ist. Maupie ist der gleichen Meinung. Ich frage Vermeer, ob er Jude sei. »Bist du verrückt«, sagt er, »ich bin Arier aus Eindhoven.« Da er das Wort Arier benutzt, bin ich mir sicher, dass ich Recht habe. Er hat einen deutschen Akzent. Ein deutscher Jude, der seine Herkunft versteckt, weil das Leben für Juden im Konzentrationslager besonders schwer ist. Das ist nicht unsere Sache. Maupie sagt ihm, dass wir Juden seien und trotzdem noch leben. Jaap Bijl und Benno Vermeer waren nie in den Lagern in Osteuropa, aber sie haben davon gehört. Beide wollen nicht glauben, dass ich seit 1942 hinter Stacheldraht bin. Der Appell dauert sehr lange. Es ist spät, als wir wieder in unsere Baracken kommen. Die nächtlichen Gespräche kreisen nur um ein Thema. Was wird mit uns geschehen? Jederzeit erwarten wir, erneut auf den Appellplatz gerufen zu werden und dann in die Wälder marschieren zu müssen. Aber nichts geschieht. Immer wieder plagen mich meine Karbunkeln. Ich habe weder Papier noch Verbandszeug, aber ich muss etwas gegen den Schmerz tun. Ich drücke daran herum, versuche die Beulen zu öffnen. Mehr als zehn große Beulen befinden sich auf meiner Brust und täglich kommen neue rote Flecken hinzu. Morgen werde ich in das Krankenrevier gehen und um Hilfe bitten. Auch mein Durchfall wird wieder schlimmer.

Am nächsten Morgen, es ist der 1. Mai, verlässt niemand das Lager. Maupie und ich versuchen mit allen Mitteln, die Erlaubnis zu bekommen, wieder in das Lager 6 zu gehen, und nach einer Weile gelingt es uns. Im Krankenrevier hatten sie nichts, um mir zu helfen. Vielleicht gibt es im anderen Lager etwas Medizin. Nicht wegen des besonderen Datums bleiben die anderen Männer im Lager, sondern weil es draußen zu gefährlich ist. Die Amerikaner müssen sehr nahe sein. Wir überbringen die Nachricht den Gefangenen im Lager 6, die jederzeit darauf gefasst sind, dass die SS sie abtransportiert oder einfach die Maschinengewehre auf sie richtet. Heute finden wir keine einzige Kartoffel. Als Maupie und ich am Mittag zurückgehen, sehen wir keinen Wärter mehr auf dem Weg. Als wir uns dem Lager 5 nähern, bemerken wir, dass das Tor weit offen steht und mehrere deutsche Häftlinge weggehen. Sie haben gepackt, als würden sie in die Ferien fahren. Viele der Häftlinge laufen auf dem Weg hinter dem Eingangstor auf und ab. Alles ist sehr verwirrend. Wir durchqueren das Tor und versuchen herauszufinden, was vor sich geht. Jaap Bijl erzählt uns, dass die Wärter ihre Wachtürme verlassen haben. Jeder kann gehen, wohin er will. Maupie und ich schütteln unsere Köpfe. Genau das Gleiche hatten wir vor einer Woche. Sie werden uns zwischen den Linien erschießen. Selbst wenn wir weit genug von den Deutschen wegkommen, werden uns die vorrückenden Amerikaner erwischen. Die meisten der Männer glauben, dass auch die Amerikaner fähig sind, uns zu töten, nur weil wir ihnen in den Weg kommen. Die Franzosen in unserer Baracke packen ihre Sachen und gehen. Aber dann kommt der Lagerälteste zurück und befiehlt, dass niemand mehr das Lager verlassen soll. Die meisten deutschen Kapos sind schon fort. Sie haben viel zu befürchten, wenn wir befreit werden. Zumindest haben wir ohne die Kapos mehr Ruhe. In der Nacht ist jeder in Aufregung. Die Anspannung ist so hoch, dass die Latrinen zum Mittelpunkt des Geschehens werden. Durchfall beherrscht das Lager. Ich leide wie alle anderen darunter. Als ich vor den Latrinen anstehe, sehe ich, dass die Wärter zurückgekommen sind und wieder ihre Stellung auf den Wachtürmen bezogen haben.

Ich habe nichts, was steril wäre, aber ich sitze draußen im Mondschein und kümmere mich um meine Karbunkeln. Seit gestern sind es wieder mehr geworden. Als Verband benutze ich eine alte Zeitung, die ich heute gefunden habe. Der Schmerz ist zeitweise unerträglich, aber ich muss diese verdammten Dinger öffnen und ausdrücken. Immer wieder denke ich an Walter Keusch in Gleiwitz. Er hatte die gleichen hässlichen Beulen für lange Zeit und hat alles, was er bekommen konnte, gegen Hefe getauscht. Aber trotz der Hefe gingen die Beulen nicht weg. In diesem Lager kann ich nicht einmal etwas zu essen bekommen, geschweige denn Hefe.

Am 2. Mai haben wir frühmorgens Appell. Es muss vier oder fünf Uhr sein. Nach einer Stunde müssen wir uns erneut nach Nationalitäten aufstellen. Dann können wir zurück in die Baracke gehen. Jeder ist aufgeregt, manche streiten sich. Die Anspannung ist größer als gestern. Das Ende kommt immer näher. Ich habe Fieber, alles verschwimmt vor meinen Augen. Maupie und ich wollen wieder in das Lager 6 gehen, aber der Barackenälteste steht am Tor und lacht nur über unsere Bitte, schlägt uns aber nicht. Er jagt uns nur fort. Es fällt mir schwerer denn je, mich auf den Beinen zu halten. Wir wollen essen und trinken, aber es ist nichts vorhanden.

Erneut wird zu einem Appell aufgerufen. Alle Wärter sind am Tor versammelt. Zunächst werden wir nach Nationalitäten getrennt, dann hat der Lagerkommandant eine bessere Idee. Alle Russen, Ukrainer, Polen, Tschechen, Rumänen, Ungarn, Jugoslawen, Spanier und Griechen müssen sich getrennt von den Franzosen, Deutschen, Belgiern und Holländern aufstellen. Erneut wird gezählt und wir müssen warten. Die Anspannung ist unerträglich. Werden sie uns erschießen oder nicht? Ich habe hohes Fieber. Ich schwanke und fühle mich wie auf einem Karussell. Im Lager sind ungefähr tausend Gefangene aus Osteuropa und sechzig aus Westeuropa.

Befreiung

Der Kommandant erklärt uns, dass die Osteuropäer mit den Wachmannschaften das Lager verlassen und wir zurückgelassen werden. Dann führen sie uns Westeuropäer in ein großes Zelt. Maupie und ich verlassen gleich wieder das Zelt, weil wir auf die Latrine müssen. Still beobachten wir, wie die Männer zum Tor marschieren. Wir haben das Gefühl, dass das ihr Ende ist und wir hier bleiben, um auch ermordet zu werden. Das ist es, was alle erwarten, den Tod. Aber ehe die ersten Männer das Tor verlassen, nähert sich ein Offizier auf einem Motorrad und spricht mit dem Kommandanten. Sie sind sehr aufgeregt. Der Offizier zeigt immer wieder in eine Richtung. Ehe einer der Männer das Tor verlassen kann, schließt es der Kommandant wieder. Und plötzlich hören wir deutlich das Geräusch von Maschinengewehren. Die Amerikaner müssen wirklich sehr nahe sein. Mein Gott, es müssen die Amerikaner sein. Geschieht das wirklich, oder halluziniere ich im Fieberwahn? Aber wenn ich in die Gesichter um mich sehe, weiß ich, dass alle das Gleiche hören.

Wir werden in das Zelt zurückgetrieben. Die Anspannung schlägt allen auf den Magen. Wir hocken uns hin, wo wir gerade sind, die Exkremente bedecken bald den ganzen Boden. Dann jagen sie uns aus dem Zelt in die Baracken. Wir sind alle davon überzeugt, dass sie uns gleich erschießen werden. Der Gedanke daran macht uns halb wahnsinnig. Es muss gegen acht Uhr morgens sein. Wir schreien uns gegenseitig an und jeder versucht herauszufinden, was draußen vor sich geht. Jeden Moment erwarten wir, dass sie mit ihren Maschinengewehren auf uns schießen. Nach einer Weile beruhigen sich die meisten und fangen an zu weinen.

Ich habe das Gefühl, dass eine riesige Hand meinen Kopf langsam zerdrückt. Ich muss mich hinlegen. Meine verdammte Brust, dieser Druck, ich bekomme keine Luft, es ist so heiß hier drin. Ich schwitze und dann ist mir wieder kalt. Immer wieder falle ich in Ohnmacht. Stimmen kommen und gehen, leise, dann wieder lauter. Maupie muss etwas Wasser gefunden haben, denn er will mir etwas zu trinken geben. Aber ich kann die Tasse nicht halten und verschütte alles. Er spricht mit mir, aber ich verstehe die Worte nicht. Ich sehe deutlich, was um mich herum geschieht, ohne jedoch etwas zu begreifen. Ich habe das Gefühl zu träumen. Maupie eilt immer wieder aus der Baracke. Er ruft mich laut. »Coen, Coentje, komm Junge, steh auf!« Aber ich bin unfähig dazu. Ich möchte es noch nicht einmal versuchen, ich bin so müde. Ich kann die Griechen draußen hören. All diese Jahre und jetzt bin ich an meine Grenzen gekommen. Maupie schüttelt mich. »Coen, Coentje, komm... sie sind am Eingangstor, sie sind dabei es zu öffnen. Wir werden frei sein... « Ich höre die Griechen schreien: »Amerikanski, Amerikanski!« Auch Russen von gegenüber schreien. Ich halte alles für einen Traum. Aber Maupie sagt mir, dass ich nicht träume, dass alles wahr ist. Die Amerikaner befreien uns, das Lager ist umstellt. Bald werden wir hier heraus sein. Es ist solch ein unfassbarer Traum.

Alle haben die Baracke verlassen, ich bin ganz allein. Ich höre die Aufregung draußen, aber ich liege hier und warte auf mein Ende. Ich weiß, dass ich träume und bald tot sein werde. Ich möchte schlafen, aber ich kann nicht. Ich kann noch nicht einmal weinen.

Die Tür geht auf und Maupie kommt wieder herein. Er dreht seinen Kopf zur Tür und sagt auf Englisch: »Yes, yes, here he is, my comrade. He is sick, dying, here, here he is.« Und plötzlich sehe ich ihn: Ich sehe einen Cowboy, braun gebrannt, gesund, mit einem Helm und tausend Taschen für Munition und einem Gewehr. Seine Ärmel sind hochgekrempelt und er hat starke, gesunde Arme, die sich nach mir ausstrecken. Ich schaffe es, mich zu erheben, mit kleinen Schritten und schwankend gehe ich auf ihn zu. Ich falle ihm entgegen. Er hebt mich auf und lächelt. Wie stark er ist. Und plötzlich kann ich weinen und umarme ihn und er mich. Er küsst mich, mich, den ausgestoßenen, sterbenden, schmutzigen, stinkenden Paria. Er nimmt eine Flasche aus seiner Tasche und gibt mir etwas Kognak. Und ich Abstinenzler trinke ihn, huste und bin glücklich. Wir beide weinen. Er hält mich und hilft mir bis zum Lagertor. Das Tor ist offen, die Kette ist zerbrochen. Sie ist für immer zerbrochen. Wir sind endlich frei!

Überall sind lustige kleine Autos, die mit Kriegsausrüstung beladen sind und freundlichen Soldaten in fremden Uniformen. Die Soldaten lachen uns an. Und ich gehe. Plötzlich kann ich wieder gehen. Es ist Nachmittag und wir sind befreit. Heute ist der 2. Mai 1945.

Das Tor ist offen und wir können raus, aber alle bleiben im Lager. In Gruppen stehen wir in der Nähe des Tores. Wir wissen, dass wir frei sind, aber dürfen wir auch das Lager verlassen? Wir sind nur ein paar Schritte von der Straße entfernt, doch was wird geschehen, wenn wir auf ihr gehen? Wir schauen uns gegenseitig an, blicken auf die amerikanischen Soldaten, wir lächeln und trocknen uns die Tränen ab. Die große Überraschung dieses Tages, obwohl erwartet, aber nie wirklich ganz und gar geglaubt, hat uns verwirrt. In diesem Moment macht niemand den ersten Schritt durch das Tor. Wird uns jemand erschießen, wenn wir ohne Wärter außerhalb des Lagers gesehen werden? Oder vielleicht kommen die Deutschen mit Verstärkung zurück und nehmen uns wieder gefangen. Wir sehen, wie unsere Befreier im Wald gegenüber nach SS-Wärtern und Heckenschützen suchen, es muss dort immer noch nicht sicher sein. Wir sehen auch deutsche Gefangene. Das Gerücht geht um, dass die Amerikaner auch die deutschen Kapos und die Lagerältesten gefangen haben, auch wenn sie, wie wir, Häftlinge der SS waren. Viele unserer Männer haben noch eine Rechnung mit diesen Prominenten zu begleichen, aber wir können sie nirgends sehen. Ich denke, wir könnten unser Glück versuchen und rausgehen, aber niemand möchte der Erste sein. Dann sehen wir plötzlich eine kleine Gruppe von Russen, ehemalige Häftlinge wie wir, die Straße fröhlich singend entlanglaufen. Wir müssen jetzt einfach hinausgehen und ich will der Erste sein. Mit kleinen schwachen Schritten laufe ich aus dem Tor und sehe mich um, ob sich die anderen auch wagen. Mehrmals gehe ich hinaus und wieder herein. Niemand hält mich zurück oder befiehlt mir, stehen zu bleiben. Innerhalb kurzer Zeit versuchen es die anderen auch. Jetzt wage ich mich schließlich auf die Straße, zum ersten Mal wieder als freier Mann. Das letzte Mal, als wir hier entlanggekommen sind, waren wir noch Häftlinge. Maupie läuft vor mir her, redet, sieht sich um, und versucht herauszufinden, was wir tun und welches Essen wir finden könnten. Viele der Männer, die wir auf der Straße sehen, kauen auf etwas. Von ihnen erfahren wir, dass es in einem der Lager Essen gibt. Ich entscheide mich, zuerst allein in das Lager 6 zu gehen. Ich erinnere mich an die Kartoffeln der vergangenen Tage.

Von US-Truppen befreite Häftlinge in Ampfing/nahe München,
darunter Coen Rood (fünfter von links), 2.Mai 1945
(Foto: ehemaliger US-Soldat Nathan Melman, Archiv Rood)

Im Lager 6 herrscht ein einziges Durcheinander. Die Menschen schieben sich hin und her, rennen und eilen von einer Stelle zu anderen. Sollte ich zuerst nach den Kranken sehen? Nein, ich werde in die SS-Küche gehen. Diesen Ort kenne ich gut, wenn auch nicht von innen. Auf dem Feuer kochen drei große Töpfe. Die Häftlinge prügeln sich und suchen in den Abfällen. Sie hoffen, Knochen zu finden, an denen noch etwas Fleisch ist. Ich werde nicht zwischen diese Wahnsinnigen geraten. Ich halte mich lieber an die Töpfe auf dem Herd. Auf dem Boden liegt ein Maßkrug. Ohne auf meine Finger zu achten, fülle ich ihn bis zum Rand mit Suppe, nie wieder halbe Portionen. Die Suppe ist sehr heiß, aber sie schmeckt wunderbar. Die Männer streiten sich immer noch um die Knochen, wie Hunde kämpfen sie darum. Sie beachten mich nicht. Ich will noch andere Dinge zum Essen finden. Ich öffne eine Tür, die in einen kleinen Raum führt. Es muss der Ort sein, in dem der Koch seine Beute gehortet hat. Es sieht aus, als hätte jemand in großer Eile den Raum durchwühlt. Die Schränke sind geöffnet und die Schubladen herausgezogen. Sie müssen hier nach Wertgegenständen gesucht haben. Ich finde nichts Wertvolles, außer einer Dose Tabak. Dem Geruch nach muss es sich um guten Tabak handeln. Außerdem finde ich Zucker in einer Papiertüte. Als ich wieder in die Küche komme, haben die anderen mittlerweile die Kessel entdeckt und streiten sich darum. Ich mache mich auf den Weg zurück in das Lager 5.

Im Lager 5 verlassen gerade die letzten französischen Häftlinge das Lager. Sie gehen zurück nach Frankreich. Auf dem ein oder anderen Weg werden sie versuchen, nach Hause zu kommen. Maupie und ich laufen los, um die beiden anderen Holländer, die wir hier trafen, zu suchen. Zusammen beratschlagen wir, was wir tun sollen. Schließlich entscheiden wir uns, für ein paar Tage hier zu bleiben. Wir werden unsere Sachen in die Baracke der Prominenten bringen, da dort niemand mehr ist. Später werden wir entscheiden, wie wir nach Hause kommen. Zunächst bringen wir alles Essen zusammen, das wir finden können. Heute Morgen konnte ich noch nicht einmal allein aufstehen und nun seht mich an. Ich bin sogar für einen weiteren Gang in das Lager 6 bereit. Aber als ich dorthin komme, ist in der SS-Küche nichts mehr zu essen zu finden. Die Kessel sind leer. Viele laufen herum und suchen nach Essbarem. Mehrere sind von den Prügeleien verletzt. Ich gehe in das Warenlager. Es ist voller Regale mit Kisten und Flaschen.

Überall sind Leute. Der Boden ist bedeckt von zertretenem Essen. Nudeln, braune und weiße Bohnen, Haferflocken und guter Tee sind auf dem Boden verstreut. All dieses Essen ist durch die Hast der Häftlinge zerstört. Ich nehme mir eine Kiste und bin stolzer Besitzer von Nudeln, Margarine, Tee und Bohnen. Als ich das Warenlager verlasse, sehe ich, wie die Männer Säcke getrockneter Kartoffeln wegtragen, sie aufreißen und auf den Boden schütten. Dieses hässliche, eklig schmeckende Zeug mussten wir jahrelang essen.

Auf meinem Weg zurück treffe ich einen Russen, der ein Paket unter dem Arm trägt, aus dem Blut tropft. Ich frage ihn, woher das Blut kommt. Vielleicht ist er verletzt und braucht Hilfe. Der Russe erklärt mir, dass er geholfen hätte, eine Kuh zu schlachten. Das Stück unter seinem Arm ist sein Teil der Beute. Schon bin ich unterwegs, auf der Suche nach der geschlachteten Kuh. Es ist ein gutes Stück von hier, aber ich fühle mich stark genug. Im Moment vergesse ich sogar meine Karbunkeln. Auf der Suche nach der Kuh entferne ich mich weiter vom Lager als jemals zuvor. Ich genieße es. Um die Lager gibt es eine Seitenstraße, auf der ich entlanglaufe, bis ich eine Gruppe von Männern sehe, die mit etwas auf dem Boden beschäftigt sind. Ich brauche eine viertel Stunde, ehe ich bei ihnen bin. Als ich näher komme, sehe ich, dass sie wirklich ein totes Tier zerteilen. Aber es ist keine Kuh, sondern ein Pferd. Sie haben ein Pferd geschlachtet, das einen Wagen gezogen hatte. Der Bauer rannte davon, der Wagen steht noch da. Der Bauer hatte Glück, nicht selbst getötet zu werden. Wenn man die Häftlinge über Rache sprechen hört, dann bin ich mir sicher, dass der Bauer sehr viel Glück hatte. Ohne zu zögern, schließe ich mich der Gruppe an. Mit einem kleinen Messer schneide und zerre ich an dem Fleisch. Nach einer Stunde habe ich es geschafft, ein gutes Stück herauszutrennen. Jetzt bin auch ich zum Metzger geworden. Mit dem Fleisch mache ich mich auf den Weg zurück in das Lager.

Wieder wird mir bewusst, dass ich ohne Wärter und Kapo, frei wie ein Vogel, gehe. Heute Morgen war ich fast tot und jetzt bin ich unbewacht und frei. Ein Bauer mit einer Wagenladung mit frisch gebackenem Brot überholt mich. Es riecht wunderbar. Der Bauer ruft mir zu, dass ich besser nicht versuche, mir davon zu nehmen. Ich muss kein sehr guter Dieb sein, um daran erinnert zu werden, was ich tun soll. Ich nehme zwei Laib Brot hinten vom Wagen runter. Nicht nur, weil ich das Brot brauche, sondern auch weil es mir verboten wurde.

Noch nie habe ich so viel Brot auf einmal in meinem Leben gesehen. Der Wagen ist noch in Sichtweite, als ich Benno in der Nähe des Eingangstors zum Lager sehe. Ich rufe ihm auf Holländisch zu, er soll Brot von dem Wagen nehmen. Entweder versteht er mich nicht oder er hat Angst. Er sieht mich an und dann den Wagen, aber er macht nichts. Der Bauer droht ihm mit einer Peitsche. Als der Wagen schon fast an ihm vorbeigefahren ist, begreift er und nimmt einen Laib Brot vom Wagen. Aber eigentlich war es gar nicht nötig, denn das Brot war ohnehin für uns bestimmt; der Bauer fährt durch das Tor ins Lager. Höchstwahrscheinlich haben die Amerikaner uns das Brot geschickt. Jetzt ist es zu spät, um das gestohlene Brot zurückzugeben. Es gibt aber auch so genügend, überall sehe ich Leute, die einen Brotlaib haben.

Als ich in unsere Baracke komme, kocht Jaap Bijl bereits. Wir nennen ihn Onkel Jaap. Dieser Mann ist wirklich ein großartiger Koch. Er ist dabei, Karotten, Kartoffeln und Haferflockenbrei zuzubereiten. Die Amerikaner sind fort, aber sie haben uns viele Pakete hier gelassen. C-Rationen, die fast so groß wie eine kräftige Hand sind. Es ist unglaublich, was sich in diesen Rationen alles befindet. Auf dem Umschlag steht, dass das Paket genügend Essen für einen Tag enthält. Alles ist in Pulverform und dazu gibt es ein kleines hartes Stück Brot, Zigaretten, Schokolade und Kaffee. Zunächst isst jeder von uns zwei von diesen Rationen. Onkel Jaap murrt ein wenig über das Stück vom Pferd, das ich mitgebracht habe, denn es ist mehr Knochen als Fleisch daran. Jetzt verstehe ich auch, warum mich die anderen in Ruhe ließen, als ich das Stück abgeschnitten habe. Ich hatte Stunden gebraucht, das Stück zu holen, und alles, was ich mitgebracht habe, ist ein großer Knochen. Ich bin wohl doch kein Metzger. Aber trotzdem haben wir ein Essen, das eines Königs würdig ist. Brot, Butter, Karotten, Kartoffelbrei und als Nachspeise haben wir Haferflockenbrei. Als wir fertig sind, ertönt das Signal von der Lagerküche. Sie haben dort Essen für uns gemacht. Wir gehen dorthin und bekommen Gulasch. Wir essen auch das und später sogar noch mehr.

Die ganze Nacht sprechen wir über die Befreiung. Wir organisieren uns auch noch mehr Feuerholz. Viele der Baracken und sogar die Latrinenhütte werden eingerissen, um als Feuerholz genützt zu werden. Niemand kann wirklich verstehen, was heute geschehen ist. Ehe wir uns hinlegen, laufen wir noch einmal durch das Lager. Eine neue

Gruppe Soldaten ist eingetroffen, um uns zu sehen. Sie geben uns Dosen mit Keksen und noch mehr C-Rationen. Wir bekommen von ihnen auch Schokolade. In der gegenüberliegenden Baracke sind Ukrainer, die mehrere Flaschen Kognak von unseren Befreiern erhalten haben. Sie singen bis tief in die Nacht hinein. Unter den amerikanischen Soldaten sind sehr viele Juden, die Jiddisch, Polnisch, Russisch, Italienisch und andere Sprachen sprechen. Wir unterhalten uns mit vielen von ihnen. Sie suchen nach Verwandten und Freunden unter den Überlebenden. All diese Männer sind sehr gut zu uns. Als wir schließlich schlafen gehen, sind wir sehr, sehr glücklich.

Am nächsten Morgen, dem 3. Mai, bekommen wir ein gutes Frühstück. Es ist unser zweiter Tag in Freiheit. Wir bekommen Schokolade, Haferflocken, Brot, Butter und Kaffee von den C-Rationen, Suppe von dem Pferd und Pfannkuchen von Onkel Jaap, dem Zauberer. Mehrere SS-Männer sind jetzt Gefangene. Wir sehen sie, als wir durch das Lager spazieren. Aber heute werden wir das Lager verlassen und die Welt draußen besuchen. Onkel Jaap und ich werden am Morgen, Benno und Maupie am Nachmittag losgehen. Aus dem Warenlager nehmen wir alles mit, was unser Herz begehrt. Wir haben jetzt Socken, Hemden, Hosen, Nähgarn und Wolle. Wir wollen diese Dinge nutzen, um mit den Deutschen zu tauschen. Vielleicht finden wir einen Bauern, der uns dafür frisches Brot, Milch und Schinken gibt. Eine alte Frau lässt uns in das erste Haus. Wir sagen ihr, dass wir uns rasieren wollen, und sie bringt uns alles, was dafür nötig ist. Sie führt uns in das Wohnzimmer und dann in die Küche. Wir können es kaum glauben, sie schreit uns nicht an, sie beschimpft uns nicht, stattdessen werden wir freundlich behandelt. Sie bittet uns, Platz zu nehmen und bringt uns einen Krug Milch, richtige Milch. Dann holt sie Wasser, Rasierzeug und einen Spiegel. Beim nächsten Bauernhof werden wir von einem Mann begrüßt, der uns ebenfalls Milch gibt. Von ihm bekommen wir auch einen Krug, um Milch mitzunehmen. Mit scheinbar großer Begeisterung und Freude erzählt er uns, dass Hitler tot ist. Vielleicht erzählt er uns das nur, um uns in guter Laune zu halten. Maupie und Benno gehen am Nachmittag los und bringen viel mehr Dinge zurück als wir. Und wieder bekommen wir ein gutes Essen aus der Lagerküche. Kein Wunder, dass ich in der Nacht krank werde, mein Magen musste zu viel verdauen. Die ganze Nacht laufe ich auf die Latrine. Wieder fühle ich mich sehr schwach. Meine Brust schmerzt und meine Ohren brummen. Ich habe Angst, bald vollständig von den Karbunkeln bedeckt zu sein. Es sind schon mehr als 35. Das Rote Kreuz hat alle Kranken aus dem Lager 6 in ein Krankenhaus gebracht. Ich denke, ich sollte vielleicht auch dort Hilfe suchen.

Es ist der 4. Mai, der dritte Tag in Freiheit. Am frühen Morgen bekommen wir Besuch von einem Holländisch sprechenden Engländer. Lange vor dem Krieg hatte dieser Engländer als Ausbilder für Juden, die nach Palästina wollten, gearbeitet. Das Ausbildungslager, das alle Juden Hollands gut kannten, war in Wieringermeer. Er kämpfte im Krieg für England und war von den Deutschen gefangen genommen worden. Seit seiner Befreiung durch die Amerikaner reist er mit ihnen. Er gibt uns viele Zigaretten. Ich tausche meine gegen Honig von den Russen. Die Russen haben polnische Mädchen in ihrer Gesellschaft. Sie kochen, backen und lieben sich Tag und Nacht. Es ist wunderbar mit anzusehen, wie schnell sie sich wieder erholen.

Am Nachmittag laufen wir wieder los, um zu handeln. Ich muss es sehr langsam angehen, denn ich bin heute sehr schwach. Uns gelingt es, eine Wagenladung Pferdefutter gegen einen Schinken einzutauschen. Wir hatten das Pferdefutter gestern entdeckt, als wir die SS-Küche durchsuchten. Der Käufer, ein Bauer, muss selber mit dem Wagen kommen und es abholen.

Am nächsten Tag gehen Maupie, Benno und ich in das Dorf Ampfing, nach dem das Lager hier benannt ist. Hinter einer Villa, in der jetzt ein Panzerbataillon untergebracht ist, sehen wir mehrere kleine Häuser. Benno und ich werden in eines davon eingeladen. Die Bewohner, eine Frau und ihre Schwester, setzen sich mit uns an einen Tisch. Die Wände und Schränke sind mit Familienfotos bedeckt. Viele von ihnen zeigen Männer in deutschen Uniformen. Sie reden davon, dass alle im Krieg gestorben sind. Unter den Toten ist auch ihr Mann. Ihre Schwester weiß nichts über das Schicksal ihres Mannes. Sie sagen immer wieder, was für eine Schande all das sei, aber wir kümmern uns nicht eigentlich darum. Beide Frauen laden uns ein, bei ihnen zu wohnen, doch wir tun so, als würden wir ihren Vorschlag überhören. Dann bitten sie uns, nach oben zu gehen und das Haus anzusehen. Allmählich verstehen wir ihr Verhalten, sie haben Angst vor den ehemaligen russischen Häftlingen. Es gibt Gerüchte, dass sie seit der Befreiung die Gegend unsicher machen. Diese Frauen würden lieber mit uns hier leben, als von den Russen vergewaltigt zu werden. Sie glauben, uns überzeugen zu können zu bleiben, gut aussehend wie sie beide sind. Aber dieser Teil in mir ist immer noch tot. Sollen sie sich mit den Russen herumschlagen, wir werden hier nicht bleiben.

Später treffen wir wieder die beiden anderen Holländer und wir ziehen gemeinsam weiter. Hinter dem Dorf Ampfing liegt ein großes deutsches Militärdepot. Als die Amerikaner näher kamen, haben die Deutschen vor ihrer Flucht die Zündungen der Motoren zerstört. In dem Lager gibt es alles. Der Platz ist voller Menschen, die nehmen, was sie erwischen können. Die meisten hier sind deutsche Zivilisten, aber es gibt auch viele ehemalige Häftlinge. Wir suchen uns einen Traktor und entscheiden uns, damit nach Holland zu fahren. Benno versucht die Zündung zu reparieren, aber ehe es ihm gelingt, kommen die Amerikaner und beenden die Plünderei.

In Ampfing treffen wir auf viele amerikanische Soldaten. Sie schenken uns Zigaretten und Konserven. Wir essen das Gemüse und das Fleisch direkt aus den Dosen. Bald muss ich bei einem Haus anhalten. Ich habe schreckliche Magenkrämpfe. Meine Brust schmerzt, das Fieber ist wieder gestiegen und der verdammte Durchfall raubt mir die letzte Kraft. Wir fragen, ob wir die Toilette benutzen können, und sie führen uns zu einem Toilettenhäuschen. Danach laden sie uns alle vier in ihr Haus ein. Wir sind so verschwitzt, dass sie uns erlauben, uns ein wenig zu waschen, anschließend geben sie uns Milch und Brot. Nach einer Weile bieten auch sie uns an, bei ihnen einzuziehen, aber wir haben immer noch kein Interesse daran. Wir wissen, dass ihr Angebot nichts mit uns zu tun hat, sondern nur mit ihrer Angst vor den Russen. Es muss im Augenblick sehr schlecht um sie stehen. Wir werden ihnen nicht helfen und bald ziehen wir weiter.

Als wir in eine Metzgerei kommen, opfert Benno seinen neuen Mantel, den er gerade aus dem Depot mitgenommen hatte, gegen ein Stück Salami. Aber der Mann traut uns nicht und bittet Benno in den Hinterraum. In einer Schüssel sehen wir ein schönes Stück Schweinefleisch und während der Metzger weg ist, helfen wir uns selbst. Benno kommt mit der Salami zurück und ist stolz über seinen Handel. Wir zeigen ihm das schöne Stück Schweinefleisch, das wir, unter unserer Kleidung versteckt, bekommen haben, ohne zu handeln. Mit unseren Vorräten kehren wir ins Lager zurück.

Diese Tage fordern ihren Tribut von meiner schwachen Gesundheit. In der Nacht geht es mir noch schlechter und ich verbringe die meiste Zeit auf der Latrine. Ich muss mich immer wieder übergeben. Wir haben zu viel gegessen. Maupie hat sich weise zurückgehalten, aber ich kann einfach nicht. Wenn ich etwas sehe, dann muss ich es essen. Ich verbringe eine schreckliche Nacht und muss mindestens fünfzehnmal auf die Toilette. Und da wir jetzt Kapitalisten sind, haben wir die Tür zu unserer Baracke mit einem eisernen Stab von innen gesichert. Weil wir Angst vor Einbrechern haben, muss ich den Stab jedes Mal bewegen und ihn an seinen Platz zurückstellen. Als Matratze benutze ich einen Stapel Decken. Und auf mir liegen noch mehr davon. Sie sind notwendig, da die Nächte immer noch kalt sind und ich durch die Lauferei auf die Latrine vor Kälte zittere.

Die Wände der Latrine sind mittlerweile zu Feuerholz geworden und wir sitzen im Freien. Man ist dort nie allein, es sind immer mindestens 15 Mann da, die die gleichen Probleme haben. Wir erzählen uns gegenseitig, wie wir die ersten Tage in der Freiheit verbracht und wo wir die meisten Dinge gefunden haben. Alle Insassen der umliegenden Lager leiden an Durchfall und Ruhr. Und weil wir wie wahnsinnig essen, wird alles noch schlimmer. Wir brauchen wirklich einen Arzt und Medizin.

Obwohl ich am nächsten Morgen eigentlich zu krank bin, um irgendetwas zu tun, gehe ich mit meinen Freunden auf den täglichen Ausflug. Am Ende des Waldes, in dem sich die Lager befinden, steht ein kleines Dorf. Es gibt dort sogar einen Schneider. Er erzählt uns, dass er aus dem Radio gehört hätte, dass Hitler sich umgebracht hat. Der kleine Schneider, ein missgestalteter Mann, ist glücklich, in mir einen Kollegen gefunden zu haben. Er gibt mir einen Fingerhut, Nadeln und Faden als Geschenk. Jetzt bin ich trotz meines Zustandes glücklich. Von ihm bekommen wir auch Eier, Milch und Brot. Wir versprechen ihm, wiederzukommen. Als wir zurück im Lager sind, kann ich mich nicht länger bewegen. Onkel Jaap kocht, aber ich kann nicht essen. Mir geht es wieder so schlecht wie am Tag der Befreiung. Ich verstehe nicht mehr, was um mich herum vor sich geht. Alles verschwimmt in einem Nebel.

Am Nachmittag wecken mich meine Freunde und voller Begeisterung erzählen sie mir, dass wir umziehen werden. Sie helfen mir auf, denn wir dürfen keine Zeit verlieren. Ich sehe wieder ein wenig klarer und schaffe es sogar zu stehen. Ihre Begeisterung gibt mir Kraft. Sie packen alle Sachen und sehr langsam gehen wir aus dem Lager.

Vor dem Lager 6 treffen wir einen Polen, der sich ein Pferd und einen Wagen organisiert hat. Er will damit nach Hause, quer durch Deutschland fahren. Er erlaubt uns, ein Stück auf dem Wagen mitzukommen. So kann ich mich hinlegen. Zu Fuß hätte ich das nie geschafft. Wir kommen in das Dorf Eigheim. Hier waren wir auch heute Morgen. Ich kann mich kaum bewegen, aber meine Freunde stützen mich.

Maupie und ich gehen in ein Haus, in dem wir heute Morgen schon einmal waren, aber vergeblich versucht haben, etwas zu bekommen. Die Frau wollte uns keine Eier geben.

Die Familie heißt Bernard: Mann, Frau und ein Sohn, der Georg heißt. Es gibt eine Magd namens Katharina, die aus der Ukraine stammt. Bald stellt sich heraus, dass Frau Bernard sehr nett ist und nur heute Morgen so abweisend reagiert hat, weil sie eine Todesangst vor den Russen hat und dachte, wir wären welche. Während wir uns unterhalten, nennt sie mich immer wieder einen alten Mann. Sie hält mich für über fünfzig, obgleich ich erst 27 bin. Maupies Alter, er ist Anfang 20, errät sie richtig. Wie schlecht ich wirklich aussehe, entdecke ich erst, als ich mich in einem großen Wandspiegel betrachte. Ich sehe wie ein Waschbrett aus, genauso wie all die Kranken auf dem Revier. Eingefallene Augen und Wangen, fehlende Zähne, ich wäre eine gute Besetzung für einen Horrorfilm. Meine Arme und Beine sind dünn wie Bambus. Meine Haut ist grau mit großen schwarzen Rußflecken darauf. Meine gelblich grüne Brust hat rote Flecken auf der einen Seite, wo die Karbunkel sind. Ich habe Angst vor dem Mann im Spiegel.

Aber die Frau des Hauses kümmert sich um mich, nachdem sie den ersten Schock vor diesem halb nackten Ungeheuer überwunden hat. Sie hilft mir, mich mit einem Schwamm zu waschen und trägt eine Salbe auf. Dann steckt sich mich ins Bett. Und was für ein Bett. Die Matratze ist aus flaumigem Stroh und die Bettdecke ist mit Hühnerdaunen gefüllt. Gegenüber im Zimmer hat Maupie ein Bett gleich meinem bekommen. Es ist ein wunderschönes Schlafzimmer, mit Fenstern zur Straße, hinter denen man viele Blumen sehen kann. Und dieses Zimmer ist nur für uns beide. Die Magd bringt uns zu essen. Ich bekomme sehr wenig. Es ist etwas aus Eigelb und schmeckt wunderbar. Wir gehen in dieser Nacht früh schlafen und legen uns nackt ins Bett. Was für ein Luxus. Seit langer Zeit zum ersten Mal gibt es keinen Stacheldraht und keine Angst mehr vor plötzlichen Appellen, und wir müssen nicht fürchten, dass uns jemand unser Essen oder unsere Sachen klaut, während wir schlafen.

Die Nacht ist wunderbar. Es ist schon spät, als wir aufwachen, 6 Uhr morgens. Zunächst dachte ich noch, dass der Gong von Gleiwitz uns geweckt hätte, aber schnell wird mir klar, dass das vorbei ist. Heute wollen wir unsere Nachbarschaft erforschen, aber zunächst müssen wir uns waschen.

Der Bauernhof sieht sehr schön aus. Von der Straße führt ein Tor durch eine Steinmauer in den Hof. Auf dem Hof steht ein Backofen, der Teil eines kleineren Gebäudes ist. Es gibt auch ein Waschhaus, einen Schuppen und ein kleines Lagerhaus. Unter dem gleichen Dach des Bauernhauses befindet sich auch eine Scheune mit Kühen, Schweinen und anderen Tieren. Das ist unser erster Tag außerhalb des Lagers. Es ist wunderbar draußen. Wir waschen uns mit viel Wasser. Niemand schiebt uns weg. Wir übertreiben maßlos mit dem Waschen, aber wir können nicht anders. Es ist genauso wie mit dem Essen, wir können nicht genug davon bekommen. Nach einer Weile kommt Frau Bernard und gibt uns frische Unterwäsche. Sie untersucht auch meine Karbunkel und rät mir, sobald ich wieder gehen kann, einen Arzt aufzusuchen. Ich fühle mich gut, aber sie meint, jetzt müssten wir erst etwas essen. Sie schenkt uns auch leichte Schuhe anstelle der unpraktischen Holzschuhe, die wir tragen. Wir schweben fast mit diesen Dingern an unseren Füßen, stolzieren wie Neureiche umher und vergessen dabei vollkommen, was für einen erbarmungswürdigen Anblick wir bieten.

Unser Schlafzimmer liegt auf der einen Seite der Hausflurs, eine Treppe führt nach oben in die Schlafzimmer der Familie. Gegenüber von unserem Schlafzimmer liegen die Küche und das Wohnzimmer. Das ist der beste Raum im Haus. Die Wand zwischen dem Wohnzimmer und der Küche besteht aus einem Kachelofen. Von der Küche kann man direkt in den Stall gehen. Im Stall und in der Küche regiert Katharina. Alle paar Minuten kommt sie zu uns in die Küche, denn sie hat sich in Maupie verliebt. Maupie ist davon nicht so begeistert, denn das Mädchen ist wirklich hässlich. Sie ist sehr klein und dick. Ihre Arme und Beine sehen aus wie dicke Salamis. Aber sie ist sehr unbekümmert, eher noch ein Kind als eine Frau. Sie wurde zum Arbeiten nach Deutschland verschleppt. Ehe sie zur der Familie kam, arbeitete sie in einer Fabrik. Zum Glück bin ich in ihren Augen 50 Jahre alt und hässlich. Die Familie isst getrennt von uns, aber wir sind damit zufrieden. Wir bekommen zum Frühstück frische Milch und eine große Scheibe Bauernbrot. Das Brot wird in die Milch eingetaucht und dann mit einem Löffel gegessen. Nach dem Frühstück statten wir dem Schneider einen Besuch ab. Er wirkt sehr geehrt und freut sich über unsere Anwesenheit. Mit einem lachenden Gesicht erzählt er uns, dass die deutsche Armee kapituliert hat. Danach besuchen wir Onkel Jaap, der bei der Familie Betstätter untergekommen ist. Dort ist es für uns ein wenig zu ruhig, da niemand spricht, aber Onkel Jaap gefällt es. Anschließend gehen wir noch zu den Unterbichlers, bei denen Benno wohnt. Er hat es sehr gut getroffen, denn bei den Unterbichlers ist es gemütlich und fröhlich. Es leben dort zwei Jungen, eine junge Frau und ihr Mann, der ein Bein im Krieg verloren hat, und Frau Unterbichler, die Hausherrin. Sie erinnert mich an meine Mutter, denn sie ist freundlich und aufmerksam. Wir setzen uns alle an den großen Tisch und unterhalten uns. Die Zeit vergeht schnell. Mittags gehen wir zurück auf unseren Bauernhof, um zu essen. Am Nachmittag machen wir weitere Besuche.

Am nächsten Tag laufen Maupie und ich nach Ampfing, damit ich einen Arzt konsultieren kann. Ich denke, ich werde es bis dorthin schaffen. Wir können ja so viele Pausen machen, wie wir wollen. Schließlich erreichen wir die große hölzerne Baracke, die als Notambulanz dient. Drinnen sieht es sehr schön aus. Alle Räume sind mit acht bis zehn Patienten belegt. Deutsche halten die Baracke sauber. Alle Kranken kommen aus den Lagern um Ampfing. Wir wussten nicht, dass es so viele sind. Die schwereren Fälle sind direkt in das Krankenhaus nach Mühldorf gebracht worden. Sie behandeln mich sehr gut, öffnen ein paar der Karbunkeln, tragen Salbe auf und verbinden mich. Die Beulen vermehren sich leider immer noch. Der Arzt gibt mir noch ein paar Tabletten gegen die Schmerzen.

Auf unserem Weg zurück gehen wir noch bei einem Friseur vorbei. Wir lassen uns die Haare nachschneiden und uns rasieren. Sie verlangen kein Geld, was auch besser für sie ist, denn wir haben keines. Danach schauen wir im Rathaus vorbei und melden uns bei dem amerikanischen Kommandanten. Wir sind verpflichtet, wie wir erfahren, Ausweise bei uns zu tragen. Denn überall sind amerikanische Patrouillen.

Das Wetter ist wunderbar und die erste Woche in Freiheit vergeht schnell. Meine Karbunkel werden immer schlimmer, egal was Frau Bernard versucht. Manchmal ist der Schmerz so stark, dass ich Angst habe, ohnmächtig zu werden.

Von einem ehemaligen Häftling erfahren wir, dass in Mühldorf Kleidung an uns ausgegeben wird. Wir werden morgen dorthin gehen, unterwegs kann ich auch einen Arzt aufsuchen.

Benno läuft sehr früh am Morgen los. Wir kommen später nach. Mühldorf ist zwölf Kilometer von Eigheim entfernt. Wir kommen am Lager Mühldorf vorbei und ich bleibe an der Stelle, wo wir von den Amerikanern beschossen wurden, stehen. Es scheint eine Ewigkeit her zu sein, dabei sind nicht einmal drei Wochen vergangen.

Als wir in Mühldorf ankommen, fragen wir mehrmals nach dem Weg, bis wir die Schule finden, in der die Kleidung ausgegeben wird. Der Schulhof ist mit ehemaligen Häftlingen überfüllt. Ich bin sehr müde und fiebrig. Wir ruhen uns aus und bekommen eine kleine gute Mahlzeit. Es gibt Brot mit kleinen Zwiebeln, hart gekochte Eier, Schinken und Milch. Wir müssen lange warten, ehe wir an die Reihe kommen. In den Klassenräumen sind lange Tische aufgestellt, auf denen Berge von Kleidung liegen. Sie sind alle gebraucht, aber sie sind viel besser als die, die wir tragen. Ich nehme mir ein Paar kräftige Schuhe, ein Paar guter Hosen, ein SS-Hemd, eine blau gestreifte Jacke, einen Satz Unterwäsche und zwei Paar Socken. Im nächsten Raum werden wir registriert und erhalten 10 Mark Taschengeld.

Danach suchen wir das Krankenhaus. Die Krankenschwester führt mich in den Behandlungsraum und hilft mir so sanft wie ein Engel, meine Kleidung und den Verband abzulegen. Zwei Ärzte kommen und einer von ihnen verabreicht mir eine lokale Anästhesie. Dann fangen sie an und öffnen 15 Beulen. Nach dieser Tortur bin ich erschöpft und muss mich ausruhen. Die Krankenschwester sagt mir, dass ich mich waschen kann, sobald ich mich besser fühle. Ich warte ein wenig, dann klettere ich von dem Operationstisch. Weil ich ständig schwitze, habe ich das Gefühl, schmutzig zu sein. Ich entdecke ein wunderbar sauberes Wachbecken, mit fließend heißem und kaltem Wasser. Daneben hängt ein großer Spiegel. Wie schrecklich dünn bin ich doch. Als sie mich vor ein paar Tagen im Lazarett in Ampfing untersuchten, wog ich gerade 35 Kilogramm. Ich sehe aus wie ein Skelett. Ich wasche mich mit der gut riechenden Seife. Als ich danach zurück in die Eingangshalle gehe, bemerke ich, dass die Seife noch immer in meiner Hand ist. Ich stecke sie in meine Tasche. Ich weiß, es bedeutet, dass ich ein Dieb bin. Das jahrelange Training im Lager hat mich dazu gemacht. Draußen fragen mich meine Freunde, ob ich kräftig genug bin, um den Weg zurückzulaufen. Ich zeige ihnen die Seife und Maupie meint, ich wäre wohl okay. Jaap will wissen, ob es dort noch mehr Seife gibt.

Onkel Jaap hat ein paar Freunde in Mühldorf, die mit ihm bei der Eisenbahn gearbeitet haben. Wir besuchen sie. Sie leben in einer Villa, in der Nähe des alten Lagers. Alle warten dort auf den Transport nach Holland und sie wollen, dass wir bei ihnen einziehen. Jaap beschließt, bei ihnen zu bleiben.

Obwohl es keinem von uns wirklich gut geht und ich krank bin, zwingen wir uns dazu, täglich ein wenig zu arbeiten. Am Morgen stehen wir immer früh auf und helfen dem Bauern, die Tiere zu füttern. Die Bernards haben viele Kühe und mehrere Ziegen. Am zweiten Tag sprechen wir mit dem Bauern, weil wir meinen, dass die verdammten Tiere zu viel fressen und deshalb auf die Felder gehören, wo sie sich selbst das Fressen suchen können. Aber wie all die anderen Bauern hat Herr Bernard Angst, seine Tiere auf die Weide zu lassen. Freigelassene Häftlinge, insbesondere Russen, so heißt es, stehlen und töten Vieh.

Es gibt viele Geschichten über stehlende, vergewaltigende und mordende Russen. Selbst Kinder und alte Frauen sollen nicht vor ihnen sicher sein. Wir streiten mit den Dorfbewohnern und sagen ihnen, dass diese übrig gebliebenen Russen bis ans Ende ihres Lebens vergewaltigen, töten und stehlen müssten, um das auszugleichen, was die Deutschen mit ihrem Volk gemacht haben. Ich glaube nicht, dass die Geschichten, die allgemein über die Russen erzählt werden, stimmen, wenn es auch Ausnahmen geben mag. Aber die Russen wurden auch nicht gefragt, ob sie hierher kommen wollen. Die Deutschen verschleppten sie.

Unser Gastgeber hat eine einfache Entschuldigung. Er erzählt uns, dass er von Anfang an gegen Hitler und seine Partei war. Er wäre auch verrückt, jetzt zuzugeben, dass er mit dem, was Hitler und seine Leute getan haben, einverstanden gewesen wäre. Der Schneider spricht genauso wie Herr Bernard. Wir verbringen viel Zeit in seinem Laden. Ich nähe in diesen Tagen sehr viel. Ich habe Angst, darüber nachzudenken, was mich zu Hause in Holland erwartet. Um unsere Erinnerungen und die Angst vor unserer Zukunft zu vergessen, beschäftigen wir uns so viel wie möglich. Mehrmals laufen wir in das Krankenhaus von Ampfing. Die Deutschen, die wir treffen, haben stets Angst vor uns, bis sie herausfinden, dass wir Holländer und keine Russen sind. Ihr Schuldgefühl gegenüber den Russen muss enorm sein, wie sonst könnte man ihr Verhalten erklären.

Wir kehren nach Mühldorf zurück, diesmal auf Fahrrädern, die wir uns von Unterbichler und Bernard ausgeliehen haben. Wir haben das Fahrradfahren noch nicht verlernt. Im Krankenhaus untersuchen sie wieder meine Brust und ich fühle mich danach besser. Auf unserem Weg zurück fahren wir noch am Rathaus vorbei, denn wir brauchen Papiere. Diese Amerikaner wollen alles schwarz auf weiß. Da besteht kein großer Unterschied zu den Deutschen. Ohne diese Papiere existiert man nicht.

Wenn man Russe ist, wird man wieder in ein Lager gesteckt. Die Russen dürfen sich nicht so frei bewegen wie wir. Auf dem Rathaus versprechen sie, uns zu informieren, sobald ein Transport nach Holland abgeht. Plötzlich können wir es kaum noch erwarten, abzureisen. In der Nähe des Rathauses und auch in der Stadt sehen wir viele Menschen, die ihre Sachen gepackt haben und darauf warten, nach Hause geschickt zu werden. Dann besuchen wir noch Onkel Jaap. Jaap freut sich und ist glücklich, dass es mir besser geht. Er bewirtet uns mit Tee und Pfannkuchen. Die Männer wollen, dass wir bei ihnen bleiben, aber wir ziehen unser Bauernhaus vor. Jaaps Freunde sehen so gesund aus, als wären sie gerade aus dem Urlaub zurück. Ihre Gespräche sind viel unbefangener. Aber sie waren auch nicht in einem Konzentrationslager. Sie sind als Zivilisten zur Zwangsarbeit nach Deutschland geschickt worden. Kein Vergleich zu dem, was wir durchlebten. Wir meinen immer noch, dass Onkel Jaap nicht zu diesen Männern passt, obwohl er offensichtlich hervorragend mit ihnen auskommt. Als wir gehen, verspricht Onkel Jaap, uns zu informieren, wann der Transport nach Holland abfährt. Wir werden von ihm hören, auch wenn er den ganzen Weg zu uns zu Fuß gehen muss.

Von den Deutschen hört man in diesen Tagen immer das Gleiche. Wie wir, fühlen sie sich als Opfer. Ich glaube nicht, dass diese Leute eine Idee davon haben, wie sehr wir gelitten haben, ansonsten könnten sie so etwas nicht behaupten. »Alle sind gegen uns«, sagen sie, »erst war es Hitler, und jetzt ist es die Besatzungsmacht.« Viele der Deutschen entwickeln auch eine Abneigung gegen ehemalige Häftlinge aus den Konzentrationslagern. Sie verhalten sich so, als würden sie von Bettlern belästigt.

Nachdem ein paar Tage vergangen sind, lässt unser Bewegungsdrang ein wenig nach. Das ist auch besser für mich. Ich bin immer noch weit davon entfernt, wieder gesund zu sein. Falls wir nichts Besonderes zu tun haben, gehen wir zu Unterbichlers und legen uns dort im Garten in die Sonne. Man fühlt sich dort schon ein wenig wie in Ferien. Was für ein Leben, es ist eine Schande, dass Onkel Jaap nicht hier ist. Er sitzt in der Villa mit den vielen Leuten in einem Zimmer. Aber er ist unser Spähposten in Mühldorf und das ist sehr wichtig.

Dann fragen die Betstätters, ob nicht einer von uns zu ihnen ziehen möchte. Jaap ist nicht mehr da und sie wollen einen anderen ehemaligen Häftling, da sie immer noch Angst vor den Russen haben. Wir sprechen mit den Bernards und entscheiden gemeinsam, dass ich umziehen werde. Ich wünsche Maupie viel Glück mit Katharina und gehe. Frau Betstätter ist taub und Herr Betstätter stottert. Er ist den ganzen Tag außer Haus. Frau Betstätter ist nicht so sauber wie Frau Bernard und sie ist geizig. Aber ich habe nun ein Zimmer für mich allein. Ich nehme noch Rasierzeug und ein Paar Schuhe von Bernards mit. Maupie bekommt den Rest. Die Bernards erzählen uns, dass diese Dinge von einem französischen Zivilisten stammen, der in ihrem Haus als Zivilarbeiter lebte. Es ist uns auch egal, woher die Dinge stammen. In diesen Tagen haben wir kein großes Problem mit unserem Gewissen.

Sobald ich bei Betstätters eingezogen bin, inspiziere ich den Vorratsraum. Ich bediene mich selbst mit etwas Sahne und ein paar Eiern. Vielleicht wird diese reichhaltige Nahrung gegen meinen Durchfall helfen. Es gibt auch ein großes Backblech voller frisch gebackener, lecker aussehender Plätzchen. Als am späteren Nachmittag Frau Betstätter mich fragt, ob ich welche haben möchte, muss ich ablehnen. Ich bin immer noch so satt von meinem ersten Ausflug in die Speisekammer, dass ich Angst habe zu platzen.

Am nächsten Morgen wollen Maupie und ich den Schneider besuchen, um die letzten Reparaturen an unseren Sachen zu erledigen. Alles soll für unsere Heimreise schön und ordentlich sein. Aber wir kommen zu früh, und der Schneider ist noch nicht in seinem Laden. Er wird noch schlafen. Während wir vor dem Laden warten, kommt Benno Vermeer auf einem Pferdefuhrwerk vorbei. Jeden Morgen bringt er Unterbichlers Milch nach Ampfing. Sie muss auf Befehl der Besatzer abgeliefert werden. Er fragt uns, ob wir ihn begleiten möchten. Als wir Ampfing erreichen, bringen wir zunächst die Milch zur Molkerei. Benno erhält eine Quittung, die er danach einem Offizier auszuhändigen hat. Dieser Offizier sagt uns, dass wir in die Küche gehen und dort etwas essen sollten, ehe wir zurückfahren. Diesen Befehl werden wir nicht verweigern.

Die Amerikaner haben sich in einer großen Gaststätte in der Nähe des Friedhofs einquartiert. Der größte Teil des Gebäudes dient ihnen als Kompanieküche. Sie bereiten gerade das Frühstück vor. Was für ein Unterschied zu der Verpflegung, die wir gewohnt sind. Es gibt Pfannkuchen, Eier, Schinken, Salami und viele andere Dinge. Kein Wunder, dass sie den Krieg gewonnen haben. Ich kann nur eine Hälfte meines Pfannkuchens essen. Es ist zu viel. Auf dem Rückweg sehen wir noch nach Onkel Jaap, der uns freudig mitteilt, dass der Transport nach Holland morgen abfährt. Er hat uns bereits für den Transport eingeschrieben. Wir werden auf großen Lastern quer durch Deutschland nach Holland reisen.

Die Betstätters hatten nicht lange das Vergnügen, mich zu beherbergen. Wir müssen uns beeilen, um unsere Sachen beim Schneider fertig zu machen. Hunderte von Dingen sind zu erledigen. Frau Betstätter schenkt mir einen Laib Brot und ein kleines Stück Schinken. Mit den Dingen, die ich mir aus dem Vorratsraum nahm, habe ich nun eineinhalb Laib Brot, eine Tüte voller Plätzchen, den Schinken und zehn Eier für die Reise. Wir verabschieden uns von dem Schneider und den Unterbichlers. Sie weinen, was wirklich nicht notwendig ist. Es gibt keinen Grund mehr, die Russen zu fürchten, da sich die meisten von ihnen wieder in Lagern befinden, die jetzt von russischen Soldaten bewacht werden. Zum Abschluss verabschieden wir uns von Bernards. Es war schön bei ihnen. Maupie hat seine Sachen noch nicht fertig gepackt. Katharina weint. Wir nehmen unsere Decken aus dem Lager 5 mit, die Frau Bernard für uns gewaschen hat. Wir sind auf dem Weg nach Holland. Auf der Straße nach Mühldorf müssen wir uns immer wieder ausruhen. Als wir in der Nähe des Lagerflugplatzes sind, halten wir ein Pferdefuhrwerk an. Am Ortseingang von Mühldorf kontrollieren die Amerikaner unsere Papiere. Von dort ist es nicht mehr weit bis zu dem Transportlager, in dem große Geschäftigkeit herrscht. Viele Holländer wollen wie wir nach Hause kommen.

Onkel Jaap hat uns eine Unterkunft in einer Villa besorgt, in der wir bis zur Abreise bleiben können.

Wir hatten Gleiwitz im Winter verlassen in der Hoffnung, dies wäre der Anfang vom Ende, und nun werde ich wahrscheinlich im Sommer zu Hause sein. Doch soweit ich weiß, bin ich der einzige Überlebende der ursprünglichen dreiunddreißig Holländer, die als Häftlinge in Gleiwitz waren.

Es ist nicht sehr angenehm, die Nacht in der Villa zu verbringen, denn mit uns schlafen hier eine größere Anzahl Holländer, die Zwangsarbeiter in Deutschland gewesen sein sollen. Aber ich vermute, dass viele von ihnen Freiwillige waren. Die einzigen ehemaligen KZ-Häftlinge sind Lex van Gelder, den ich in der Krankenbaracke von Ampfing 6 traf, Maupie und ich. Jaap, der kein Jude ist, war auch in Ampfing, traf aber dort viel später ein als wir.

Am nächsten Morgen erfahren wir, dass an diesem Tag der Transport noch nicht abgeht. Wir sind nicht einmal enttäuscht, es würde wirklich zu glatt gehen. Aber heute Nacht werde ich woanders schlafen. Doch zunächst nehme ich ein Bad in dem noch völlig intakten Badezimmer im Keller. Ein Geschenk des Himmels, in dem warmen Wasser zu liegen, das ganz trüb von den sich ablösenden Hautfetzen wird. Auch der schwarze Ruß löst sich ein wenig ab. Vielleicht ruft mein Anblick jetzt weniger Entsetzen hervor. Fast zwei Stunden liege ich in der Wanne, denke über die Veränderungen der letzten Zeit und über das größte aller Wunder nach: dass ich überlebt habe.

Um Schwierigkeiten zu vermeiden und um als Holländer erkannt zu werden, haben wir kleine holländische Flaggen auf unsere Mützen und Kleider genäht. Am Nachmittag wollen wir uns ein wenig die Beine vertreten. Zunächst erkunden wir den übrigen Teil des Zivillagers. Sehr viele Menschen sind noch hier, und wir fragen uns, warum sie nicht lieber in die herumstehenden leeren Häuser eingezogen sind. Sicher ist das Lager viel besser als jene, die wir kennen gelernt haben, dennoch gibt es Dreck, Flöhe und Wanzen. Wir sehen viele holländische Jungen, fünfzehn, sechzehn Jahre alt, die von ihren Familien fortgerissen wurden. Alle sind aus Rotterdam. Nachdem sie uns bitten, von unseren Erfahrungen zu berichten, erzählen wir ein wenig, doch wir merken, dass sie unter dem Eindruck dessen, was ihnen widerfuhr, nichts begreifen. Es ist noch zu früh.

Heimkehr nach Holland

Am nächsten Morgen stehen die Laster endlich bereit. Sie sind riesig, auf der Ladefläche haben jeweils 20 Mann Platz. Jetzt wissen wir, dass es endlich losgeht. Onkel Jaap ist so glücklich. Er lacht und erzählt mir immer und immer wieder, dass er in ein paar Tagen seine Frau wieder sehen würde. Wir können nicht das Gleiche behaupten, wir müssen warten.

In einer Staubwolke und unter lautem Motorengeräusch rollen die Laster los. Wir lassen Mühldorf hinter uns und fahren durch Ampfing. Von weitem können wir Eigheim sehen. Wir fahren nach Hause. Das Wetter ist wunderbar. Am Nachmittag erreicht unser Konvoi Regensburg. In einer Militärkaserne steigen wir aus. Es sind große Gebäude voll mit Tausenden von Menschen aller Nationalitäten, die sich hier auf ihrem Weg versammeln. Am nächsten Morgen bringen uns die Laster zu einem Bahnhof, wo ein Güterzug uns erwartet. Wir sind es gewohnt, auf diese Art zu reisen, und suchen uns einen schönen Waggon. Erst am Abend fährt der Zug los. Wir legen uns hin und schlafen.

In Bamberg halten wir und müssen wieder aussteigen. Sie bringen uns in eine Kaserne und erklären, dass wir hier warten müssen, bis genügend Personen für einen Transport nach Holland beisammen sind. Das könne eine Woche oder länger dauern.

Die ehemaligen Häftlinge werden im Hauptgebäude in einem großen hellen Saal untergebracht. Die Betten sind unglaublich sauber. Für uns wirkt es wie in einem Hotel. Wenige Augenblicke später öffnet sich die Tür und jemand bringt uns Reis und Fleisch. Danach erhalten wir Brot, Margarine, Kaffee, Marmelade und Zigaretten. Nachdem wir uns satt gegessen haben, melden wir uns im Büro, um registriert zu werden. Sie wollen alles wissen.

Als ich in den Saal zurückkomme, lege ich mich erschöpft auf mein Bett. Ich fühle wieder Schmerzen in meiner Brust, vielleicht waren die letzten Tage zu viel für mich. Mein Fieber steigt erneut an, und bald ist das Bett von Schweiß durchnässt. Nach einiger Zeit werden die Schmerzen so unerträglich, dass ich in Ohnmacht falle. Als ich wieder zu mir komme, kümmert sich eine Krankenschwester um mich. Sie ist eine schöne Französin. Vorsichtig öffnet sie meine Kleidung und untersucht mich. Ich schäme mich für mein Aussehen. Durch den Schweiß bin ich wieder ganz schwarz geworden und die Beulen sind so hässlich. Ich mag nicht so gesehen werden. Die Krankenschwester wirkt so rein und liebenswert, wie sie leise auf Französisch mit mir spricht. Es ist nicht das Französisch, das ich in Gleiwitz lernte, aber ich begreife, dass ich mit ihr kommen soll. Sie besteht darauf, mich zu stützen. Sie wirkt so stark, aber im Vergleich zu meinem Zustand ist nahezu jeder kräftig. Was für eine großartige Krankenschwester. Sie bringt mich in das Krankenzimmer und hilft mir auf den Operationstisch. Ich bin immer noch verlegen. Sie reinigt meine Beulen und trägt Salbe auf. Dabei hat sie große Angst, mir weh zu tun, und ist deshalb sehr vorsichtig. Als sie mich verbunden hat, bringt sie mich in mein Bett zurück. Um meine Gefühle in diesem Moment zu verstehen, muss man bedenken, dass ich drei Jahre die Hölle durchlebt hatte. Ich ging, auf mich allein gestellt, durch diese Lager, dieses Morden, das Blut, die Kälte und den Schlamm und hier hilft mir eine Krankenschwester durch vier Türen, um in mein Bett zu gelangen.

In den nächsten Tagen füllt sich die Kaserne mit immer neuen Holländern. Mir geht es bald wieder besser. Nach vier Tagen sind mehr als tausend Holländer beisammen und wir werden am nächsten Tag abreisen. Über 1200 Männer und Frauen stehen am nächsten Morgen nervös zur Abfahrt bereit. Das Wetter ist wunderbar. Sie teilen unsere Reiseration aus: Eine große Kiste mit Essen für jeweils vier Personen. Wir ehemaligen Häftlinge dürfen uns die Kiste zu zweit teilen. Aber erneut verzögert sich die Abfahrt, da mehrere Laster mit neuen Leuten gerade erst angekommen sind. Maupie und ich laufen die Laster entlang und suchen nach Holländern. Am häufigsten hören wir Französisch und Russisch, doch dann ruft jemand meinen Namen. Es sind Herman und Louis van de Kamp, zwei Brüder, die ich von Gleiwitz kannte. Als wir am 18. Januar evakuiert wurden, flohen die beiden durch ein Loch im Zaun und versteckten sich in der Fabrik. Unser Wiedersehen ist sehr bewegend. Sie verbrachten die ganze Zeit bei den Russen und wurden von ihnen gut behandelt. Bald werden auch sie zu Hause sein.

Bei den bereitstehenden Zügen handelt es sich wieder um Güterwaggons. Vor zwei der Wagen liegt ein Berg Stroh, das für uns ehemalige Häftlinge bestimmt ist. Von den über 1200 Menschen waren nur 30 in den Konzentrationslagern. In unserem Waggon werden 18 Mann untergebracht, in dem andern zwölf, die wirklich krank sind. Mehrere von ihnen müssen zu den Zügen getragen werden. In unserem Waggon gefällt es uns. Die Zivilisten sind zu 25 in einem Waggon. Sie beschweren sich, dass wir bevorzugt behandelt werden, aber sie haben keine Vorstellung davon, wie schrecklich die Fahrt in solch einem Waggon sein kann.

Wir versuchen, uns so gemütlich wie möglich einzurichten. Die Frauen bekommen die eine Hälfte, wir Männer die andere Hälfte des Waggons. Am Nachmittag verlässt der Zug den Bahnhof. Heute muss der 5. Juni sein. Die Reise ist nicht sonderlich aufregend. Häufig hält der Zug für lange Zeit, da die Schienen durch den Krieg beschädigt sind. Während der ganzen Fahrt werden wir von einem Jeep begleitet, der immer vorneweg fährt, um den Zustand der Gleise zu prüfen. Aber egal wie viele Unterbrechungen es gibt, wir wissen, dass wir nach Hause fahren. Die Reise wird mehrere Tage dauern. Während der ganzen Fahrt ist das Wetter wunderbar. Öfter hält der Zug vor Wasserpumpen. Sie sind eigentlich dafür gedacht, die Wassertanks der Lokomotiven zu füllen, aber wenn man sie aufdreht, stürzt das Wasser wie ein Wasserfall hervor. Wir spielen wie Kinder, schubsen uns unter das Wasser. Tanzende Skelette, die Spaß haben.

Wir verlassen Deutschland und kommen nach Elsass-Lothringen. Wegen der Hitze in den Waggons ziehen es ein paar der Leute vor, lieber auf den Dächern der Wagen zu reisen. Gestern starb dabei ein Mann, als wir durch einen Tunnel fuhren. So nahe der Heimat zu sterben, der Mann tut uns Leid.

Wir erreichen Lille und durchqueren den südlichen Teil Belgiens. Mittlerweile langweilt uns die Reise, die nun schon mehrere Tage dauert. Die Türen unseres Waggons sind weit geöffnet und wir winken und grüßen jeden, der uns begegnet. Lachende, freundliche Menschen grüßen zurück. Die Begleiter im Zug haben uns gesagt, dass sich mehrere Komitees um uns kümmern werden, sobald wir Holland erreichen. Sie werden uns ärztliche und soziale Hilfe geben. Je näher wir Holland kommen, desto größer werden unsere Erwartungen. Wenn sich schon die Menschen in Belgien auf den Bahnhöfen einfinden, um uns zu grüßen, wie wird es erst in Holland werden. Wir fühlen uns wichtig. Aber zunächst hält der Zug nochmals in Lüttich. Wir finden Wasser und reinigen die Wände der Waggons. Bereits seit ein paar Tagen haben wir die Außenwände mit grünen Zweigen dekoriert, damit für unsere Ankunft alles schöner aussieht. In großen Buchstaben schreiben wir auch Sprüche an die Wände: »Rundreise Holland – Auschwitz und zurück« oder »Holland, hier sind wir wieder«. Die meisten ehemaligen Zivilarbeiter im Zug meinen, dass wir übertreiben. Sie verschönern ihre Waggons nicht.

Am Nachmittag nähern wir uns Holland. Mit Tränen in den Augen singen wir aus voller Kehle. Der ganze Zug wird zu einem einzigen Chor. Je näher wir kommen, desto lauter singen wir. Bald können wir in unserer eigenen Sprache sprechen. Die Reisenden hängen aus den Türen und versuchen, die Grenze zu finden. Ein paar schreien: »Hier ist sie!« Ich wundere mich, wie sie sie erkennen können. Wir jubeln und singen, aber niemand ist da. Wo sind die Komitees für unseren Empfang? Dann sehen wir, dass wir uns einem Bahnhof nähern. Ein Schild sagt uns, dass es die Stadt Eysden ist. Jetzt werden wir unseren großen Empfang haben, mit Reden, Musik und Tanz. Der Zug hält nicht im Bahnhof, sondern auf einem Abstellgleis. Dort steht ein holländischer Soldat. Er wird da sein, um uns abzuholen, und dann werden wir in einer Parade durch die Stadt marschieren. Wir können es kaum noch erwarten. Aber der Soldat sagt uns, dass wir den Zug nicht verlassen dürfen. Wir fragen ihn nach dem Empfang. »Hier ist er«, und deutet dabei auf ein kleines Schild, auf dem »Willkommen« steht. Wenn er es uns nicht gezeigt hätte, dann hätten wir es übersehen. Wir sind enttäuscht. Der Wärter erklärt uns, dass es langweilig werde, jeden Tag so viele Menschen ankommen zu sehen, denen er erklären muss, dass sie in den Zügen zu bleiben hätten. Alle würden immer nur nach einer Feier verlangen. Was es denn zu feiern gäbe, fragt er.

Mittlerweile sind wir so enttäuscht, dass wir herumlaufen und jede Wand anpinkeln. Das ist unsere Feier. Als der Zug wieder losfährt, fahren wir erneut Richtung Belgien, denn die direkte Verbindung nach Maastricht, unserem nächsten Halt, ist unterbrochen.

Am 9. Juni 1945 überqueren wir zum zweiten Mal die holländische Grenze. Auch hier feiert niemand unser Kommen, aber mittlerweile erwarten wir es auch nicht mehr. In Maastricht verlassen wir den Zug und werden mit unserem Gepäck in eine Desinfektionsstation gebracht. Wir erhalten auch Brot und Tee. Danach werden wir medizinisch untersucht und erneut als Holländer registriert. Wir werden befragt und bekommen einen DP-(Displaced Person) Ausweis. In der Musikschule erhalten wir für die Nacht Quartier. Am nächsten Morgen werden wir erneut untersucht. Der Arzt macht sich über den Zustand meiner Lungen Sorgen. Er gibt mir einen Zettel für das Gesundheitsamt, das ich umgehend aufsuchen soll. Aber erst mal mache ich mit Maupie und Jaap Bijl einen Spaziergang durch die Stadt. In einem Büro liegen die Listen der Heimgekehrten aus. Jaap entdeckt den Namen seines Sohnes. Danach besuchen wir die Jüdische Gemeinde, die gesonderte Listen für überlebende Juden führt. Sie behandeln uns sehr freundlich, aber sie sprechen mit uns, als würden wir mit einem Bein bereits im Grab stehen. Maupie findet dort auch den Namen seiner Frau. Ich entdecke Louis Root aus Gleiwitz. Von der Gemeinde bekommen wir noch 10 Gulden als Taschengeld.

Nach einer Röntgenuntersuchung dürfen die meisten von uns weiterreisen. Ich nicht. Meine Freunde haben ihre Papiere beisammen, aber mir erzählt der Doktor, dass ich zu krank sei. So verbringe ich die nächsten Tage damit, von einem Büro ins nächste zu laufen, um die Erlaubnis zur Weiterfahrt zu erhalten. Ich will nicht in ein Sanatorium. Ich will nach Hause und nichts wird mich aufhalten können. Mein Ziel ist Amsterdam.

Am 12. Juni ist es dann endlich soweit. Ich kann fahren. Diesmal besteht der Zug nicht aus Güterwaggons, sondern es ist ein Personenzug. Die Fensterscheiben fehlen, aber das stört uns nicht weiter. Doch erst am nächsten Morgen verlässt der Zug den Bahnhof. Um 10 Uhr erreichen wir Eindhoven und am Nachmittag kommen wir in Nijmegen an. In Nijmegen müssen wir den Zug verlassen, er kann wegen der Kriegsschäden nicht weiterfahren. In Maastricht hatten sie uns bereits über die schweren Kämpfe, die in Nijmegen während des Krieges stattgefunden hatten, erzählt. Aber diesen Anblick hatten wir nicht erwartet. Die Stadt sieht aus, als wäre sie aus Ruinen und Schutt, genauso wie die zerstörten Städte in Deutschland. Das hätte in Holland nicht geschehen dürfen. Deutschland hat es verdient, aber nicht Holland.

In Bussen geht unsere Reise weiter. Nach 15 Minuten erreichen wir ein prächtiges Gebäude, das Kloster Marienbosch. Wir werden hier für eine Nacht bleiben. Am nächsten Morgen, nach einem angenehmen Bad, machen wir einen Spaziergang im Klostergarten. Plötzlich hören wir ein lautes Motorengeräusch. In den Hof des Klosters fahren mehrere Amsterdamer Linienbusse ein. Unsere eigenen Busse, alte blaue Linienbusse, mit echten Amsterdamer Busfahrern. Wir suchen uns die besten Plätze. Es kann losgehen. Unser Weg führt uns durch Gebiete mit starken Kriegsschäden. Die heftigsten Kämpfe fanden in diesem Teil des Landes statt. Ich kann mich noch gut erinnern, wie es hier vor dem Krieg aussah; meine Frau und ich hatten hier 1941 Urlaub gemacht. Wir fahren über Ede, Wageningen, Scherpenzeel, dann westlich in den Norden Hollands. Nach Amersfoort kommen wir auf die Straße, die direkt nach Amsterdam führt. Jetzt geht alles sehr schnell. Amsterdam kommt näher. Ich kenne diese Gegend gut. Viele Male bin ich hier mit dem Fahrrad entlang gefahren.

Amsterdam! Wir biegen in den Middenweg ein. Es ist nicht mehr die schöne Straße meiner Erinnerung, die großen Bäume, die die Straße säumten, sind fort. Der Busfahrer macht mit uns eine Stadtrundfahrt und es wirkt fast wie eine Parade, da die anderen Busse uns folgen. Am Zentralbahnhof halten wir. Viele Menschen versammeln sich bei den Bussen auf der Suche nach bekannten Gesichtern. Wann immer sich Menschen finden, gibt es viele Tränen und Umarmungen. Aber niemand erwartet mich. Ich erkenne ein paar Gesichter, aber niemand aus meiner Verwandtschaft.

Erneut werden wir registriert und ich erhalte einen Coupon für einen Schlafplatz im Portugiesischen Jüdischen Hospital. Ein freundlicher Mann hilft mir, mein Gepäck in jene Straße zu bringen, von wo mich ein Auto zu meiner Unterkunft befördern soll. Als wir in der Unterkunft ankommen, ist es mittlerweile halb sechs Uhr abends. Im Empfangsraum herrscht reges Treiben. Ich halte Ausschau nach anderen Überlebenden und sehe Raffie Montezinos, der mit mir in Gleiwitz war. Wir sind sehr glücklich über das Wiedersehen. Er hilft mir bei den Formalitäten und zeigt mir die sehr schönen Zimmer. Nachdem ich ein Bett gefunden habe, gehen wir in den Speiseraum.

Doch nach dem Essen kann ich nicht länger warten; ich will meine alte Wohnung aufsuchen, die sich ganz in der Nähe befindet. Bald bin ich in der Oosterparkstraat, meiner alten Heimat. Ich komme am

Käseladen meiner ehemaligen Nachbarn vorbei. Er ist schon geschlossen und die Auslagen sind leer. Dann stehe ich vor meiner Haustür. Sie ist offen. Ehe ich in den 3. Stock, in meine alte Wohnung gehe, klingle ich an der Tür im 2. Stock, wo das Namensschild immer noch das alte ist. Meine Nachbarin öffnet die Tür und starrt mich an. Sie fragt, ob sie mir helfen könne. Sie hat sich überhaupt nicht verändert. Ich frage sie, ob sie mich nicht erkennt. Fassungslos blickt sie mich an und flüstert: »Mein Nachbar, Nachbar Rood? Herr Rood, sind Sie wirklich am Leben? Bitte kommen Sie doch herein.« Sie bietet mir einen Stuhl an und macht Tee. Ich erzähle ihr, dass man mich im Hospital untergebracht hat. Verwundert erkundigt sie sich, warum ich nicht bei meiner Frau wohnen würde. Als ich ihr sage, dass sie, soviel ich wüsste, noch in der Tschechei wäre, starrt mich die Frau überrascht an. »Aber Coen, ihre Frau ist niemals fort gewesen. Sie lebte den ganzen Krieg versteckt in Holland. Es geht ihr gut.« Ich bemerke, wie ich bleich werde. »Wo ist sie?« Sie antwortet mir, dass sie bei meiner Schwägerin im Westen Amsterdams wohnt. Sie wisse zwar ihre Adresse nicht genau, erklärt mir aber, dass die Leute aus dem Käseladen sie kennen, da Bep sie regelmäßig besucht. Ich lasse den Tee stehen und gehe zurück zum Laden. Auf mein Klingeln öffnet mir eine junge Frau. Es ist Trientje, die jüngste Tochter, die damals noch ein Kind war. Sie erkennt mich nicht wieder. Als ich sage, wer ich bin, höre ich überraschte Rufe von oben. Ich gehe nach oben. Sie haben mich für tot gehalten und weinen vor Freude über das Wiedersehen. Trientje erklärt sich bereit, mit dem Fahrrad Bep eine Nachricht zu bringen. Zitternd schreibe ich auf einen Zettel: »Ich bin krank, aber nicht all zu schlimm. Komme morgen so früh wie möglich in das Portugiesische Jüdische Hospital.« Ich bleibe noch bei meinen Freunden. Sie bieten mir Tee und guten holländischen Käse an. Ich lasse mir Zeit mit dem Essen, da ich Trientjes Rückkehr abwarten will, denn vielleicht hat sie eine Nachricht für mich.

Nach eineinhalb Stunden hören wir Trientje außer Atem die Treppen heraufkommen. »Hast du sie angetroffen?«, fragen wir gleichzeitig. »Sie ist unten, sie kommt hoch.« Alle sind still. Ich zittere. Ich kann nicht mehr sitzen bleiben, gehe hinaus in den Treppenflur und beuge mich über das Geländer. Eine fremde Frauenstimme sagt: »Beruhige dich Bep, du weißt, er ist sehr krank. Er sieht aus wie ein Toter. Du darfst ihn nicht zu sehr aufregen.«

Ich will etwas rufen, aber meine Stimme versagt, nur Tränen kom-men. Langsam nähern sich ihre Schritte, so langsam, als hätte sie Angst. Da endlich sehe ich ihre weiße Schwesternhaube. Sie blickt auf. Bep meine Frau, sie ist es, lächelnd, weinend. Sie erreicht die letzte Stufe und fällt mir in die Arme...

Nachbemerkung

Dieser Bericht wurde in den Jahren 1945 bis 1949 in Amsterdam für das War Documentation Center in den Niederlanden geschrieben.

Als ich ihn schrieb, war meine Erinnerung an die schrecklichen Jahre von 1940–1945 noch frisch. Wir Häftlinge der Konzentrationslager lebten unter Bedingungen, die die Menschheit bis dahin nicht kannte. Die uns einsperrten, wussten sehr gut, dass unter solchen Umständen wenig Mitmenschlichkeit zwischen den Häftlingen entstehen konnte. Der Leser möge bedenken, dass die Bedingungen, unter denen wir leben mussten, unser Verhalten bestimmten, wenn er sein Urteil über die Beziehungen zwischen den Häftlingen fällt. Eine Person, die eine Stellung im Lager innehatte, die sie vor einer schlechteren Behandlung bewahren konnte, musste alles tun, diese Stellung zu behalten, denn sie konnte den Unterschied zwischen Leben und Tod bedeuten.

In Gleiwitz, wo ich Zwangsarbeiter war, hatten wir Holländer Schwierigkeiten, mit den Häftlingen aus Osteuropa zurechtzukommen. Wir haben nicht erkannt, dass diese Häftlinge, die oft über uns in der Lagerhierarchie standen, unser Leben durch ihr rauhes Verhalten schützten. Um uns nicht den Wärtern auszuliefern, dienten sie unzählige Male als Puffer zwischen uns und den Wachmannschaften. Gleichwohl dachten wir damals, dass sie zu unseren Unterdrückern zählten. Bis in die letzten Monate unseres Leidensweges haben wir nicht begriffen, dass Gleiwitz ein so genanntes »Gutes Lager« war, in dem sich Lagerälteste und Kapos auf die Seite der Wachmannschaften schlugen und dadurch viele Menschenleben retteten. Jedoch habe ich in diesem Bericht versucht, unsere damaligen Gefühle wiederzugeben und nicht das, was wir später darüber dachten, als vieles klarer wurde.

Selbst für die, die dort waren, ist es schwer genug, diese Erfahrungen zu beurteilen. Diejenigen, die es nicht erlebt haben, sollten kein Urteil über unser Verhalten fällen. Unsere Erfahrungen sind einzigartig. Wir hoffen inständig, dass zukünftige Generationen solche Grausamkeiten nicht erfahren müssen.

Coen Rood (Nr. 187348)

Coen Rood (2001)
(Foto: Tammy Cromer-Campbell, Longview, Texas)

Editorische Notiz

Der Autor schrieb seine Erinnerungen in holländischer Sprache. Nach seiner Übersiedlung im Jahre 1960 in die USA übertrug Herr Rood das Manuskript ins Englische. Die hier vorliegende Übersetzung basiert auf der englischen Manuskriptfassung. Für diese Erstveröffentlichung musste der Text aus praktischen Gründen um die Hälfte gekürzt werden.

Die Schreibweise der Namen der Personen wurden unverändert aus dem Originaltext übernommen, d.h. so, wie Coen Rood sie gehört und aufgeschrieben hat.

Herr Rood lebt heute in Texas und arbeitet noch immer als Schneider.

Der Übersetzer

Nachwort

Coen Rood, der ehemalige Häftling, und mein Vater Robert Pross, der ehemalige Fabrikdirektor (im Buch »Dr. Prost«) haben sich im April 1999 getroffen. Da war Coen 82 und mein Vater 93 Jahre alt, und das, was hier beschrieben ist, lag, als es begann, 57 Jahre zurück.

Mein Vater kannte Coen Rood nicht, aber Coen kannte meinen Vater. Als ich Coen und seine zweite Frau Jannie in ihrem Frankfurter Hotel abholte, um mit ihnen in das Haus meines Vaters zu fahren, waren wir sehr aufgeregt. Jannie und ich, weil wir nicht wussten, wie die beiden sich begegnen würden, und Coen, weil ihn die Erinnerungen überfluteten. Er wollte seinem ehemaligen »Boss« gegenübertreten und ihm zeigen, dass er überlebt hatte.

Als sie sich begrüßten, musste ich aus dem Zimmer gehen und weinen. Dann saßen wir um den Kaffeetisch, und es ging einzig und allein um Gleiwitz. Coen nannte Namen von Sekretärinnen, Ingenieuren und Meistern, und die beiden tauchten ein in Erinnerungen, an denen wir Nichtdabeigewesenen keinen Anteil hatten.

Mir war, als habe sich ein Knoten gelöst, als wir zwei Stunden später aufbrachen, um zurückzufahren. Coen hatte gesagt, die Häftlinge hätten gewusst, dass mein Vater ihnen Erleichterung verschafft habe. So habe mein Vater sich in Auschwitz über den sadistischen Lagerführer Friedrich beschwert, der daraufhin abgelöst worden sei. Und mein Vater habe geduldet, dass sich die Zivilarbeiter Hühner und Gänse hielten, um ihre Ernährung aufzubessern.

Die Begegnung der beiden war entlastend für mich. Mein Vater hatte keine Greuel begangen, wenn man davon absieht, dass die Verschleppung von Menschen in die Zwangsarbeit als solche ein Verbrechen ist, in das er verstrickt war.

Lebenslauf Coen Rood

Geboren am 12. August 1917 in Amsterdam. Vater: Hartog Rood, Mutter: Marianna Rood-Vogel. Die Mutter war Mutter und Hausfrau, der Vater handelte mit Blumen und Gartenpflanzen. Beide waren jüdischen Glaubens, ohne orthodox zu sein. Sie hatten sechs Kinder, zwei Mädchen und vier Jungen. Coenraad war das dritte Kind.

Coen besucht die Volks- und die Berufsschule. Er lernt das Handwerk des Konditors und arbeitet schon mit 14 Jahren in einer Bäckerei. Eigentlich wollte er Ingenieur werden. Mit 13 Jahren hat er seine Bar-Mizwa. Da ihm die Arbeit in der Bäckerei nicht zusagt, geht er auf eine weiterführende Abendschule.

Politisch engagiert er sich in der Sozialistischen Arbeiterjugend (holländisch: AJC) und widmet sich ab 1934 dem Kampf gegen Franco und Hitler. Er macht eine Lehre als Maßschneider. 1938 arbeitet er als Pfleger in einem Jüdischen Hospital für Invalide (Jewish Invalides Hospital) in Amsterdam. Dort lernt er die Krankenschwester Elisabeth Kooperberg, genannt Bep, seine spätere Frau, kennen.

Den Militärdienst leistet er als Uniformschneider ab. Von September 1939 (Beginn des Zweiten Weltkriegs) bis Mai 1940 (Besetzung Hollands durch die deutsche Wehrmacht) arbeitet er als Sanitäter in einer städtischen Ambulanz (city ambulance bomb shelter). Am 4. September 1940, dem Tag der geplanten Hochzeit mit Bep, stirbt sein Vater. Bep und Coen heiraten am 11. September. Acht Tage später werden alle Juden in ihren Arbeitsverhältnissen gekündigt. Coen nimmt eine neue Stelle an und arbeitet auf eigene Rechnung als Maßschneider.

Als er am 25. April 1942 abgeholt wird, landet er zunächst im Lager »Conrad« bei Staphorst. Von dort wird er über Westerbork, Kosel bei Breslau und Annaberg nach Gleiwitz deportiert, wo er vom 10. November 1942 bis 18. Januar 1945 bei den Deutschen Gasrußwerken arbeitet.

Wie er seine Frau Bep wieder findet, ist im Buch beschrieben. 1945 erfährt er, dass alle seine Angehörigen außer der Schwester Maria ermordet worden sind: seine Mutter Marianna, seine drei Brüder Aaron, Jonas und Machil und seine jüngste Schwester Elisabeth. Maria wurde gerettet, weil sie mit einem nicht-jüdischen Mann verheiratet war, der die Sprache der Besatzer (Deutsch) sprach und sie aus dem Gefängnis befreien konnte.

Der Anstoß, seine Geschichte aufzuschreiben, kam von einem Arzt, bei dem Coen wegen seiner Alpträume und Depressionen in Behandlung war. Außerdem wollte er als einer der wenigen Überlebenden der holländischen Gruppe von Zwangsarbeitern Zeugnis ablegen. In den Jahren 1945–1949 schrieb er seinen »Report 1942–1945« im Auftrag des Roten Kreuzes und für das Niederländische »War Documentation Center« in Amsterdam.

Coen war innerhalb von fast drei Jahren durch 11 Lager gegangen. 1953 klagte er gegen die Bundesregierung und den Bayerischen Staat und forderte den vorenthaltenen Lohn für drei Jahre Zwangsarbeit und eine Rente für die erlittenen Gesundheitsschäden. Seine Anwälte waren Dr. Carlsberg und Dr. Taussig in Amsterdam. Die Regierungen Bayerns und der BRD verwiesen auf das Londoner Schuldenabkommen und erklärten sich im Übrigen als nicht zuständig. Die Klage wurde abgewiesen.

Coen und Bep hatten zwei Kinder, Magdalena Marianna, geboren 1949, und Herman Mourits, geboren 1951. Die Familie bewohnte ein altes Amsterdamer Kanalhaus, in dem der kleine Sohn 1953 tödlich verunglückte.

Da Bep aufgrund ihrer im Krieg durchlebten Ängste und nach dem Tod des Kindes unter starken Depressionen litt, empfahlen die Ärzte einen Neuanfang. Coen, der in einem Abendkolleg die Meisterprüfung und eine kaufmännische Ausbildung absolviert hatte, erhielt eine Stelle als Schneider in Shreveport, Louisiana, USA. 1960 siedelte die Familie in die USA über, 1962 eröffnete Coen eine eigene Maßschneiderei in der Stadt Longview in Texas. Im Oktober 1962 stirbt Bep.

Jannie S. Ornstein, die ihre Jugend in den USA verbracht und dort Ernährungslehre und Chemie studiert hatte, war nach Kriegsende mit einem Hilfscorps der holländischen Armee nach Holland zurückgekehrt. Coen und Jannie heiraten 1966. 1968 wird die Tochter Josepha Elisabeth geboren.

1978 besuchen Coen und Jannie das Dorf Eigheim in der Nähe des Lagers Ampfing. Nach der Befreiung hatten Bauersleute Coen und Maupie in ihrem Haus aufgenommen und verpflegt. Als Jannie und Coen den Hof der Bernhards betreten, kommt ihnen eine alte Frau mit Kropf entgegen. Coen erkennt die Bäuerin und fragt, ob sie sich an die beiden Häftlinge erinnere, die sie aufgenommen hätte, aber sie sagt nein. Als der Bauer Georg Bernhard hinzukommt und Coen ihm die gleiche Frage stellt, verneint er zunächst ebenfalls, und als Coen weiterfragt, sagt er schließlich, »ja, an Moritz, den Bügler, und an den Schneider Konrad« erinnere er sich genau. »Der bin ich«, sagt Coen.

1993 trifft Coen bei der Eröffnung des Washington Holocaust Museum eine Frau, die ihm erzählt, die Fabrik der Deutschen Gasrußwerke in Gleiwitz sei wieder in Betrieb. 1994 fahren Jannie und er nach Gliwice in das Werk, das nun vom polnischen Staat betrieben wird.

Im selben Jahr fragt Coen im »National Archive« an, welche Einheit das Lager Ampfing befreit habe, und erfährt, dass es die »14th Armed Division« unter General Patton gewesen ist. Er setzt eine Anzeige in eine Veteranenzeitschrift und erhält Antwort von dem ehemaligen G. I. Nathan Melman aus Levittown, Pennsylvania. 1997 treffen sich die beiden.

Inzwischen hat die Tochter Josepha zusammen mit Coen eine englische Fassung des »Report 1942–1945« erarbeitet. Ein kleiner Verlag in Kalifornien, Borgo Press, erwirbt die Rechte zur Veröffentlichung. Als der Verlag die Veröffentlichung auf unbestimmte Zeit hinausschiebt, tritt Coen vom Vertrag zurück und bietet sein Manuskript meiner Agentur an.

Ich will das Schweigen nicht fortsetzen

Ich bin 1939 geboren und mit dem Verschweigen der NS-Vergangenheit meiner Elterngeneration aufgewachsen. Die Hauptereignisse meiner Kindheit waren der Krieg und unsere Flucht aus Oberschlesien nach Westen im Januar 1945. Wir hatten alle Habe verloren und nur unser Leben gerettet.

Mein Vater arbeitete als Holzfäller im Wald, meine Mutter bei einem Bauern im Dorf.

1947 wurde mein Vater entnazifiziert und ging zurück zu seiner Mutterfirma, der Degussa in Frankfurt am Main, für die er in Gleiwitz/ Oberschlesien einen rüstungswichtigen Betrieb geleitet hattte.

Ich wusste von KZs und Judenverfolgung, ich wusste von unbeschreiblichen Greueln, ich hatte »Der SS-Staat« von Eugen Kogon gelesen. Aber ich wusste nicht, dass der Rußfabrik, die mein Vater geleitet hatte, ein Zwangsarbeiterlager angegliedert war, das wiederum ein Nebenlager von Auschwitz war.

Ich verstehe, dass meine Eltern geschwiegen haben. Wie die meisten haben sie sich in das Schweigen gerettet, weil so viel Schauerliches nicht sein konnte. Niemand hätte damit leben, weitermachen oder sich konfrontieren können außer denen, die nicht die Kraft zur Verdrängung aufbrachten und sich umbrachten oder verrückt wurden.

Auf vielen von uns Nachkommen lastete das Schweigen und das Verschwiegene wie ein Alp. Eine Ahnung, dass da etwas war, das wir nicht wissen sollten, umgab uns wie ein Subtext, oder – anders ausgedrückt – wir spürten die Auslassungen, das Nichtgesagte, die Zeitsprünge in den Erzählungen von früher, die weißen Flecken auf der Landkarte ihrer Erinnerungen.

Es dauerte Jahre, bis ich anfing zu fragen. Ich hatte inzwischen eine eigene Familie, hatte Geschichte studiert und weitergelesen, aber meine Eltern hatte ich ausgespart. Aus kindlicher Liebe, aus dem Wunsch, sie mir als gute Menschen zu erhalten, oder aus Sorge, sie zu verletzen und vielleicht zu verlieren? Statt ihrer fühlte ich mich schuldig für alles, was geschehen war.

Meine Schuldgefühle waren gepaart mit Ängsten, es könne etwas Schreckliches ans Licht kommen, eine monströse Tat, von der ich nichts wusste. So suchte ich in sämtlichen Büchern zum Thema NS-Vergangenheit immer zuerst im Register nach dem Namen meines Vaters, ohne fündig zu werden. Das verringerte die Ängste keineswegs.

Mitte der achtziger Jahre fing ich an, aktiv zu forschen. Da war ich immerhin schon 45 Jahre alt und hatte das Wesentliche aus meinem Vater herausgefragt: dass er in der Fabrik, die er aufgebaut und geleitet hatte, ca. 500 Zwangsarbeiter/innen beschäftigt hatte, dass das Werk nicht weit von Auschwitz lag und dass er vom Militärdienst befreit war, weil sie in dem Werk ein kriegswichtiges Produkt herstellten: Ruß für Reifen.

Ich fand meinen Vater offen, er sträubte sich nicht, meine Fragen zu beantworten. Aber er gab nicht alles preis, vielleicht nur das, was er meinte, mir zumuten zu können. Später erzählte er mir, er sei selbst zweimal in Auschwitz gewesen und habe dort Häftlinge für die Arbeit ausgesucht.

Im Mai 1989 traf ich in Berlin auf einem Kongress über das Thema NS-Medizin den polnischen Arzt Professor Bogusz. Bei einem Abendessen erzählte ich ihm von meinen Schuldgefühlen. Er gab mir zur Antwort: »Sie sollen sich nicht schuldig fühlen, aber Sie sollen sich verantwortlich fühlen!« Dieser Satz ist eine Art Motto für meine Arbeit geworden.

Durch die Befragung meines Vaters (meine Mutter entzog sich meinen Fragen, indem sie auf andere Themen auswich) hatte ich die weißen Flecken auf der Landkarte weitgehend ausgefüllt. Nun fehlte mir noch die andere Seite, die Sicht der Opfer. Meine Schwester und ich besuchten im Sommer 1989 Auschwitz und Gleiwitz. Nach dieser Reise schrieb ich an das Museum Auschwitz und erhielt Namen und Anschriften ehemaliger Häftlinge aus dem Nebenlager Gleiwitz II.

Ich traf mich mit vier ehemaligen Zwangsarbeiterinnen und versuchte ab 1991, die Degussa zur Zahlung des ihnen vorenthaltenen Lohns zu bewegen. Keine der Frauen, die sich schon länger vergeblich um Lohnnachzahlung bemüht hatten, hatte bis dahin gewusst, dass die Degussa die Ansprechpartnerin für ihre Forderungen war. Sie waren von allen Stellen (Bundesregierung, Deutsche Gasrußwerke Dortmund, IG-Farben) fehlgeleitet und abgeschmettert worden.

Meine Begegnung mit Coen Rood

1993 höre ich von meinem Vater, dass die Degussa die ehemalige Rußfabrik in Gliwice übernehmen und mit dem polnischen Staat einen »joint venture« bilden will. 1994 fahren mein Sohn Felix und ich nach Gliwice und Auschwitz. Wir besichtigen das Werksgelände und sprechen mit dem jetzigen Leiter der »Carbochem«, dem Ingenieur Erwin Sroka, der bemüht ist, unsere Fragen zu beantworten. Es gibt seit 1986 eine Kooperation mit der Degussa. Von Entschädigung sei nie die Rede gewesen, das sei Sache des Managements in Frankfurt. Mein Vater sei unter den Arbeitern angesehen gewesen.

Kürzlich habe ein holländischer Jude die Fabrik besichtigt. Der habe damals seine Initialen in einen der drei Türme geritzt, die auf dem Gelände stehen. Herr Sroka gibt uns die Adresse von Coen Rood. Wir und der ehemalige Häftling Coen Rood seien die Einzigen, die bisher nach dem Lager und der Zeit vor 1945 gefragt hätten.

Im Archiv der Stadt Gliwice fragen wir nach Unterlagen der Deutschen Gasrußwerke. Die Beamtin legt uns eine Akte »Degusa Rü Lager Gleiwitz II« vor, die Korrespondenz, Belege der Küchenverwaltung über Essenszuteilungen etc. enthält. Darunter ein Schreiben meines Vaters an die Lagerleitung in Auschwitz, in dem er 45 Häftlinge anfordert.

Gleich nach unserer Rückkehr schreibe ich an Coen Rood, der mir seinen »Report 1942-1945« zuschickt. Die übliche Suche nach dem Namen meines Vaters beginnt. 1995 treffe ich Coen Rood und seine Frau Jannie Rood-Ornstein im »Hotel Aalders« in Amsterdam. Coen erzählt, nennt Namen von Meistern und Ingenieuren, Sekretärinnen und Mithäftlingen, er erinnert sich deutlich an meinen Vater, und ich nehme alles auf Band auf.

Kurze Vorgeschichte der Veröffentlichung des »Report 1942–1945«

Nachdem Coen seinen Vertrag mit Borgo Press gelöst hat, betraut er mich bzw. die Literarische Agentur Brigitte Axster mit der Vermittlung. Alle angeschriebenen Verlage lehnen ab, darunter zunächst auch S. Fischer: wegen Überlänge des ursprünglichen Textes.

Am 2. Juli 1998 erscheint in der »Frankfurter Rundschau« eine ganzseitige Dokumentation unter dem Titel »Bringen wir uns um, tun wir Hitler nur einen Gefallen«, bestehend aus Textauszügen des »Report 1942–1945«, übersetzt von Kristin Ruppert.

Im April 1999 sind Coen und Jannie in Frankfurt. Wir treffen Hanno Loewy vom Fritz Bauer Institut, besuchen meinen Vater in Kronberg und verabreden uns mit Michael Jansen, dem Generalbevollmächtigten der Degussa. Von Hanno Loewy angeregt, sagt Jansen einen Übersetzungszuschuss zu.

Schließlich wird das Manuskript für die Reihe »Lebensbilder. Jüdische Erinnerungen und Zeugnisse« im Berliner Zentrum für Antisemitismusforschung geprüft und angenommen. Aus verlegerischen Gründen muss es um die Hälfte gekürzt werden.

Titelfindung

Ein Jahr später, im April 2000, sind Coen und Jannie ein zweites Mal in Frankfurt. Coen erzählt von seinen traumatischen Erlebnissen, und irgendwann habe ich keine Kraft mehr, zuzuhören. Als wir uns zum Mittagessen in einem Restaurant treffen, sage ich: »Coen, wir müssen eine Pause machen. Ich kann nichts mehr aufnehmen.«

Da sagt er auf Englisch (wir sprechen Englisch miteinander, weil Deutsch die Sprache der SS ist): »Wenn ich es nicht erzählen kann, muss ich weinen«, und weint.

Motivationen

Heute ist mir klar, warum ich die Vergangenheit meines Vaters erforschen musste: Ich musste es tun, um herauszufinden, wer ich bin, musste mich spiegeln in dem Vater, der genauso wenig mutig war, wie ich es bin. Musste die Angst vor den unvorstellbaren Greueln durchleben, um sicher zu sein, da ist nichts, an dem mein Vater sich beteiligt hat.

Coen Rood ist mein Zeuge dafür, dass mein Vater zwar verstrickt war, aber niemanden gequält oder gemordet hat. Coen und die übrigen ehemaligen Häftlinge/Zwangsarbeiterinnen, die ich aufgesucht habe, haben mich von meinen Ängsten erlöst.

Ich liebte meinen Vater und wurde zerrissen von dem Spagat zwischen meiner Zuneigung und meiner Not mit seiner Rolle in der NS-Zeit. Ich wollte ihn nicht angreifen und musste es doch tun. Wie oft musste ich mir anhören, ich wolle aus ihm einen Kriegsverbrecher machen. Ich hatte mir angewöhnt, ihn über meine Schritte zu informieren; das aber bedeutete jedes Mal, ihn zu kränken, ihm die Schuld zu geben. Dass ich ihn nicht anklagen, sondern wissen wollte, was gewesen ist, konnte ich ihm nicht vermitteln. Nun ist er 95 Jahre alt, und ich bin durch meine Aufarbeitung der Vergangenheit milder geworden. Das ist die private Seite.

Auf der öffentlichen Seite hat sich inzwischen herausgestellt, dass das Unrecht der Zwangsarbeit flächendeckend über ganz Deutschland (das damalige Deutsche Reich) verbreitet war. Es gibt kaum ein Unternehmen, kaum einen Bauernhof und selten eine Stadtverwaltung, die nicht von Zwangsarbeit (Coen nennt es »Sklavenarbeit«) profitiert haben. Selbst die Kirchen haben sich der billigen Arbeitskräfte bedient.

Durch öffentliches Beschweigen kam zu dem damaligen Unrecht neues hinzu, indem das alte nicht zur Kenntnis genommen und abgewehrt wurde. Nach 50 langen Jahren des Nicht-zur-Kenntnis-Nehmens wird das Unrecht unter dem Pflaster, das wir treten, in dem Boden, den wir beackern, und hinter den Fassaden der Büro- und Verwaltungsgebäude endlich sichtbar.

Es ist kein Zufall, dass Coens Bericht fast zeitgleich mit den Bemühungen, die ehemaligen Zwangsarbeiter/innen zu entschädigen, erscheint. Freilich verfolgen die Unternehmen, die in den Entschädigungsfonds einzahlen, eigene Interessen: stehen sie doch im Ausland besser da, wenn sie die letzten noch lebenden Zwangsarbeiter/innen entschädigen. Außerdem kaufen sie sich frei von künftigen Klagen.

Coen Rood sagt, er wolle nicht entschädigt werden. Er steht auf dem Standpunkt, dass das, was er erlitten hat, nicht »ent-schädigt« werden kann. Er fordert die Anerkennung des Unrechts und den vorenthaltenen Lohn. Ein Motiv seiner Niederschrift ist, das Andenken derer wach zu halten, die nicht zurückgekehrt sind. Coen ist einer von vier Überlebenden aus der Gruppe der 33 Holländer, die in Gleiwitz bei den Deutschen Gasrußwerken gearbeitet haben.

Ein weiteres Motiv ist die Weitergabe an die folgenden Generationen. »Our experiences are unique. We hope and pray with all our strength that no future generation will have to experience such horrors« (aus seinem Vorwort in der englischen Originalfassung des Manuskripts).

Das Private wird öffentlich

Um meinen Vater zu schonen, habe ich meine Aufarbeitung der Vergangenheit lange, viel zu lange, als Privatsache behandelt. Ich habe seinen Namen nie öffentlich genannt und meinen nur ungern preisgegeben. 1997 habe ich mich als Tochter geoffenbart, aber seinen Namen weiterhin unter Verschluss gehalten. Ich meinte, ich müsse Rücksicht auf meine Familie/meine Geschwister nehmen. Indem ich das Private vom öffentlichen Raum fern gehalten habe, habe ich am Teppich des Verschweigens mitgewebt.

Wie stark meine Ängste und Rücksichten mich blockiert haben, spüre ich erst jetzt, da sie von mir abfallen. Mit dem Nachwort zu Coens Buch mache ich erstmals öffentlich, was bisher privat war. Es fällt mir nicht leicht, aber ich glaube, ich muss es tun, wenn ich das Schweigen nicht fortsetzen will.

Brigitte Axster, im Oktober 2001

Götz Aly
Macht Geist Wahn
Kontinuitäten deutschen Denkens
Band 13991

»Götz Aly ist ein brillanter und verdienstvoller
Historiker der deutschen Schandjahre zwischen 1933
und 1945. Seine Maxime (...) ›Wer sucht, der findet‹
ist nicht akademisch, sondern bissig-investigativ;
und er kann schreiben und Emotionen wecken.
Deswegen greift man mit Interesse zu seinem Band,
den der sorgfältig recherchierende Polemiker gerade
vorgelegt hat. Man wird nicht enttäuscht.«
Die Woche

»Als Journalist und Historiker zerstört Aly
manche liebgewonnene Legende. Besonders delikat
sind seine Funde in der Abteilung ›Ostforschung‹
er deutschen Historikerzunft. (…) Wir dürfen
von dem Historiker Aly sicher auch weiterhin
Aufsehenerregendes erwarten.«
Süddeutsche Zeitung

Fischer Taschenbuch Verlag

Matthias Arning
Späte Abrechnung
Über Zwangsarbeiter, Schlußstriche und
Berliner Verständigungen

Band 15018

Die Auseinandersetzung um die Entschädigung von Zwangsarbeitern hat das wiedervereinigte Deutschland nachhaltig
erschüttert. Matthias Arning, der die Debatte als Journalist
intensiv verfolgt hat, untersucht die Materie in ihrer histo-
rischen wie politischen Dimension. Er fragt nach Opfern
und Tätern in der NS-Kriegswirtschaft, rekonstruiert die
Verhandlungen zwischen Politik, Wirtschaft und Anwälten
und stellt die Entschädigungsdiskussion in den großen
Kontext öffentlichen Erinnerns in der Bundesrepublik.

Fischer Taschenbuch Verlag

Robert Antelme
Das Menschengeschlecht
Aus dem Französischen von Eugen Helmlé
Band 14875

Ein einzigartiges Zeugnis, das in der französischen Literatur
als Standardwerk über die Lager, die Deportation und die
systematische Menschenvernichtung gilt. Robert Antelme,
ein Gefährte von Maguerite Duras, berichtet über Leben
und Sterben im deutschen Konzentrationslager. Sein Retter
war der junge François Mitterand, der spätere französische
Staatspräsident.

»Der Text verweigert jene Betroffenheit, die
beim Leser die Illusion des Mitleidens und damit
ein gutes Gewissen zu erzeugen vermag,
letztlich aber bloß eine Form der Abwehr ist.«
Jochen Hieber, Frankfurter Allgemeine Zeitung

»Eine Pflichtlektüre.«
Rainer Stephan, Süddeutsche Zeitung

Fischer Taschenbuch Verlag

Ernst Klee
Auschwitz, die NS-Medizin und ihre Opfer
Band 14906

»Die Machthaber des Dritten Reiches boten
Medizinern etwas unerhört Verlockendes,
in der Welt bis dahin Einmaliges:
Statt Meerschweinchen, Laborratten
und Versuchskaninchen konnten sie Menschen
massenhaft zu Versuchszwecken benutzen.«
Ernst Klee

Für dieses Buch,
das auf Platz 1 der Sachbuch-Bestenliste
stand, erhielt Ernst Klee den
Geschwister-Scholl-Preis.

Fischer Taschenbuch Verlag

Ernest Koenig
Im Vorhof der Vernichtung
Als Zwangsarbeiter in den Außenlagern von Auschwitz
Herausgegeben und mit einem Nachwort versehen
von Gioia-Olivia Karnagel
Band 14771

Wer sich dem Unrecht des NS-Systems nicht allein durch
wissenschaftliche Analyse annähern will, sondern nach
authentischen biographischen Zeugnissen sucht, dem sei
dieser Bericht eines jüdischen Zwangsarbeiters empfohlen.
Als Student in Paris meldete er sich 1939 als Freiwilliger,
um mit der französischen Armee gegen Hitler zu kämpfen.
Er wurde jedoch bald interniert und 1942 in den Osten
deportiert. Es folgen Jahre als Zwangsarbeiter bei namhaf-
ten deutschen Firmen, die in Auschwitz billige Arbeitskräfte rekrutierten. Über die beiden hier beschriebenen
Außenlager »Laurahütte« und »Blechhammer« ist nur wenig bekannt. In Blechhammer wurde die größte Anlage zur
Gewinnung von Treibstoff aus Kohle gebaut, die zu den
damals kriegswichtigen »Oberschlesischen Hydrierwer-
ken« gehörte.

Nur durch Zufall konnte der Autor seiner physischen Ver-
nichtung entgehen und wurde schließlich 1945 befreit.

Fischer Taschenbuch Verlag

Wege in die Gewalt
Die modernen politischen Religionen
Herausgegeben von Hans Maier

Band 14904

Um die Gewaltexplosionen des 20. Jahrhunderts erklären
zu können, ist eine Auseinandersetzung mit der quasi-reli-
giösen Faszinationskraft moderner Ideologien unerlässlich.

Omer Bartov, Philippe Burrin, Peter Krüger, Hermann Lübbe
und andere renommierte Fachleute aus dem In- und Ausland diskutieren diesen neuen ideengeschichtlichen Inter-
pretationsansatz, der nach den Wurzeln totalitärer Gewalt
fragt.

Fischer Taschenbuch Verlag

fi 14904 / 1